知识产权研究文丛

我国知识产权仲裁法律问题研究

张 曼 著

知识产权出版社
全国百佳图书出版单位
—北京—

图书在版编目（CIP）数据

我国知识产权仲裁法律问题研究 / 张曼著 . —北京：知识产权出版社，2023. 4

ISBN 978 - 7 - 5130 - 8505 - 2

Ⅰ. ①我…　Ⅱ. ①张…　Ⅲ. ①知识产权—仲裁—法律—研究—中国

Ⅳ. ①D923. 404

中国版本图书馆 CIP 数据核字（2022）第 234935 号

责任编辑：刘　睿　邓　莹　　　**责任校对**：谷　洋

封面设计：张国仓　　　**责任印制**：孙婷婷

我国知识产权仲裁法律问题研究

张　曼　著

出版发行：知识产权出版社有限责任公司　　**网　　址**：http：//www. ipph. cn

社　　址：北京市海淀区气象路 50 号院　　**邮　　编**：100081

责编电话：010 - 82000860 转 8346　　**责编邮箱**：dengying@ cnipr. com

发行电话：010 - 82000860 转 8101/8102　　**发行传真**：010 - 82000893/82005070/82000270

印　　刷：北京建宏印刷有限公司　　**经　　销**：新华书店、各大网上书店及相关专业书店

开　　本：880mm × 1230mm　1/32　　**印　　张**：8. 625

版　　次：2023 年 4 月第 1 版　　**印　　次**：2023 年 4 月第 1 次印刷

字　　数：206 千字　　**定　　价**：58. 00元

ISBN 978 - 7 - 5130 - 8505 - 2

目　　录

>>> CONTENTS

第一章
导　　论

知识产权仲裁是现代知识产权纠纷解决的重要途径，随着我国知识产权事业的不断发展，高效、快速、满意度高的争议处理方式是保护知识产权、鼓励技术创新、振兴关键行业的必要保障。因此，有必要从战略高度重新认识知识产权仲裁制度，从制度完善的角度发现现实中的突出问题，分析其背后可能存在的学术争鸣、学理分歧、企业选择、国家发展等各个因素，打通我国知识产权保护的“最后一公里”，切实保护知识产权当事人的合法权益，为“十四五”期间我国知识产权高质量增长贡献应有的力量。

第一节　研究背景和意义

2020 年，全国 259 个仲裁委员会共计受理案件 400 711 件，其中，47 家仲裁委员会通过网上仲裁方式处理案件 139 664件。知识产权类案件受理数量为 1992 件，占全国案件总数的 0. 5%；知识产权类案件标的物价值为 38 亿元，占全国案件标的物总价值的0.52%。[1] 同年，全国法院共新收一审、二审、申请再审等各类知识产权案件525 618件，审结524 387件，较2019年分别上升9.1%和10.2%。[2] 2020年最高人民法院知识产权法庭共新收知识产权案件3176件，审结2787件；法官人均结案82.5件，同比增长110%；二审实体案件平均审理周期为123天。[3] 此外，关于知识产权审判工作情况报告中指出，北京市法院专利案件的平均审理时长为274.5天，维权周期过长。[4] 由此可见，诉讼依旧是解决知识产权纠纷的最重要途径。但无法否认的是，知识产权诉讼周期较长，开庭次数偏多，程序更为复杂烦琐，尤其是涉及专业性和技术性较为复杂的知识产权案件更是如此。

相较而言，知识产权仲裁一裁终局；且以北京、上海、广州、西安为例，大部分地区仲裁规则都规定裁决作出期限为自组庭之日起4个月，而《杭州仲裁委员会仲裁规则》规定为3个月。不言而喻，知识产权仲裁的优势日益凸显。近年来，从国家到地方、

---

[1] 中国国际经济贸易仲裁委员会．中国国际商事仲裁年度报告（2020—2021）[R/OL]．[2022－06－25]．http：//www.cietac.org/index.php？m = Article&a = show&id = 18091.

[2] 最高法召开知识产权宣传周新闻发布会发布《人民法院知识产权司法保护规划（2021—2025年）》[EB/OL]．（2021－04－23）[2022－06－25]．https：//www.court.gov.cn/zixun－xiangqing－298191.html.

[3] 最高人民法院知识产权法庭年度报告（2020）[R/OL]．（2021－04－23）[2022－06－25]．https：//www.court.gov.cn/zixun－xiangqing－288081.html；中华人民共和国最高人民法院．积极服务保障“两个大局”努力开创知识产权司法保护新局面——最高人民法院民三庭、知产法庭相关负责人就知识产权司法保护工作答记者问[EB/OL]．（2021－04－23）[2022－06－25]．https：//www.court.gov.cn/zixun－xiangqing－298201.html.

[4] 北京市人民代表大会常务委员会．北京市高级人民法院关于知识产权审判工作情况的报告[R/OL]．（2021－01－11）[2022－06－25]．http：//www.bjrd.gov.cn/zyfb/zt/d15jcwh24chy/hywj15j24chy/202101/t20210111_2213373.html.

从行业到企业纷纷加强知识产权保护，特别是建立和运行知识产权纠纷多元解纷机制更是重中之重。

一、研究背景

首先，国家顶层设计布局知识产权仲裁的完善路径。2016 年《“十三五”国家知识产权保护和运用规划》提出建立知识产权纠纷多元解决机制，加强知识产权仲裁机构建设。这就从制度构建角度明确了知识产权仲裁作为多元解纷机制重要组成部分的地位。2019 年《关于强化知识产权保护的意见》分别从严格规范证据标准，完善工作机制多角度出发，积极推进知识产权仲裁。在此基础上，2021 年 10 月《“十四五”国家知识产权保护和运用规划》进一步指出完善知识产权仲裁的细化规定，涉及知识产权仲裁机构、知识产权仲裁人才、仲裁与其他解纷方式之间衔接机制等领域。由此，知识产权仲裁完善思路已基本确立。2021 年 9 月，《知识产权强国建设纲要（2021—2035 年）》再次强调建立完善知识产权仲裁制度，积极参与知识产权全球治理，进而提升知识产权仲裁国际化水平。总之，国家对知识产权仲裁的布局是从原则到规则、从人才到机构、从国内到国际的“点到面，内及外”的战略考量，也指明了未来我国知识产权仲裁机制完善的必经之路。

其次，知识产权司法实践十分重视非诉讼解纷机制的创新。最高人民法院于 2017 年颁布的《中国知识产权司法保护纲要（2016—2020）》中谈及要有效发挥仲裁和其他解纷方式的积极作用，鼓励当事人多选择非诉讼纠纷解决方式，并从多方面着手推动建立并开始形成非诉讼纠纷解决机制。这无疑是一个积极信号，它意味着最高人民法院作为全国法院最高审级机构，已经意识到知识产权诉讼日积月累的压力，主动开辟知识产权纠纷解决新思路。此后，《人民法院知识产权司法保护规划（2021—2025 年）》（法发〔2021〕14 号）和《最高人民法院关于加强新时代知识产权审判工作为知识产权强国建设提供有力司法服务和保障的意见》（法发〔2021〕29 号）均重视实践中知识产权纠纷的切实解决，提出优先非诉讼纠纷解决机制，形成“枫桥经验”模板加以推广。可见，我国法院系统已认识到知识产权仲裁这一非诉机制对于知识产权司法实践的重要价值和作用。

最后，从知识产权管理角度加强知识产权仲裁的运用。2021 年 10 月《关于加强知识产权纠纷调解工作的意见》（国知发保字〔2021〕27 号）提出要引导知识产权仲裁院等各类资源入驻“一站式”调解平台，以便更好地解决知识产权纠纷。这种“一站式”纠纷解决平台的建立是改善和优化国内营商环境的重要举措，而知识产权仲裁的私密性和公平性对于注重竞争和自由的营商环境而言则显得意义非凡。同年 12 月，《关于进一步加强海外知识产权纠纷应对机制建设的指导意见》（国知发保字〔2021〕33 号）则强调尽快建立海外知识产权纠纷解决平台，通过仲裁快速有效地解决海外知识产权纠纷。仲裁规则国际化是大势所趋，作为世界经济的重要参与者，我国应积极加入国际规则的修订与调整。因此，对知识产权仲裁的国内外发展和安排完全顺应了我国当前经济发展的新格局，即以提高化解知识产权纠纷效率、提升当事人满意度为目标，完善国内营商环境，同时弥补涉外知识产权仲裁短板，为中国企业“走出去”保驾护航。

与此同时，2021 年 8 月，《中华人民共和国仲裁法（修订）（征求意见稿）》（以下简称《仲裁法征求意见稿》）也进入社会各界讨论的关键环节。此次修法坚持政策指引与制度完善、稳定性与适度创新性、现实性和前瞻性、中国特色与国际接轨相统一；主要对总则制度、仲裁协议效力规定、仲裁程序规范、裁决执行制度及涉外仲裁规定等方面进行完善，尤其包括在立法宗旨增加“促进国际经济交往”、删除仲裁适用范围中对“平等主体”的限制、确立仲裁协议效力认定以仲裁意思表示为核心、增加允许仲裁程序通过网络方式进行等变化，一定程度上对知识产权仲裁也有裨益。

起航新时代，我国知识产权仲裁应尽快搭载国家战略布局的“航母”深入司法实践第一线，充分发挥其高效快速便捷的优势，对内保护企业合法权益，对外推动中国企业海外发展，同时学习了解和利用国际仲裁规则维权，积极参与国际知识产权仲裁规则重构。借助《中华人民共和国仲裁法》（以下简称《仲裁法》）修订的有利时机，将知识产权仲裁理论和实践中的成熟部分归纳总结，上升为法律规则，为下一步我国知识产权仲裁机制的完善奠定必要的基础。

二、研究意义

目前，我国知识产权仲裁在理论和实践中已积累一定的成果。无论从《仲裁法》对仲裁整体流程的架构，还是《中华人民共和国著作权法》（以下简称《著作权法》）对知识产权仲裁的明文规定，抑或全国各地纷纷建立的知识产权仲裁中心或研究院，都反映出一个明显的趋势，即知识产权仲裁必将在仲裁范围、仲裁责任、仲裁流程等环节逐步完善，而且随着网上仲裁的流行，知识产权网上仲裁也将成为人们追求高效便捷解纷方式的最佳选择。因此，研究我国知识产权仲裁制度，为其发展提供重要引导，具有十分突出的理论意义和现实意义。

一方面，本书力图解决知识产权仲裁的一些基础理论问题。首先，知识产权纠纷可仲裁范围的边界不清。基于原有的“二元论”和“三元论”，本书提出“四分法”，将知识产权纠纷界定为四种类型，重新划定了知识产权仲裁的“门槛”，这是未来知识产权仲裁立法的基本原则。其次，知识产权仲裁相关立法的梳理表明，《仲裁法》与各个知识产权实体法之间的衔接并未到位。除《著作权法》之外，《专利法》和《商标法》都未规定知识产权纠纷可仲裁这一选择，未来需对这些漏洞加以弥补。这在一定程度上完善了以仲裁法为主，知识产权实体法为辅的知识产权仲裁基本框架。最后，涉外知识产权仲裁规则尚未形成。当前较多沿用国际商事仲裁规则裁决知识产权纠纷，这明显不合理。因此，应特别注意涉外知识产权纠纷的独特性，切不可“一刀切”，套用现有商事仲裁规则。由此，对上述问题的探索和解析无疑对现有仲裁规则体系的完善大有裨益。

另一方面，本书切实探索知识产权仲裁的司法价值。一是通过归纳总结知识产权仲裁机构和仲裁员法律责任相关学说，贴合我国国情，选择和调整最佳立场，切实维护仲裁裁决的权威性和公正性。二是关注知识产权网上仲裁这一新方式的深远影响，尤其在“后疫情时代”，如何在保证司法活动安全和维护司法程序公平之间保持平衡是一个难题，对此，知识产权网上仲裁无疑是较为理想的解决办法。三是从涉外知识产权投资引发的纠纷出发，在构建内外双循环的新经济发展格局下，摸索出适合我国企业海外投资及其相关纠纷的仲裁规则和程序。上述研究点能够进一步提高大众对仲裁的认可度，凸显仲裁的高效快捷、私密性强和低成本等优势，并帮助我国企业更好地海外维权，这对丰富和完善我国知识产权仲裁实践具有积极意义。

第二节 国内外研究现状

一、知识产权纠纷的可仲裁性问题

根据我国《仲裁法》第2~3条的规定[1]，除具有人身权利性质的知识产权引起的纠纷不能采用仲裁解决之外，其他知识产权财产权益纠纷都可诉诸仲裁。从我国知识产权相关立法来看，《专利法》和《商标法》未采纳仲裁方式解决相关法律纠纷，虽然现行《著作权法》第60条明确著作权纠纷可以申请仲裁解决，但也未明确规定何种纠纷可以诉诸仲裁。这一模糊的立法现状导致学术界对知识产权纠纷的可仲裁性问题颇有争论。一方面，以仲裁方式解决知识产权纠纷的确存在一定的阻碍和困境。比如，知识产权仲裁案件受理范围不清楚且限定较窄，仲裁机构设置过于零散、运行模式不统一而欠缺体系性，以及仲裁制度相较于传统诉讼缺乏公信力[2]；崔秀花认为，当事人选择知识产权仲裁的意愿不强，仲裁中提出的证据可能相对缺乏说服力，仲裁员与知识产权的专业性不匹配，以及我国缺少适宜国情的知识产权纠纷仲裁方案[3]。另一方面，无法忽视仲裁对于解决知识产权纠纷的便利性和高效性。究其根本，主要是由于知

---

[1] 《仲裁法》第2条："平等主体的公民、法人和其他组织之间发生的合同纠纷和其他财产权益纠纷，可以仲裁。"第3条："下列纠纷不能仲裁：（一）婚姻、收养、监护、扶养、继承纠纷；（二）依法应当由行政机关处理的行政争议。"

[2] 詹映，邱亦寒．我国知识产权替代性纠纷解决机制的发展与完善［J］．西北大学学报（哲学社会科学版），2018，48（5）：75－83.

[3] 崔秀花．知识产权纠纷仲裁解决的现实困境及出路——评《知识产权纠纷仲裁解决机制研究》［J］．中国油脂，2021，46（6）：158－159.

识产权诉讼的高成本[1]导致替代性纠纷解决方式（Alternative Dispute Resolution，ADR）处理知识产权问题逐步正式转向知识产权仲裁，尤其是以美国为代表的国家更是如此。[2] 无独有偶，欧盟、日本和世界知识产权组织（World Intellectual Property Organization，WIPO）的相关实践说明知识产权仲裁对于解决知识产权纠纷也具有独特价值和意义。[3] 不仅如此，我国学者还主张为了顺应国际趋势和现实需要，充分利用仲裁优势，应当尽可能扩大知识产权纠纷中可仲裁的范围[4]。以下按照常见的四类知识产权纠纷分别讨论其适裁性。

第一，当事人合意是支撑知识产权合同纠纷可仲裁性的基石。一是学界从各个角度探究了知识产权合同纠纷仲裁的应然性。例如，根据《仲裁法》第 2～3 条，只要当事人订立了有效的仲裁条款，平等主体之间的知识产权合同纠纷毫无疑问可以仲裁[5]；同时，知识产权合同纠纷的可仲裁性在世界上大多数国家都得到了承认，完全符合协议的可仲裁性标准[6]；我国《著作权法》和《计算机软件保护条例》也都明确了著作权合同纠

[1] 颜瑶．论重构我国多元、高效的知识产权纠纷解决机制［J］．科技与法律，2009（2）：87－91．

[2] 徐惠敏．我国知识产权纠纷 ADR 机制的构建［J］．江西社会科学，2012，32（2）：170－175．

[3] 李宗辉．论知识产权案件的替代性纠纷解决机制［J］．暨南学报（哲学社会科学版），2015，37（2）：84－91．

[4] 冯军，黄洁．WTO 和 WIPO 知识产权国际争端仲裁比较研究［J］．国际经济合作，2012（11）：71－75；龚佳慧．知识产权问题的国际商事仲裁发展［J］．商业时代，2014（20）：105－106．

[5] 李晓桃，袁晓东．知识产权纠纷的可仲裁性研究［J］．科技管理研究，2012，32（16）：179－183，200．

[6] 杨涛，杨斌．知识产权仲裁制度的困境与出路［J］．电子知识产权，2011（12）：80－83．

纷的可仲裁性[1]。二是实践中已积累了一定的仲裁经验，如上海知识产权仲裁院明确其受理案件类型包括特许经营合同，技术服务、开发、转让、咨询合同，版权、出版合同，专利实施许可合同及其他知识产权类合同纠纷[2]；深圳国际仲裁院公布的9个知识产权典型仲裁案例也都是关于合同引发的知识产权纠纷[3]。从域外做法来看，已明确规定知识产权合同纠纷仲裁的国家有美国、德国、日本等[4]，根据WIPO对仲裁的规定，目前大多数国家都认可知识产权合同纠纷的可仲裁性。[5]

第二，厘清民事主体间权利分配是知识产权侵权纠纷适裁性的根本原因。知识产权侵权纠纷主要解决的是当事人之间的财产权益问题，而这属于《仲裁法》规定可仲裁的事项范围。例如，有学者从知识产权侵权纠纷具备同知识产权合同纠纷一样的可仲裁性法理基础以及知识产权侵权纠纷仲裁解决能够分流诉讼的现实基础出发，承认其可仲裁性。[6] 也有学者通过分析知识产权的私权性质决定了其适裁性、仲裁解决知识产权侵权纠纷相较于调解和诉讼的独特优势决定其必要性，认定知识产权侵权纠纷具有可仲裁性，并且提出以“剥离法”进一步区分纠纷中明显可仲裁的

---

[1] 牛强．论知识产权纠纷的仲裁解决机制［J］．黑龙江省政法管理干部学院学报，2010（1）：130－132.

[2] 上海知识产权仲裁院．上海知识产权仲裁院：案件类型［EB/OL］．［2022－06－25］．http：//zscq. accsh. org/index. php？ m = content&c = index&a = lists&catid = 382&menu = homepage－382.

[3] 深圳国际仲裁院．深圳国际仲裁院：仲裁案［EB/OL］．［2022－06－25］．http：//www. scia. com. cn/Home/index/casesdown/id/25. html.

[4] 李宗辉．论知识产权案件的替代性纠纷解决机制［J］．暨南学报（哲学社会科学版），2015，37（2）：84－91.

[5] 世界知识产权组织．关于产权组织：成员方［EB/OL］．［2022－06－25］．https：//www. wipo. int/members/en/.

[6] 卢青峰．论知识产权纠纷的仲裁解决［J］．特区经济，2010（5）：252－253.

部分来反对以偏概全地否认相关纠纷可仲裁的观点。[1] 反观域外，关于知识产权侵权纠纷可仲裁性问题，美国的态度从否定逐渐转变为肯定，尤其在《美国专利法》增加了第294条（明确专利纠纷可仲裁性）之后，美国可提交仲裁的专利纠纷事项范围十分广泛，不仅包括专利侵权纠纷，还包括专利合同纠纷和专利有效性纠纷。[2]

第三，明确“无形财产”所有权归属是知识产权权属纠纷可仲裁性的正当性理由。知识产权权属划分是知识产权保护的一个重要内容，事关当事人的正当权益，因此一直以来就是较为常见的一类知识产权纠纷。虽然某些需要行政管理部门授权的知识产权如商标权和专利权可能在权属上会牵连行政管理部门，但有学者认为，归根结底，知识产权属于一种具有财产性的私权，部分知识产权权属纠纷也可以由当事人双方自行决定，如发明创造的署名权纠纷等，因此这类典型的私人财产权益纠纷同样可仲裁，且裁决结果仅对当事人双方有效。[3] 国内学者杜焕芳及其课题组认为知识产权权属纠纷与物权在纠纷解决上具有相似性，因此只要不违反仲裁法及相关规则，仲裁机构即对知识产权权属纠纷具有管辖权。[4]

第四，私权属性决定了知识产权有效性纠纷的可仲裁性。有学者认为，由于仲裁裁决只具有相对效力，仲裁庭对知识产权有效性的审查和认定结果不会对第三人和登记机关产生影响，也不会违反公共政策，因此公共政策无法否定知识产权有效性纠纷的

---

[1] 郑书前，宋新宇．论知识产权侵权纠纷之可仲裁性［J］．河南省政法管理干部学院学报，2002（5）：38－42.

[2] 李勇．简述仲裁制度及知识产权纠纷的解决［J］．知识产权，2001（4）：31－35.

[3] 尚广振．类型化视角下的知识产权纠纷仲裁解决机制［J］．黑龙江省政法管理干部学院学报，2016（1）：100－102.

[4] 杜焕芳课题组，杜焕芳．知识产权仲裁机构建设：理论证成、域外借鉴和制度设计［J］．商事仲裁与调解，2021（1）：96－115.

可仲裁性。[1] 更重要的是，知识产权的国家授权性并不影响其私权属性，知识产权垄断性不等同于具有公法性质的垄断行为，因此这些不应成为阻碍知识产权有效性纠纷可仲裁性的理由。[2] 从私权属性出发，知识产权有效性纠纷的可仲裁性有其存在的现实基础，例如，在存在仲裁协议且双方当事人自愿承认可仲裁的情况下，应坚持知识产权纠纷的可仲裁性，否则既不利于满足实践中权利人的需要，也不符合立法发展的趋势。[3] 对于知识产权有效性纠纷可仲裁性，日本仲裁法先是规定专利的有效性必须由日本专利局的无效程序和通过知识产权高等法院的上诉程序来决定；后来《日本专利法修正案》（2005）允许在侵权诉讼中提出无效抗辩，只要将有效性争议作为抗辩或附带针对侵权主张提出，就可以由私主体自行选择民事纠纷解决方式。换言之，在日本，即使涉及专利有效性问题，也可提交仲裁解决。[4] 美国学者米克尔（Miquel dels Sants Mirambell Fargas）教授以成本经济学分析当事人动机，认为仲裁方式可以成为解决知识产权有效性纠纷的关键机制，因其成本相对较低，使仲裁解决纠纷的专业性、创新性与效率性达到帕累托最优状态。[5]

总之，关于知识产权纠纷可仲裁性问题，虽然学界对知识产权合同纠纷适裁无较大异议，但是在知识产权侵权纠纷、权属纠

---

[1] 倪静．论知识产权有效性争议的可仲裁性——对公共政策理由的反思［J］．江西社会科学，2012，32（2）：176－180．

[2] 刘瑾．论知识产权有效性仲裁的认识误区及相关救济制度重塑［J］．知识产权，2016（11）：36－40．

[3] 王莹．试论知识产权有效性争议的可仲裁性［J］．电子知识产权，2003（3）：56－59．

[4] Nari Lee & Marcus Norrgård. Alternatives to Litigation in IP Disputes in Asia and in Finland［J］. California Western International Law Journal，2012（43）：109－122.

[5] Miquel dels Sants Mirambell Fargas. Economics of Arbitrability in International IP Contracting［J］. Journal of Law and Commerce，2019（37）：179.

纷和有效性等问题上仍存在不同意见。例如，有学者认为知识产权侵权纠纷应排除在仲裁的适用范围之外，一是因为侵权关系中双方地位不平等，侵权方有过错，而受侵害方通常享有绝对权利，因此不适宜通过仲裁解决；二是侵权对象可能包含人身权的内容，而人身权案件不可仲裁[1]；也有学者认为由于知识产权权属纠纷涉及有效性问题，受公共政策和行政权力影响，因而知识产权权属纠纷不可仲裁[2]；此外，为了避免与行政管理方面的冲突，暂时还不应认可知识产权有效性纠纷的可仲裁性。[3] 有学者以《专利法》和《商标法》中权利人关于专利和商标有效性的争议可以向法院起诉的规定为例，指出目前我国专利和商标有效性纠纷不允许仲裁解决[4]；从国际范围来看，《南非专利法》第18条第1款规定，仲裁庭无权审理与决定与专利有关的任何纠纷[5]，这是目前明确否定利用仲裁解决专利纠纷的国家。另外，也有国家并未规定知识产权纠纷的可仲裁性问题，如俄罗斯、韩国、印度、爱尔兰等，因而尤其是与权利效力相关的知识产权纠纷可否仲裁很难直接确定，而应由各国司法机关对“公共政策”的理解与适用决定。[6] 虽然上述反对声音有支撑的理论依据和理由，但瑕不掩瑜，仲裁制度专业性、

---

[1] 张建华. 仲裁新论［M］. 北京：中国法制出版社，2002.

[2] 杨涛，杨斌. 知识产权仲裁制度的困境与出路［J］. 电子知识产权，2011（12）：80－83.

[3] 王崇敏，王然. 论自贸区知识产权争议的仲裁解决机制［J］. 河南财经政法大学学报，2016，31（4）：99－104.

[4] 王军杰. 国际商事仲裁特殊争议事项可仲裁性的发展趋势分析［J］. 江西社会科学，2009（2）：165－168；孙移芳. 关于我国知识产权仲裁的几点思考［J］. 经济研究参考，2010（41）：69－72.

[5] 世界知识产权组织. WIPO Lex：南非 Patents Act 1978（Act No. 57 of 1978，as amended up to Patents Amendment Act 2002）［EB/OL］.［2022－06－25］. https：//wipolex. wipo. int/zh/legislation/details/6256.

[6] 倪静. 论专利权有效性争议之可仲裁性［J］. 知识产权，2013（3）：37－41，47.

保密性、灵活性、快捷性等特点仍凸显了其作为知识产权解纷机制的最佳选择。

综上所述，随着相关理论的不断丰富和实践逐步完善，知识产权纠纷可仲裁性范围正慢慢扩大及延伸。在此过程中，质疑声和喝彩声交织其中，这既为未来知识产权仲裁立法留下极大的讨论空间，也为下一步相关实践经验的积累留出一定的弹性领域。因此，在讨论我国知识产权仲裁制度完善这一议题时，关于知识产权纠纷的可仲裁性就成为要讨论的第一个问题。

二、知识产权仲裁责任问题

长久以来，仲裁员及仲裁机构的法律责任问题是我国仲裁理论界和实务界研究的热点问题之一。其中，绝大多数的观点认为仲裁员及仲裁机构应当承担一定的法律责任；而少部分观点认为仲裁员及仲裁机构不需要承担法律责任。与此同时，国内外学界对于仲裁责任的归责问题主要有三种理论：一是仲裁责任豁免论，意味着仲裁员不需对其仲裁行为负民事责任，主要为英美法系国家所采用，因其将仲裁视为一种准司法活动[1]；二是仲裁责任承担论，要求仲裁员在故意或过失造成当事人损失的情况下承担相应的责任，这是由于大陆法系国家更加倾向于认定仲裁的契约性而采用[2]；三是仲裁责任有限豁免论，主张仲裁员在一定范围和条件下可以享受仲裁责任豁免，而除外情形需要承担仲裁责任，该理论融合渗透了责任豁免和责任承担理论，各国的立法趋势和实践运用逐渐与之靠近。奥地利学者塔达斯（Tadas Varapnickas）主张

[1] 施米托夫．国际贸易法文选［M］．赵秀文，选译．北京：中国大百科全书出版社，1993.

[2] 郭寿康，赵秀文．国际经贸仲裁法［M］．北京：中国法制出版社，1997.

仲裁责任有限豁免论是最好的方案，既符合公平审判原则，又有利于在当事人和仲裁员之间建立适当的平衡，允许仲裁责任豁免一定程度上确保了仲裁员是独立和公正的决策者，与此同时，非完全豁免又意味着不允许他们滥用国家赋予的权力。[1] 此外，从仲裁责任的形式来看，我国学界普遍认可仲裁员和仲裁机构不承担行政责任，但是对民事责任和刑事责任的承担则争论不断。

一方面，仲裁员责任承担以民事为主，刑事为辅。我国《仲裁法》第38条仅作出仲裁员在特殊情形下“应当依法承担法律责任”的粗略规定，对于法律责任究竟指哪方面责任、在现有法律规定的有限情形之外是否应承担及如何承担责任等问题并无明确规定。学界对此观点不一，有学者认为，仲裁员责任承担与否应取决于仲裁员行为的性质，也就是说，一是仲裁员应对其不履行或不适当履行契约义务的行为承担民事责任；二是仲裁员可以对其履行司法裁判职能的作为或不作为部分享有民事责任豁免，即不承担民事责任，除非能够证明该仲裁员存在故意。[2] 也有学者基于仲裁具有契约性和司法性混合的法律属性，主张仲裁员的法律责任不仅限于民事责任，还应承担刑事责任，前者是仲裁员违反契约时承担民事责任，后者是仲裁员在司法权行使不当之时承担刑事责任。[3] 另外，有学者通过分析仲裁员所处的兼具合同性和司法性的独特法律地位，进一步明确细化仲裁员的民事责任，谨慎或尽量避免要求仲裁员承担相关刑事责任，尽快完善规定并适用

---

[1] Tadas Varapnickas. Issues of Arbitrator's Liability as Regards the Right to Fair Trial: What Way to Choose for Policy - Maker [J]. Vindobona Journal of International Commercial Law & Arbitration, 2016 (20): 95.

[2] 石现明. 仲裁机构的民事责任与豁免问题研究 [J]. 河北法学, 2011, 29 (3): 147 - 152.

[3] 李继霞. 关于仲裁员法律责任制度的若干问题 [J]. 山东社会科学, 2009 (6): 145 - 147.

仲裁员行业责任。[1]

另一方面，仲裁机构对其裁决行为不承担责任。我国《仲裁法》未规定仲裁机构之责任承担问题，且第 14 条规定仲裁委员会独立于行政机关，可见其具有独立性，主要受行业自治和自律的约束，第 15 条规定中国仲裁协会是一种负有监督职责的自律性组织，但该协会至今尚未成立。[2] 对此，有学者主张我国法律制度中不存在对仲裁机构责任的规定意味着仲裁机构在事实上属于责任绝对豁免，而从仲裁机构与当事人之间的特殊服务合同关系、与仲裁员之间形成的劳务合同关系来看，仲裁机构对仲裁审理和裁决过程中的不当行为不承担责任，但需对其违反管理或服务义务承担责任。[3] 对此，有学者补充，仲裁机构以非司法方式运作，不能享有绝对的豁免，而应规定其对违反仲裁规则、故意不当的行为承担一定民事责任。[4] 也有学者认为，仲裁机构通常依据国内法设立并具有私法人资格，其与当事人是服务合同关系，而对仲裁员及仲裁活动负有监督管理职责，这要求仲裁机构不仅需要对自身违反合同或法律规定的行为承担民事责任，而且在有些情况下还需要对仲裁员的民事责任承担一种不真正连带责任。[5] 美国学者马修（Matthew Rasmussen）也认为仲裁机构不应被授予绝对豁免权，当事人与仲裁机构之间的合同性质的关系引发了相应的职责

---

[1] 刘晓红，李超，范铭超．国际商事与贸易仲裁员（公断人）责任制度比较——兼评中国商事贸易仲裁员责任制度［J］．世界贸易组织动态与研究，2012，19（3）：14－21.

[2] 姜丽丽．论我国仲裁机构的法律属性及其改革方向［J］．比较法研究，2019（3）：142－156.

[3] 邓瑞平，易艳．商事仲裁责任制度简论［J］．重庆大学学报（社会科学版），2005（1）：115－122.

[4] 李凤琴．我国仲裁机构民事责任制度探析［J］．法治研究，2011（11）：62－67.

[5] 石现明．略论我国仲裁员和仲裁机构民事责任制度的构建［J］．理论与改革，2011（4）：129－132.

和义务，而未能履行时仲裁机构应承担责任。为了当事人和仲裁机构的最终利益，法律应要求机构根据合同提供合理的行政期望，并根据适用的规则提供有效和高效的仲裁程序。[1]

综上所述，由于我国《仲裁法》对仲裁员和仲裁机构责任承担问题规定不清，学界也未能给出明确答案。相对于仲裁机构而言，仲裁员的责任承担比照律师和法官的法律责任，则显得仲裁员承担法律责任的情形范围限定过于狭窄，责任承担方式规定模糊，多方面都亟待明确和强化。因此，需要对仲裁机构的责任作进一步研究，明确其承担与否，承担何种责任，以及责任承担方式，从义务的严格要求入手，加强仲裁机构管理，增强仲裁权威性。

三、知识产权网上仲裁问题

随着数字技术的飞速发展，法律制度和社会生活也发生了一系列深刻变革。自 20 世纪 90 年代开始，互联网技术对解决纠纷的方式也逐渐产生影响，网上纠纷解决机制（Online Dispute Resolution，ODR）在美国出现并盛行，主要包括网上协商、网上调解和网上仲裁三种，该制度具有成本低、更加灵活便捷高效的优势，随后 ODR 逐渐被其他国家借鉴使用。ODR 不仅是诉讼制度的分流机制，也是 ADR 在网络空间的延伸。

就网上仲裁制度而言，新的仲裁形式也在不断挑战传统的仲裁理念和制度。首先，网上仲裁的内涵和外延尚未明确。虽然“网上仲裁”的概念界定尚未取得统一的说法，但“网络化”是其最大的特点。这是由于这类仲裁强烈依附于互联网，仲裁的全过程或大部分过程是采用网络信息交流的方式进行的，如仲裁员和仲裁庭的选

---

[1] Matthew Rasmussen. Overextending Immunity: Arbitral Institutional Liability in the United States, England, and France [J]. Fordham International Law Journal , 2003 (26): 1824.

择、仲裁案件的立案和答辩、仲裁案件开庭审理、仲裁庭合议或裁决作出等事项是在网上进行的。[1] 我国《仲裁法（征求意见稿）》第30条第3款新增了仲裁可以通过网络方式进行。关于"网上仲裁"的性质，有学者认为网上仲裁与传统仲裁的本质基本相同，只是信息传输的载体与方式不同，并且根据裁决对当事人而言是否具有法律约束力将其进一步划分为约束性和非约束性网上仲裁，前者毫无疑问属于传统仲裁方式，但由于裁决效力有异而不认可后者属于传统仲裁方式，因此认为网上仲裁具有双重性。[2] 美国学者哈罗德（Harold Hongju Koh）指出，自新冠疫情以来，网上仲裁与传统仲裁的界限愈加模糊，网上仲裁即融入了现代技术手段（尤其是互联网）的传统仲裁。[3] 但也有学者认为网上仲裁属于新型争议解决方式，其今后可能成为一种全新的仲裁机制。[4]

其次，网上仲裁集中于国际商事领域且问题纷繁复杂。主要表现为以下三方面。一是网上仲裁协议及其所涉文件是否属于传统法律规定的书面形式。《中华人民共和国电子商务法》（以下简称《电子商务法》）第48条[5]明确我国电子合同中的仲裁条款和电子仲裁协议有效。国内一些学者都主张为了适应网上仲裁的发展

---

[1] 王佳宜．"一带一路"战略下国际商事仲裁制度的构建［J］．人民论坛，2016（14）：239－241.

[2] 马迁．网上仲裁的法律问题研究［J］．河南社会科学，2009，17（2）：108－111.

[3] Harold Hongju Koh. The "Gants Principles" for Online Dispute Resolution：Realizing the Chief Justice's Vision for Courts in the Cloud［J］. B. C. L. Rev.，2021，62：2768.

[4] 张潇剑．跨国网上仲裁若干法律问题研究［C］//中国仲裁法学研究会、中国国际经济贸易仲裁委员会、中国海事仲裁委员会、最高人民法院民四庭．中国仲裁与司法论坛暨2010年年会论文集，2010：261－268；高薇．论在线仲裁的机制［J］．上海交通大学学报（哲学社会科学版），2014，22（6）：18－25.

[5] 《电子商务法》第48条："电子商务当事人使用自动信息系统订立或者履行合同的行为对使用该系统的当事人具有法律效力。在电子商务中推定当事人具有相应的民事行为能力。但是，有相反证据足以推翻的除外。"

与需求，应从法律层面扩大解释《承认及执行外国仲裁裁决公约》(以下简称《纽约公约》)[1] 所规定的“书面形式”，以接受网上仲裁协议的有效性。[2] 学者魏沁怡指出国际公约的规定受限于当时的历史背景而并未考虑到电子协议存在的可能性，但目前互联网作为现代交流的手段，电子仲裁协议形式的有效性问题不应成为阻碍，只要记录当事方同意仲裁的文件可以提出并作为将来可能发生纠纷的证据即可。[3] 希腊学者爱默若（Ihab Amro）指出，为了适应网上仲裁，一些大陆法系国家的法律扩大了《纽约公约》中规定的形式要求范围，包括在线签订的协议，如《瑞士国际私法法典》和《德国民事诉讼法典》[4]；一些普通法系国家的法院对《纽约公约》规定的形式要求进行了宽松的解释。[5] 二是网上仲裁的仲裁地如何确定。由于网上仲裁的参与各方不受空间限制，通常位于不同的位置，甚至所处的国家不同，而仲裁地又决定着仲裁程序及实体法适用的选择，因而要求网上仲裁确定的仲裁地具

---

[1] 我国已加入该公约，该公约于1987年4月22日对我国生效。

[2] 高兰英．网上仲裁的若干法律问题［J］．学术论坛，2008（1）：143－148；黄韬，陈儒丹．网上仲裁法律问题研究［J］．仲裁研究，2005（2）：66－74；邓瑞平，唐海涛．电子商务时代网上仲裁：困境与出路［J］．河北法学，2013，31(12)：19－25.

[3] 魏沁怡．互联网背景下在线仲裁的适用机制研究［J］．河南社会科学，2020，28(7)：79－86.

[4] 《瑞士国际私法法典》第178条第（1）款：仲裁协议必须以书面形式或通过电报、电传、传真或任何其他允许以文本形式证明的通信形式达成。《德国民事诉讼法典》中的仲裁法，第1031条第（1）款仲裁协议应包含在双方签署的文件中，或包含在提供协议记录的信件、电传、电报或其他电信方式的交换中，如果仲裁协议包含在从一方传送给另一方或由第三方传送给双方的文件中，并且如果没有提出异议，则应视为符合格式要求在适当的时候——按照惯例，此类文件的内容被视为合同的一部分。

[5] Ihab Amro. The Use of Online Arbitration in the Resolution of International Commercial Disputes［J］. Vindobona Journal of International Commercial Law & Arbitration, 2014，129（18）：148.

有唯一性。目前主要存在以下几种学说：第一，仲裁员所在地说，就是以仲裁员或首席仲裁员所在地为仲裁地[1]；第二，服务器所在地说，这是通过网上仲裁使用的计算机网络服务器的空间地理位置确定仲裁地[2]；第三，网址所有者或控制者所在地说，就是以提供网上仲裁服务的网站所有者或控制者的所在地为准[3]；第四，仲裁本座论，该理论将仲裁地由地理概念上升至法律概念，即由当事人事先约定一个仲裁地以确定所适用的仲裁规则，并决定仲裁程序，而未约定仲裁地的则根据最密切联系原则由仲裁庭进行确定[4]；第五，非内国仲裁理论主张国际仲裁所适用的程序法和实体法均基于当事人意思自治，使仲裁摆脱仲裁地国法律的制约和仲裁地法院的控制[5]。三是最终网上仲裁裁决能否被承认与执行。有学者称可以建立一个国际性的网上仲裁管理机构，专门负责执行相关裁决。[6] 然而，也有学者认为仍然可以依据《纽约公约》向缔约方申请仲裁裁决的承认和执行，但前提是仲裁地国家法律允许通过电子方式进行网上仲裁。[7] 美国学者艾米（Amy J. Schmitz）认为，在美国，电子形式的仲裁协议和裁决都可以根据《美国联邦仲裁法》和《美国电子签章法》强制执行，尤其是

---

[1] Jasna Arsic. International Arbitration: Has the Future Come Too Early? [J]. Journal of International Arbitration, 1997 (3): 209 - 221.

[2] 苏国良. 统一域名争议解决政策案例与评析 [M]. 北京: 法律出版社, 2000.

[3] 宋连斌, 林一飞. 国际商事仲裁新资料选编 [M]. 武汉: 武汉出版社, 2001.

[4] 崔悦. 论网上国际商事仲裁中仲裁地的选择与确认 [J]. 西安石油大学学报（社会科学版）, 2021, 30 (1): 81 - 86.

[5] 马迁. 网上仲裁的法律问题研究 [J]. 河南社会科学, 2009, 17 (2): 108 - 111.

[6] 郭玉军, 肖芳. 网上仲裁的现状与未来 [J]. 法学评论, 2003 (2): 30 - 42; 刘政. 推行网上仲裁的制约因素与路径选择 [J]. 海南大学学报（人文社会科学版）, 2009, 27 (3): 302 - 309.

[7] 邓瑞平, 唐海涛. 电子商务时代网上仲裁: 困境与出路 [J]. 河北法学, 2013, 31 (12): 19 - 25.

新冠疫情暴发以来，该国法律也越来越接受了在线交易和使用虚拟平台的情况。[1]

最后，知识产权纠纷网上仲裁方兴未艾。由于网络空间具有全球性和虚拟性，网络知识产权纠纷也呈现出新的特征，如侵权主体具有广泛性和虚拟性、司法管辖权难以确定、证据更易于隐匿而难以收集、纠纷类型更加多样等，这些都对传统的知识产权纠纷解决机制提出了挑战。ODR 方式的开放性、灵活性、经济性等特性在一定程度上可缓解网上知识产权纠纷面对的困难。[2]事实证明，作为 ODR 类型之一的网上仲裁方式早已使用并成功解决了某些知识产权领域的纠纷。自 1999 年 12 月以来，WIPO 中心就接受了互联网名称与数字分配机构（ICANN）的授权，遵循《统一域名争议解决规则》（UDPR）中的实体和程序规则，采用网上仲裁机制以处理和解决域名争议，遏制了恶意使用商标、域名抢注和网上反向假冒等不当情形。我国学者综合多个 WIPO 域名仲裁实例，发现 WIPO 中心已形成一套解决域名争议的实体法适用规则体系，它以 UDRP 规则为基础，以国内法及司法判例为补充，赋予仲裁庭在选择和适用法律时广泛的自由裁量权，且最为特殊的是可适用自身所作裁决的“准先例法”性质。[3] 学者薛虹根据《关于强化知识产权保护的意见》并结合《电子商务法》，提出电子商务平台的在线争议解决机制适宜解决平台相关的知识产权纠纷案件，尤其是国际知识产权纠纷类型，同时构建了一套知识产权特殊仲裁的框架，包含争议解决规

---

[1] Amy J. Schmitz. Arbitration in the Age of Covid: Examining Arbitration's Move Online [J]. Cardozo Journal of Conflict Resolution, 2021 (22): 245.

[2] 石春雷. ODR：解决“互联网+”时代版权纠纷新模式 [J]. 中国出版，2019 (20): 66-69.

[3] 高田甜. 世界知识产权组织（WIPO）域名仲裁中的“准先例法” [J]. 河北法学，2009，27 (6): 124-130.

则、程序与执行等内容。[1]

综上所述，网上仲裁是传统仲裁在网络世界的延续，既具备传统仲裁的特点，又兼有网络技术的特性，其所蕴含的价值尚未得到全面开发和探索。知识产权纠纷网上仲裁利用网络技术快准精的优点，大大拓展了传统知识产权纠纷仲裁的领域，开辟了知识产权纠纷仲裁解决的新局面。但是，如何进一步将网络技术与知识产权纠纷仲裁紧密结合，如何更好地推广知识产权纠纷网上仲裁，如何在网络世界解决传统知识产权纠纷仲裁的痼疾，是理论界与实务界有待认真探索的课题。因此，本书从知识产权纠纷和网上仲裁两者间的契合度出发，分析现阶段知识产权纠纷网上仲裁程序本身和效力存在的主要问题及原因，提倡发挥司法等方面作用，以进一步完善知识产权纠纷网上仲裁。

四、涉外知识产权投资仲裁问题

近年来，涉外知识产权投资引发的纠纷日益增多，主要表现为三种类型：一是投资者与其他平等的私人主体之间的知识产权纠纷；二是投资者母国与东道国之间的国际知识产权争端；三是投资者与东道国之间的知识产权投资纠纷。[2] 通常来说，第一种国民之间的纠纷主要适用国内司法机制解决；第二种国家间纠纷主要适用 WTO 争端解决机制；第三种纠纷中，国内司法机制虽然可以适用，但存在一定的地域局限性，投资者则倾向于适用投资者与国家争端解决机制或者 WTO 争端解决机制。对于解决具有跨国性和诸多涉外因素的知识产权投资纠纷，仲裁有着司法诉讼无法

---

[1] 薛虹．知识产权仲裁的特殊法律问题研究［J］．商事仲裁与调解，2021（1）：3－17.

[2] 何艳．投资协定视阈下知识产权与公共健康的冲突与协调——由两起“菲利普·莫里斯案”引发的思考［J］．法商研究，2013，30（6）：42－51.

比拟的优势。一方面，仲裁依据灵活广泛，裁决结果更容易被当事人接受，除了具有地域性和滞后性的知识产权法律，国际惯例、商事习惯、意思自治原则等也可能成为仲裁员作出裁决的依据，有利于提供公平公正的保护；同时，仲裁员为专业的复合型人才，且通常为仲裁当事人选定而受到认可与信服。另一方面，仲裁具有国际化的特点，裁决易于被他国承认执行，一国签署《纽约公约》后即表明该国有义务接受其他缔约方作出的仲裁裁决。

因此，如果双方都同意通过仲裁方式解决涉外知识产权投资纠纷，对于仲裁机构或国际组织仲裁解决机制的选择就存在多种可能性。有学者提议，应引导当事人就涉外知识产权争议选择合适的仲裁机构，他们可以根据意思自治原则协商选定任意一方当事人国籍国境内仲裁机构，或者是国际性知识产权仲裁中心，如WIPO中心，并且还应综合考虑仲裁员队伍质量、仲裁机构所依据的仲裁规则的先进性、仲裁机构的社会评价结果、整体服务及执行裁决情况、仲裁机构所属国法治水平等因素。[1] 有学者认为，WIPO在国与国之间知识产权纠纷解决的过程中发挥了显著作用，它制定的《世界知识产权仲裁规则》和《世界知识产权组织快速仲裁规则》为仲裁方式解决知识产权纠纷提供便利。另外，WIPO中心可提交仲裁的纠纷类型并不局限于知识产权纠纷，还可处理与知识产权相关的贸易、投资方面纠纷[2]。

众所周知，WTO的争端解决机构和WIPO中心是通过非诉讼纠纷解决方式解决国际知识产权争议的最有影响力的两大机构，前者只能处理TRIPS协定成员之间就知识产权问题发生的国际公

---

[1] 高兰英，宋志国．试论国际商事仲裁制度与中国—东盟知识产权争议解决的契合[J]．法学杂志，2012，33（4）：110－114.

[2] 左冰，刘家瑞．论国际商事仲裁在知识产权领域的运用[J]．国际贸易问题，1999（10）：56－61.

法意义上的争端，即提交争端解决的主体必须是国家，而后者主要解决自然人、法人和非法人组织等私权主体之间的知识产权纠纷，二者相互补充。[1] 此外，还有学者主张我国可以与其他一些国家达成区域性知识产权争议解决机制，使国家层面的知识产权合作获得充分保障，私主体层面的知识产权争议得到公平有效的解决，例如，学者丛立先提出设立金砖国家知识产权争议解决统一仲裁平台或机构，考虑尽早制定金砖国家间的区域性仲裁示范法，以制定金砖国家统一仲裁法和仲裁规则为远景目标，并且，金砖五国在仲裁程序和裁决执行等方面具有趋同性，也说明金砖国家之间或其与新兴国家之间的知识产权争议更适宜通过仲裁方式解决。[2] 学者蒋慧则以签署《区域全面经济伙伴关系协定》（Regional Comprehensive Economic Partnership，RCEP）为背景与契机，论述中国与东盟诸国逐渐趋同的知识产权保护现状、相似共通的法律文化、可仲裁性问题的厘清等作为可行性基础，最终提出构建中国—东盟知识产权争议仲裁解决机制，该机制采用常设机构仲裁，整合、利用各国国内现有仲裁资源，探索国际合作构建而非单边主导设立。[3]

与此同时，由于国际投资协定已经认可将知识产权纳入“投资”的范畴，国际投资仲裁程序成为知识产权权利人寻求救济的重要路径之一。依据国际投资协定采用投资者—东道国仲裁程序，知识产权权利人作为投资者可以直接“挑战”东道国，而不受本国和东道国国内救济程序的制约，而且投资者可以要求东道国给

[1] 冯军，黄洁．WTO和WIPO知识产权国际争端仲裁比较研究［J］．国际经济合作，2012（11）：71－75.

[2] 丛立先．金砖国家知识产权争议解决机制的构建及其实现路径［J］．国际论坛，2018，20（6）：52－59，76.

[3] 蒋慧．RCEP背景下中国—东盟知识产权争议仲裁解决机制构建［J］．江海学刊，2021（6）：139－148，255.

予充分有效的损害赔偿。然而，该路径及越来越多相关案例的出现也引发了学界诸多的争论，主要围绕案件管辖权、实体规则的适用以及仲裁所产生的法律效果和对东道国产生的影响等。

首先，对涉外知识产权投资仲裁的管辖权问题态度不一。一方面，应当排除国际投资仲裁对涉外知识产权投资纠纷的管辖。这是因为发达国家凭借双边投资协定诱导国际知识产权保护制度向高标准、宽范围、强制约的方向发展，而我国作为发展中国家，应从我国对外投资等现实情况出发，合理地确定知识产权的投资范围，时刻加以防范国际发展趋势可能带来的负面效应。[1] 新加坡首席大法官桑达雷什（Sundaresh Menon）认为国际仲裁是否适用于解决涉及主权国家和公共利益的知识产权争议值得怀疑，并且指出已经有一些国家对投资者与国家之间的仲裁机制的态度存在反弹，如玻利维亚（2007 年）、厄瓜多尔（2009 年）和委内瑞拉（2012 年）相继退出了 ICSID 公约；澳大利亚政府 2011 年发布贸易政策声明，宣布尽管过去国际投资协议中包含投资者与国家的仲裁条款，但此后将不再如此规定。[2] 另一方面，为了保护投资者利益，应当允许国际投资仲裁的管辖涵盖知识产权领域。例如，学者张乃根认为国际投资相关知识产权的保护以依靠双边投资协定为主，还可以通过“解决国际投资争端中心”（ICSID）等“投资者—国家争端解决机制”（ISDS）下的国际仲裁予以解决。[3] 学者齐静提出，在国际投资领域，知识产权纠纷满足如下条件后即可适用投资者—国家争端解决机制解决：前提是投资者母国和东

---

[1] 王立武，杨柳．双边投资协定对知识产权国际保护制度的影响及对策［J］．电子科技大学学报（社科版），2013，15（6）：47－54.

[2] Sundaresh Menon. Charles N. Brower Lecture on International Dispute Resolution [J]. American Society of International Law Proceedings, 2014 (108): 219－230.

[3] 张乃根．国际投资相关知识产权及其争端解决［J］．法治研究，2020（1）：91－97.

道国共同签署了国际投资协议，所涉知识产权纠纷因“投资”而产生，纠纷发生之时投资者具有另一缔约方国籍。❶

然而，需要注意的是，学者都亳认为国际投资仲裁与WTO对知识产权案件可能存在管辖权重叠或管辖权冲突，如果对其干涉过度，WTO法律体系的安全性、可预测性和整体性会被投资条约所破坏，增加法律体系碎片化的风险。❷ 学者褚童考虑到国际投资争端可能对一国知识产权实施产生影响，认为我国应该对投资者—东道国仲裁机制采取审慎接受、防止滥用的态度，在投资协定制定过程中，可以提出符合本国自身需要的主张，如认定知识产权属于“投资”的标准，在投资者待遇标准中坚持TRIPS协定的灵活性，东道国出于维护公共利益对知识产权立法及其适用、解释的行为具有正当性等。❸ 学者徐树认为，国际投资条约及其仲裁机制的确为海外知识产权保护提供了一条全新路径，但是某种程度上导致了国际投资条约与知识产权条约的竞合保护困境，打破了知识产权规则在私权保护与社会福祉之间的平衡，因此有必要明确投资条约对知识产权的保护边界，既要充分尊重东道国知识产权政策的自主空间，也要合理地限制投资仲裁庭的裁判权。❹ 芬兰学者普拉特尤什·纳特普勒（Pratyush Nath Upreti）认为，依靠投资者与国家争端解决机制处理知识产权案件是有前途的且潜力巨大，该机制不得用于对抗国家滥用或歧视性做法，但可能成为私主体影响一

❶ 齐静．海外知识产权保护的ISDS机制适用问题［J］．知识产权，2016（11）：112－118.

❷ 都亳．国际投资协定中知识产权保护机制对WTO法律体系的挑战［J］．国际商务（对外经济贸易大学学报），2017（5）：128－138.

❸ 褚童．国际投资争端仲裁对东道国知识产权实施的影响与对策——以礼来公司诉加拿大仲裁案为例［J］．兰州大学学报（社会科学版），2018，46（6）：186－195.

❹ 徐树．国际投资条约下知识产权保护的困境及其应对［J］．法学，2019（5）：88－102.

国法律或政策的杠杆平台。[1] 因此，总的说来，关于涉外知识产权投资仲裁的管辖权问题，学界大多持谨慎乐观立场。

其次，国际投资仲裁中的知识产权实体保护规则主要反映在投资协定中对投资者待遇条款的规定。有学者认为现代双边投资协定（Bilateral Investment Treaty，BIT）规定的外资待遇通常为国民待遇、最惠国待遇、公平公正待遇，且普遍规定了征收与补偿条款。国民待遇和最惠国待遇为相对标准，且二者在BIT中的规定及适用不会严重超出TRIPS协定的范畴。公平公正待遇则是需要根据个案来确定的绝对待遇标准，征收与补偿条款也没有一致的规定适用，因此投资协定中的公平公正、征收与补偿等条款可能使东道国承担比TRIPS协定最低标准规定更高要求的知识产权保护义务。[2] 也有学者认为，知识产权作为投资协定中适格的“投资”，享有一切投资保护的待遇，主要包括国民待遇和最惠国待遇、公平公正待遇、征收和补偿的规定。国民待遇和最惠国待遇为基础性的投资保障条款，适用于已经被东道国授予或认可的知识产权；公平公正待遇条款在国际投资争端仲裁中被投资者援引的频率很高，主要因其标准、内涵界定模糊，仲裁庭裁量空间较大且常常进行扩张解释；投资协定以投资者不受征收为原则，但符合法定条件的征收为例外，进而征收和补偿条款保护主要投资者对东道国限制或撤销知识产权的措施、对知识产权强制许可构成征收的主张。[3] 同样地，有学者认为，知识产权权利人（投资者）可以从国

---

[1] Pratyush Nath Upreti. Intellectual Property Rights in Investor – State Dispute Settlement: Connecting the Dots Through the Philip Morris, Eli Lilly and Bridgestone Awards [J]. American Review of International Arbitration, 2020 (31): 337 – 339.

[2] 魏艳茹. 双边投资协定中的知识产权条款研究 [J]. 国际经济法学刊, 2007, 14 (2): 225 –237.

[3] 田晓萍. 国际投资协定中知识产权保护的路径及法律效果——以“礼来药企案”为视角 [J]. 政法论丛, 2016 (1): 97 –104.

际投资协议保护投资的主要目的出发，争取最大范围的国民待遇、最惠国待遇和公平公正待遇，并积极利用征收与补偿条款保障其知识产权的财产价值和投资收益[1]；以及认为国际投资条约通过投资待遇条款引入和强化了知识产权规则，实现了投资条约与知识产权条约的联结，其主要表现在非歧视待遇、公平公正待遇、征收条款、保护伞条款和履行要求禁止等条款中，且投资条约所提出的要求比知识产权条约标准更为严格。[2] 总的来说，学者们均围绕投资协定中的规定和仲裁庭的适用对此进行研究，但投资协定对有些投资者待遇条款的规定不甚明确，进而导致仲裁庭对其适用和解释存在争议，因此在后文将分别对各条款的不足进行分析。

最后，必须关注到国际投资协定保护知识产权将产生的法律效果，尤其是对东道国公共利益所产生的影响。有学者主张国际投资协定中知识产权保护有三方面法律效果：一是投资者直接挑战东道国制定和实施本国知识产权法的主权权利，二是投资协定造成 TRIPS 协定给予国内法灵活自决的空间受到威胁，三是投资仲裁庭被赋予了解释和澄清 TRIPS 协定的任务。并且表明了相应的担忧，因此提出政府在投资协定缔结时应充分评估知识产权义务可能产生的法律效果，进而审慎地制定协定条款。[3] 国外学者认为，在投资者与国家争议解决机制中，争议只能由知识产权权利人提出，其提交索赔通知即可对东道国发起挑战，可见该机制存在明显偏袒和程序操纵，很容易对一国国内的知识产权合法监管

[1] 齐静．海外知识产权保护的 ISDS 机制适用问题［J］．知识产权，2016（11）：112－118.

[2] 徐树．国际投资条约下知识产权保护的困境及其应对［J］．法学，2019（5）：88－102.

[3] 田晓萍．国际投资协定中知识产权保护的路径及法律效果——以“礼来药企案”为视角［J］．政法论丛，2016（1）：97－104.

活动构成威胁。[1] 由于知识产权相关的国际投资仲裁制度尤其是涉及公共利益时，将对一国产生一些负面的效果，匈牙利学者南戈（CsongorIstván Nagy）教授认为，双边投资条约的最初理由并不是给予外国投资者特权保护，而是为了保证各国之间相当的合理保护水平，但投资者与国家争端解决机制的做法脱离了这个最初的理由，而转向公法争议“私有化”这一事实[2]；美国学者布鲁克（Brook K. Baker）教授等通过分析“礼来药企案”（Eli Lilly v. Canada），认为国际投资者仲裁制度绕过国内法院以挑战限制主权国家授予的垄断行为不正当且反常，因而提议删除或重写 ISDS 条款，以防止投资者提出与知识产权相关的索赔的可能性。[3] 另有国内学者认为，国际投资仲裁实践中已经出现权益失衡的问题，必须尽早着手，合理平衡和改善投资者保护和东道国公共利益之间的关系。例如，BIT 以促进和保护投资为目标，始终以保护投资者利益为核心，很少考虑甚至彻底忽视了维护东道国权益的问题。这样过于强调投资者保护的行为造成投资者与东道国各自权益失衡，使二者之间的矛盾和冲突有所加剧[4]；发达国家投资协定越来越关注知识产权的保护，对投资者的知识产权保护力度已经明显超过了对东道国公共利益的保护，造成东道国公共利益问题被弱

---

[1] Rochelle Dreyfuss & Susy Frankel. Reconceptualizing Isds: When Is IP an Investment and How Much Can States Regulate It? [J]. Vanderbilt Journal of Entertainment and Technology Law, 2018 (21): 377 – 414.

[2] CsongorIstván Nagy. There Is Nothing in A Caterpillar That Tells You It Is Going to Be A Butterfly: Proposal for A Reconceptualization of International Investment Protection Law [J]. Georgetown Journal of International Law, 2020 (51): 897.

[3] Brook K. Baker & Katrina Geddes. The Incredible Shrinking Victory: Eli Lilly v. Canada, Success, Judicial Reversal, and Continuing Threats from Pharmaceutical Isds [J]. Loyola University Chicago Law Journal, 2017 (49): 479 – 513.

[4] 余劲松. 国际投资条约仲裁中投资者与东道国权益保护平衡问题研究 [J]. 中国法学, 2011 (2): 132 – 143.

化甚至被忽视。这种保护表明天平倾向了投资者一方，经济利益相比公共利益占了上风。[1] 由此可见，学者们已经意识到知识产权保护不一定保证经济正向发展。因此，在国际投资仲裁中，应始终保持兼顾投资者知识产权保护和东道国公共利益的态度。

综上所述，知识产权纠纷正随着经济全球化而变得充满复杂性，解决过程中争议较大，而且以往传统的解纷方式明显无法很好地适应现实需求。因此，有必要研究的是最适宜解决涉外知识产权纠纷的仲裁路径。为此，需要结合具体案件进行深入分析，探讨我国相关立法及组织机构所面临的困境，寻找相应对策，以求为国际投资仲裁中知识产权案件的解决提供一些帮助。

第三节 研究的技术路线

本书立足于我国知识产权仲裁的立法以及实践，以知识产权仲裁的完善和广泛运用作为基本目标。首先，明确知识产权纠纷可仲裁性范围是本书研究的出发点，这也是确立我国知识产权仲裁机制的基本前提。为此，本书汲取现有“二元论”和“三元论”观点，提出“四分法”，即划分四种不同类型知识产权纠纷[2]。同时，分别讨论不同类型知识产权纠纷的可仲裁性问题，总结归纳知识产权纠纷仲裁合理性与局限性，从理论的角度探究并明确界定知识产权仲裁的受案范围。其次，责任承担是知识产权仲裁制

[1] 何艳．投资协定视阈下知识产权与公共健康的冲突与协调——由两起“菲利普·莫里斯案”引发的思考［J］．法商研究，2013，30（6）：42－51.

[2] 知识产权合同纠纷、知识产权侵权纠纷、知识产权权属纠纷和知识产权有效性纠纷。

度运行的有力保障。明确落实仲裁员或仲裁机构的法律责任，对仲裁庭处理知识产权纠纷案件可以起到强有力的监督作用，有助于得到合理公正且双方当事人易接受的裁决结果，进而提升知识产权仲裁的公信力和认可度。再次，知识产权纠纷网上仲裁是新时期仲裁制度发展的新方式。从知识产权纠纷与网上仲裁特点的契合性出发，分析目前实施知识产权网上仲裁所面临的阻碍，并努力提出有针对性和可行性的解决建议。最后，完善涉外知识产权投资仲裁规则是我国知识产权仲裁国际化的重要途径。从我国相关的知识产权投资纠纷和实践出发，探讨国际商事仲裁规则在知识产权投资纠纷中的应用和不足，对我国涉外知识产权投资纠纷仲裁解决存在的问题综合考量并提出对应的完善建议，为我国涉外知识产权投资纠纷仲裁规则的国际化提供有益的建议和意见。

总而言之，本书的研究技术路径是“一体两翼”的研究进路。所谓“一体”即从现有国内外相关立法出发，夯实知识产权仲裁基础法理，查漏补缺，搭建知识产权仲裁研究的基本框架。所谓“两翼”是在该框架内解决知识产权仲裁的“首尾难两顾”困局，即一方面厘清知识产权纠纷可仲裁的边界，另一方面明确知识产权仲裁机构和仲裁员的法律责任，保证裁决公正，提高裁决执行力。同时，为助力知识产权仲裁机制健康“腾飞”，需借助互联网技术优势，挖掘网上知识产权仲裁潜力，在更大范围、更高层面上扩大知识产权仲裁影响力，以及重新审视“后疫情时代”涉外知识产权投资仲裁规则的“变”与“不变”，为我国知识产权仲裁机制“内外兼修”日臻完善奠定必要的理论和实务基础。

第四节 研究方法和目标

一、研究方法

笔者把我国放在研究中心，将比较分析的方法贯穿全书。一是比较我国参与建设的“一带一路”沿线国家知识产权仲裁现状，进而提出尽早建立知识产权仲裁中心；二是比较大陆法系与英美法系某些代表国家的仲裁规则，汲取其中的有益做法和经验，并与国内当前知识产权仲裁机制进行比较，兼收并蓄共同发展；三是将目光集中于国内不同区域，认真对比上海自贸区和粤港澳大湾区仲裁规则的特点和差异，在构建统一知识产权仲裁规则的同时，注重区域化和个性化知识产权仲裁规则的形成和发展。

此外，本书还选取了国内外一些典型的知识产权仲裁案例，探讨已发生的知识产权仲裁实践的成功之处，以论证我国运用仲裁解决知识产权纠纷的合理性、必要性和可行性；并分析目前知识产权仲裁立法以及实践中存在的一些问题，结合这些案例有助于更好地推动我国知识产权仲裁发展。

二、研究目标

为了应对日新月异的科技创新和纷繁复杂的各种知识产权纠纷，现阶段实现全面加强知识产权保护的关键是建立公正高效权威多元的知识产权解纷机制。知识产权仲裁作为其中的一个重要方面，本书的基本目标便是促进知识产权仲裁制度完善及广泛运用。具体来说，一是明确知识产权仲裁的客体范围。将知识产权纠纷纳入可仲裁的客体范围，并按纠纷类型进一步明确，以适应新的实践需要，寻求在仲裁的理论研究上有所进展和突破。二是完善知识产权仲裁的责任体系，应当包括责任的认定以及责任的追究。明确的责任体系与仲裁机构、仲裁员的权利义务密切相关，既可以促使其履行义务，又可以保障仲裁员和仲裁机构作出仲裁裁决的基本权利。三是拓展知识产权仲裁的实施方式。允许网上仲裁方式更为广泛地适用，加强对其监督并完善相关规则制定，畅通解决知识产权纠纷的网上仲裁渠道，保证网上仲裁同样公平公正且更加高效。四是提升知识产权仲裁国际化水平。进一步丰富和完善我国涉外知识产权纠纷的仲裁途径，理论研究推动发展相关立法以及实践，并逐渐实现与国际接轨；同时积极参与国际知识产权仲裁事务，对国际仲裁规则制定积极发声，不断提高话语权，扩大国际影响力。

总而言之，从多角度深入研究知识产权仲裁制度，不断丰富仲裁体系，推动制度创新与进步，为知识产权纠纷诉诸仲裁提供更多且更牢靠的依据，同时为我国知识产权保护的发展提供有效保障。

第二章
知识产权仲裁的一般问题

关于仲裁制度的起源可以追溯到古希腊和古罗马时期。[1] 公元前621年，古希腊政治家德拉古对仲裁的适用进行了阐释，即城邦之间发生的争议一般使用仲裁的方式解决。[2] 随着地中海沿岸商品经济的快速发展，各个城邦与港口之间的商业贸易活动不断增加，商事纠纷也开始出现。纠纷双方当事人共同委托相互信赖、威望较高并且熟悉商业贸易情况的第三人对该纠纷进行居中裁判以解决城邦与个人、个人与个人之间在商贸往来过程中所产生的争端。[3] 之后随着商事活动的迅速发展，各国纷纷将仲裁这一制度纳入国家立法之中，以作为解决国际商事争端的重要手段。相对于一般的商事纠纷，知识产权纠纷具有高度复杂性和利益保护紧迫性，而现有的诉讼机制因其固有缺陷无法充分解决知识产权纠纷所带

---

[1] 邓瑞平，孙志煜．论国际商事仲裁的历史演进［J］．暨南学报：哲学社会科学版，2009，31（6）：92.

[2] 江伟．仲裁法［M］．北京：中国人民大学出版社，2009.

[3] 黄进．仲裁法学［M］．北京：中国政法大学出版社，2002.

来的危机。[1] 在当今全球经济复杂多变的情形下，技术贸易的知识产权纠纷已成为国与国之间亟待解决的难题，知识产权仲裁呈现出国际化趋势。目前，我国作为世界第二大经济体，在国际贸易中扮演着十分重要的角色，知识产权强国战略也是我国新时期发展的坚定目标。更好地了解域外知识产权仲裁现状，准确把握WIPO相关仲裁规则，明确我国知识产权仲裁的立法与实践水平，从而化解与贸易相关的知识产权纠纷，充分发挥仲裁优势是本章的主要研究内容。

第一节　我国关于知识产权仲裁的立法与实践

根据国家知识产权局于2022年4月发布的《2021年中国知识产权保护状况》显示，全国各级人民法院在2021年新收知识产权民事一审案件共550 263件，较上年同期增长24.10%。[2] 面对知识产权案件受案数量直线上升的现状，传统的诉讼方式已经无法满足社会公众对于知识产权纠纷案件解决方式的多样化需求。在实践中，由于诉讼案件积压过多，法院始终处于一种高负荷运行状态，从而造成长期不审判、长期不执行以及审判质量下降等现象的发生。为了应对实践中知识产权民事纠纷迅猛增长的情形，2007年厦门市成立国内首个知识产权仲裁中心，拉开了我国知识产权仲裁专业化的序幕。不仅如此，国家知识产权局于2017年3月发布《关于开展知识产权纠纷仲裁调解试点工作的通知》，强调非诉

---

[1] 梁平，陈焘．论我国知识产权纠纷解决机制的多元构建［J］．知识产权，2013（2）：54.

[2] 2021年中国知识产权保护状况白皮书正式发布［EB/OL］．（2022－04－26）［2022－06－25］．https：//www.cnipa.gov.cn/art/2022/4/26/art_2863_175169.html.

争议解决机制在解决知识产权纠纷这一领域的重要作用，明确提出持续规范知识产权仲裁调解业务等三项构建知识产权仲裁调解制度的要求。然而现实的反馈是，以中国国际经济贸易仲裁委员会（以下简称“贸仲委”）为例，2018 年贸仲委共受理仲裁案件 2962 件，其中知识产权案件仅 12 件❶，占比约为 0.4%；2019 年贸仲委共受理仲裁案件 3333 件，其中知识产权案件为 18 件❷，占比约为 0.5%；2020 年贸仲委共受理仲裁案件 3615 件，其中知识产权案件为 22 件❸，占比为 0.6%。上述数据反映出一个事实，即知识产权纠纷采用仲裁方式解决的案例较为鲜见，知识产权仲裁尚未常态化。同时，我国仅有厦门、广州、上海、青岛等少数知识产权仲裁机构，我国专业的知识产权仲裁机构与目前已经成立的 270 多家仲裁机构相比显得寥寥无几。这就形成一个奇特的现象，即知识产权纠纷诉讼成本高、效率低，而政府鼓励的仲裁方式却迟迟无法推广应用，这不禁让人思考其中的原因。对这个问题的回答，必须先从我国相关立法进行调查。

一、《仲裁法》中对解决知识产权纠纷的规定

《仲裁法》第 2 条规定了可以受理的提交仲裁的争议事项的范围，即平等主体的公民、法人和其他组织之间发生的合同纠纷和其他财产权益纠纷，可以仲裁。根据该条规定，仲裁机构受理

---

❶ 中国国际经济贸易仲裁委员会 2018 年业务工作总结和 2019 年业务工作计划［EB/OL］.（2019－02－05）［2022－06－25］. http：//www.cietac.org/index.php? m = Article&a = show&id = 15803.

❷ 中国国际经济贸易仲裁委员会 2019 年工作报告［R/OL］.（2020－02－03）［2022－06－25］. http：//www.cietac.org/index.php? m = Article&a = show&id = 16447.

❸ 贸仲委 2020 年工作总结和 2021 年工作计划（PPT 版）［EB/OL］.（2021－02－16）［2022－06－25］. http：//www.cietac.org/index.php? m = Article&a = show&id = 17429.

的纠纷应符合三个条件：第一，主体要平等，即发生纠纷的当事人必须是平等主体的公民、法人和其他组织；第二，仲裁事项具有可处分性，即当事人对仲裁的争议事项依法享有处分权；第三，仲裁事项的限定性，即仅限于民事经济纠纷，具体包括合同纠纷和其他财产权益纠纷。同时，该法第 3 条还列举了不可仲裁的范围，例如，涉及建立身份关系的婚姻、继承、监护以及涉及国家行政权的行政争议。由此可见，《仲裁法》第 2 条和第 3 条仅对争议事项的可仲裁范围作出了一般的原则性规定，而并没有作出具体的实质性规定。从上述条文中可以得知，目前我国并未否认知识产权纠纷的可仲裁性。虽然对于知识产权侵权纠纷和知识产权有效性纠纷，《仲裁法》并未明确规定，但是从知识产权自身权利属性而言，其本质上仍属于财产性民事权利。[1] 因此可以说，《仲裁法》没有排除知识产权侵权纠纷和有效性纠纷的可仲裁性。

（一）知识产权仲裁临时措施的局限性

各国由于法制传统与法律规定方面之间存在差异，对于“临时措施”目前并没有形成统一的概念和规范的形式。但是究其本质，各国规定的临时措施都以保证仲裁程序的有序开展和仲裁裁决的有效执行作为其出发点和落脚点。

首先，知识产权仲裁临时措施种类较为单一。《中华人民共和国民事诉讼法》（以下简称《民事诉讼法》）第 103 条和第 104 条规定了三类临时措施，即财产保全、证据保全和行为保全，而《仲裁法》第 28 条和第 46 条只规定了财产保全和证据保全，因此在我国的仲裁实践中，能够被应用于知识产权纠纷仲裁的临时措施仅限于财产保全和证据保全两种。由于实践中知识产权纠纷会

---

[1] 周俊强，胡坚．知识产权的本质及属性探析［J］．知识产权，2005（2）：51.

因市场环境的复杂变化而出现不同情况，所以目前《仲裁法》规定的较为单一的临时措施种类难以满足实践的需求。在这种情况下，《仲裁法》应当借鉴《民事诉讼法》的相关规定，增加仲裁制度中临时措施的种类，将行为保全这一临时措施包含其中，以丰富其内容。司法部于2021年7月30日发布的《仲裁法（征求意见稿）》第43条扩大了仲裁临时措施的范围，即临时措施包括财产保全、证据保全、行为保全和仲裁庭认为有必要的其他短期措施。《仲裁法（征求意见稿）》对临时措施的立法采取的是列举加兜底相结合的规定，这一态度无疑值得肯定和学习。

其次，知识产权纠纷仲裁的财产保全制度不健全。《仲裁法》第28条第2款规定，当事人申请财产保全的，仲裁委员会应当将当事人的申请依照《民事诉讼法》的有关规定提交人民法院。但是根据《民事诉讼法》第104条规定，当事人可以在申请仲裁之前向对案件有管辖权的人民法院申请采取保全措施。上述法条说明，我国仲裁机构对于财产保全并没有实质性采取保全的权力，仲裁机构只能将当事人的申请移交给人民法院，对财产进行保全的权力专属于人民法院。这就导致知识产权仲裁的财产保全措施流于形式，动摇仲裁的权威性。

最后，知识产权纠纷仲裁的证据保全规定不完善。《仲裁法》第46条规定，当事人申请证据保全的，仲裁委员会应当将当事人的申请提交证据所在地的基层人民法院。同时，《仲裁法》第68条对涉外仲裁也作出规定，即涉外仲裁的当事人申请证据保全的，涉外仲裁委员会应当将当事人的申请提交证据所在地的中级人民法院。由此可知，我国仲裁机构在知识产权纠纷的证据保全过程中仅起到了“传递者”的作用，当事人提出申请后，仲裁机构对于国内知识产权纠纷仲裁的证据保全申请必须提交给证据所在地的基层人民法院，对于国外知识产权纠纷仲裁的证据保全申请必须提交给证据所在地的中级人民法院，其本身没有决定证据保全的权力。这与财产保全措施一样，没有决定权的仲裁机构只能统统提交法院，留待法院作出最终决定，无疑大大损害了知识产权仲裁的公信力。

综上所述，虽然我国在知识产权仲裁中并没有排除临时措施的适用，但是我国仲裁机构无权决定临时措施的适用，相关临时措施的申请必须经过仲裁委员会转交给人民法院，最终由人民法院作出裁定并负责执行。在这种人民法院享有发布仲裁保全措施专属权的情形下，难免会出现人民法院采取保全措施延误，从而造成不必要的拖延与成本增加。因此有学者认为，无论是为了与国际惯例的境外普遍性规定相一致，还是为了与仲裁的自身特性相称，《仲裁法》都应该赋予仲裁庭发布临时保全措施的权力。❶

（二）专门知识产权纠纷仲裁规则的缺憾

自1995年9月1日《仲裁法》施行以来，我国已设立270多家仲裁机构，累计办理仲裁案件400余万件。❷ 但是由于我国至今还未成立全国性的仲裁协会，因此各个仲裁机构对仲裁工作中形成的具体规则尚未达成统一认识，只能根据各自情况出台相关规定。例如，上海国际仲裁中心于2014年4月8日颁布《中国（上海）自由贸易试验区仲裁规则》、南京仲裁委于2021年4月26日颁布《中国（江苏）自贸区仲裁规则》、武汉仲裁委于2019年7月30日颁布的《武汉仲裁委员会网上仲裁规则》，等等。自厦门市第一个成立知识产权仲裁机构以来，部分省、自治区、直辖市

---

❶ 张圣翠．论我国仲裁保全措施制度的重构［J］．上海财经大学学报，2016，18(2)：108．

❷ 人民政协网．2021中国仲裁高峰论坛暨第二届“一带一路”仲裁机构高端论坛在京举办［EB/OL］．(2021－09－14)［2022－06－25］．http：//www.rmzxb.com.cn/c/2021－09－14/2954263.shtml．

也相继成立了专门的知识产权仲裁机构，但是目前我国尚未出台针对知识产权仲裁规则而制定的专门性法律。本书通过对现有知识产权仲裁机构网站公布的仲裁规则的调查，发现上述知识产权仲裁机构基本仿照普通的商事纠纷仲裁规则来制定知识产权仲裁规则，而普通商事纠纷仲裁规则无法满足知识产权纠纷高度技术性、专业性及复杂性的特点。不仅如此，各个知识产权仲裁机构也各自为政，彼此之间缺乏信息沟通和交流，而如今知识产权纠纷动辄涉及若干个省市，不同城市知识产权仲裁机构规则的差异为知识产权纠纷顺利解决埋下隐患。因此有学者建议，我国应当为知识产权纠纷仲裁解决制定一部专门的法律。[1]

二、知识产权实体法中的有关规定

《仲裁法》虽未明确规定知识产权纠纷可仲裁的类型，但是实践中涉及不同种类的知识产权纠纷，往往还需要著作权法、专利法及商标法等知识产权实体法与仲裁法相配合。目前学界将知识产权纠纷类型化的主流观点是按照权利性质进行分类，按照权利性质不同，可以将知识产权纠纷分为知识产权合同纠纷、侵权纠纷、权属纠纷以及有效性纠纷。下面将通过知识产权实体法逐一分析上述纠纷的可仲裁性。

（一）专　利　法

《中华人民共和国专利法》（以下简称《专利法》）第 45 条对于请求宣告专利权无效作出规定。由此可以看出我国的专利有效性不是由人民法院或仲裁机构决定，而是由行政机关予以确认。与此同时，《专利法》第 65 条规定对于专利侵权纠纷案件，当事人可以协商解决或者向人民法院或行政机关提交处理申请，但是

---

[1] 崔秀花．知识产权纠纷仲裁解决的现实困境及出路［J］．中国油脂，2021，46（6）．

法条中并未规定专利侵权纠纷案件是否可以提交仲裁机构进行仲裁。对此有学者认为，专利侵权纠纷是具有可和解性的财产争议，因而仲裁可以管辖。[1] 由此可见，在专利纠纷中，只有专利合同纠纷案件可以申请仲裁，其他类型的纠纷现行专利法虽然没有明确规定，但也未禁止，这也为未来立法留下想象空间。

（二）商　标　法

《中华人民共和国商标法》（以下简称《商标法》）第45条和第46条规定注册商标的有效性由行政机关，即商标评审委员会予以确认，人民法院和仲裁机构对于商标的有效性均无权处理。由于商标标志着商品的特定质量水平，《商标法》对于商标的权属争议主要是通过商标评审委员会提出，不服其裁决的，救济途径仍然是通过人民法院解决，并没有给仲裁机构介入商标纠纷的机会。同时，《商标法》第60条规定，对于商标侵权案件，当事人之间可以协商解决，不愿协商或协商不成可以选择向人民法院起诉或者请求工商行政管理部门处理。因此，《商标法》同《专利法》一样，在商标纠纷案件中只有商标合同纠纷可以提交仲裁，商标有效性纠纷不能提交仲裁，而对于商标侵权纠纷是否可以提交仲裁则存在法律上的空白。

（三）著作权法

《著作权法》第60条第1款规定，著作权纠纷可以调解，也可以根据当事人达成的书面仲裁协议或者著作权合同中的仲裁条款，向仲裁机构申请仲裁。根据该规定，《著作权法》明确指出著作权纠纷可以提请仲裁，并且相较于《专利法》和《商标法》对纠纷可仲裁性的规定而言，《著作权法》对著作权纠纷解决方式的

---

[1] 倪静．论专利纠纷的可仲裁性［J］．南昌大学学报（人文社会科学版），2011，42（4）：79－80.

灵活规定值得社会各界重视。

对于何种纠纷可适用仲裁，著作权法的规定就相对宽松。2001年修正的《著作权法》将1991年《著作权法》第48条中的“著作权侵权纠纷”与第49条中的“著作权合同纠纷”合并称为“著作权纠纷”，因此自2001年起就明确规定了凡是“著作权纠纷”都可以基于当事人意思自治达成的仲裁协议而提请仲裁。由于当作者完成其作品时自动获得了该作品的成果权属，并且该成果权属并不需要公权力的确认，因此著作权就不存在有效性纠纷的问题。同时，著作权纠纷具有客体无形性与专业化程度高的特点，据此有学者认为，著作权纠纷可以拥有专门的仲裁规则，并且鼓励具有专业水平的知识产权仲裁机构能配备相应细化的著作权仲裁规则。❶

三、《中国（上海）自由贸易试验区仲裁规则》

上海国际经济贸易仲裁委员会于2013年10月在上海自贸区设立了中国（上海）自由贸易试验区仲裁院。随后在2014年4月8日，《中国（上海）自由贸易试验区仲裁规则》（以下简称《上海自贸区仲裁规则》）正式颁布，并于2014年5月1日起施行。《上海自贸区仲裁规则》共10章85条，其吸收和完善了国际商事仲裁的许多先进制度，条款的内容主要参考了2020年修订《联合国国际贸易法委员会仲裁规则》和2021年修订的《斯德哥尔摩商会仲裁院仲裁规则》等仲裁规则中的相关规定。❷

首先，完备的“临时措施”成为《上海自贸区仲裁规则》的

---

❶ 宇文沛．著作权纠纷仲裁解决机制研究与建议［J］．人力资源管理，2016（8）：268．

❷ 黄荣楠．中国（上海）自由贸易试验区仲裁规则评述［J］．上海对外经贸大学学报，2014，21（6）：27．

主要亮点。它表现为将其单独列为一章。如前所述，我国《仲裁法》中规定的临时措施仅限于财产保全和证据保全，并不包括行为保全。同时，仲裁机构并不能决定临时措施的适用，仅限于人民法院有权决定。这样，最了解知识产权争议问题所在的仲裁员就无法切身参与决定临时措施的过程之中，因此在案件审理过程中就可能会造成仲裁程序与保全措施之间的割裂，导致程序不公正等问题的出现。为弥补这一缺憾，《上海自贸区仲裁规则》设专章从第 18 条至第 24 条规定了临时措施制度。第一，明确规定临时措施的种类。目前来看，世界上许多国家和地区都针对当事人的行为建立起相应的行为保全制度，如英国的玛瑞瓦禁令、美国的中间禁令以及我国港澳台地区相关的行为保全制度。[1]《上海自贸区仲裁规则》打破仲裁规则的传统，在第 18 条明确规定了要扩大临时仲裁措施的范围，并不仅限于传统的财产保全和证据保全，还包括行为保全和法律规定的其他措施。因此，《上海自贸区仲裁规则》扩大临时措施种类，增设行为保全和法律规定的其他措施这一做法，不仅与 2012 年我国修正的《民事诉讼法》相呼应，同时也与国际惯例相接轨。第二，增加仲裁前的临时措施制度。《上海自贸区仲裁规则》第 19 条第 1 款明确规定，临时措施申请人在提起仲裁前，可以根据临时措施执行地所在国家/地区的有关法律规定，直接向具有管辖权的法院提出临时措施申请，也可以请求仲裁委员会协助其向具有管辖权的法院提出临时措施申请。第 19 条和第 20 条分别规定了当事人既可以在仲裁程序开始之前申请临时措施，也可以选择在仲裁程序开始之后再申请临时措施，无论当事人是选择在仲裁开始前还是开始后申请，都可以更好地保护

---

[1] 何秋竺．论国际商事仲裁临时行为保全制度的构建［J］．湖北社会科学，2010（9）：155.

当事人利益，为当事人在一定程度上提供权利救济。第三，增设紧急仲裁庭制度。《上海自贸区仲裁规则》第21条专门对“紧急仲裁庭”作出规定，该规定满足了在仲裁案件受理开始至仲裁庭组成之前的这段时间，当事人对提出仲裁临时措施申请的需求。❶紧急仲裁制度的确立可以为当事人提供快速便捷的临时性救济措施，并且紧急仲裁庭的成立也不影响仲裁庭对实体争议的审理及其程序权利。《上海自贸区仲裁规则》这一制度使仲裁委员会可以在仲裁庭组成之前能够更高效地及时处理当事人提出的临时措施申请，有利于充分维护当事人的合法权益并满足其需求。

其次，由“封闭”转为“开放”的仲裁员名册制度。《仲裁法》第13条规定了仲裁委员会按照不同专业设仲裁员名单，采取仲裁员名册制度，同时还列举了仲裁员任职的资格条件，并且只有在仲裁员名册上的人才有可能成为仲裁员参与仲裁。根据这一规定可以得知，我国在实践中实行的是强制仲裁员名册制度，即当事人或者仲裁委员会主任只能在仲裁员名册中指定仲裁员。❷强制仲裁员名册制度虽然具有一定优势，但是也有不足，例如，仲裁员名册只能包含较为少数的人员，无法涵盖各个领域的专业性人员。所以当事人在选择仲裁员时就会受到一定限制，没有办法真正意义上实现当事人在仲裁过程中的意思自治。国外大多数的仲裁机构与我国做法相反，其仲裁规则规定当事人双方对仲裁员的选择不受仲裁员名册这一范围限制，当事人可以自由选择仲裁员，也就是说，国外对于仲裁员名册制度采取的是“开放式”。因此，《上海自贸区仲裁规则》顺应国际仲裁潮流，引入了仲裁员开

---

❶ 黄荣楠．中国（上海）自由贸易试验区仲裁规则评述［J］．上海对外经贸大学学报，2014，21（6）：28－29．

❷ 凌冰尧．我国仲裁员任职制度的合理性分析与完善建议［J］．国际商务研究，2020，41（6）：89．

放名册制度。《上海自贸区仲裁规则》第 27 条规定当事人除了可以在仲裁员名册中选定仲裁员，也可以推荐仲裁员名册之外的人担任仲裁员，并且在协商一致的情形下，双方可以共同推荐仲裁员名册外的人担任首席或独任仲裁员。根据《上海自贸区仲裁规则》第 27 条可以得知，该规则正式确认了“仲裁员开放式名册制”，上海国际经济贸易仲裁委员会这一做法尊重了当事人的意思自治并且赋予当事人自由选择仲裁员的权利。同时，《上海自贸区仲裁规则》第 28 条规定了在最大限度保障当事人意思自治的基础上，也要使仲裁员的专业化程度符合法律的要求，即当事人推荐仲裁员名册之外的人担任仲裁员必须经过仲裁委员会主任依法确认并同意。上海自贸区的知识产权纠纷具有国际性、技术性和复杂性等新特点，在纠纷解决过程中不免会出现各种问题。然而，面对自贸区知识产权纠纷的新特点与新问题，在尊重当事人意思自治的基础上允许其选择仲裁员名册之外的人员作为仲裁员将大大提高仲裁本身的专业性。[1]

再次，强调“裁与调”相衔接。在我国，传统的仲裁与调解相结合的形式主要包括“先调解后仲裁”“调解与仲裁同时进行（影子调解）”“在仲裁中进行调解”“仲裁后调解”这几类。[2] 然而《上海自贸区仲裁规则》打破传统，不局限于这几种仲裁与调解结合的形式（具体包括仲裁前调解、仲裁庭调解、仲裁机构外的调解），还新增了“调解员调解”制度，也就是说，一方当事人在仲裁案件受理后至仲裁庭组成之前可以提出书面调解申请，在仲裁庭组成之前，该项制度给了当事人一次友好协商调解双方纠

---

[1] 袁杜娟．上海自贸区仲裁纠纷解决机制的探索与创新［J］．法学，2014（9）：31.

[2] 黄荣楠．中国（上海）自由贸易试验区仲裁规则评述［J］．上海对外经贸大学学报，2014，21（6）：35.

纷的机会，也有利于丰富知识产权非诉纠纷的解决途径。

最后，增设了小额争议程序。《上海自贸区仲裁规则》的另一创新之处是在第9章专章设立了小额争议程序。对于国内争议案件并且争议金额不超过人民币10万元的，适用小额争议程序，同时规定了小额争议程序中仲裁庭的组成采用独任仲裁员制度，仲裁庭应在组庭之日起45日内作出裁决书，仲裁裁决作出的期限从6个月或3个月压缩至45天。小额争议程序对于我国中小企业来说无疑是一个利好消息，其对知识产权小额侵权纠纷提供了高效便捷的纠纷解决机制，通过此程序，当事人减轻了维护知识产权的成本，并且简化仲裁程序，提高效率以节约时间。

总体而言，虽然上海自贸区知识产权纠纷仲裁面临诸多新的挑战，但是《上海自贸区仲裁规则》对临时措施、仲裁员开放名册、仲裁与调解相结合及小额争议等制度程序上作出的完善和革新能够较好地满足现代知识产权纠纷多元复杂化的需要。同时，上海自贸区本身具有国际化属性，其区域内发生的知识产权纠纷也大多具有涉外属性，上海自贸区在借鉴《WIPO仲裁规则》与《WIPO快速仲裁规则》有益经验的基础上，在实施过程中能够充分发挥上海自贸区的“扩散效应”和“改革示范效应”，可在我国形成可复制和可推广的有效经验，进而推动《仲裁法》的修订和完善以及知识产权仲裁制度的国际化发展。[1]

四、粤港澳大湾区知识产权仲裁合作规则

粤港澳大湾区的积极建设是我国新时代打造全面开放新格局的重大国家战略。2019年国务院印发的《粤港澳大湾区发展规划

---

[1] 黄荣楠．中国（上海）自由贸易试验区仲裁规则评述［J］．上海对外经贸大学学报，2014，21（6）：39．

纲要》中明确指出，粤港澳大湾区的战略地位之一是具有全球影响力的国际科技创新中心。知识产权作为科技创新的重要手段和保障措施，在粤港澳大湾区建设过程中发挥着重要作用。因此，有必要在该地区大力鼓励实施创新驱动战略，以使科学技术创新互相协调发展，让知识产权成为粤港澳大湾区国际竞争力与合作的内在推动力量。

知识产权制度作为推动知识创造和转化的核心制度，是促进科技创新的重要前提。由此，加强粤港澳三地之间的知识产权制度协同对于提升大湾区的科技创新能力至关重要。[1] 由于粤港澳大湾区涉及“一国两制三法域”，知识产权制度协同就面临较大的困难，目前粤港澳大湾区对知识产权争议的解决仍是以诉讼为主导的模式，但是在当前追求高效定分止争的要求下，大湾区主要依靠诉讼方式解决知识产权争议的模式难以发挥其在其他领域所具有的优势。[2] 因此，粤港澳大湾区要积极构建知识产权多元纠纷解决机制，努力打造知识产权纠纷仲裁保护新高地，携手共同开拓知识产权保护新模式。目前粤港澳地区的知识产权保护合作方面仍然存在一些障碍，内地实行的是知识产权司法与行政保护的双轨制，而香港和澳门的知识产权注册和管理分别由香港知识产权局或澳门经济局承担，对于知识产权执法职能则由海关承担。粤港澳三地之间司法、行政等执法主体的纷繁复杂在一定程度上导致大湾区内知识产权保护的对接存在一些障碍，如果在三地之间跨境寻求知识产权救济将面临高昂的成本、漫长的等待以及复杂的程序。纵使大湾区内存在三个不同的法域，但是仲裁本身属于

---

❶ 王文敏．粤港澳大湾区知识产权协同机制创新研究［J］．中国发明与专利，2020，17（6）：20.

❷ 梅傲．粤港澳大湾区知识产权法律冲突及解决路径探析［J］．中国流通经济，2020，34（1）：123.

一种相对较为成熟的争议解决机制，因此可以考虑在粤港澳大湾区内利用仲裁规则构建知识产权纠纷解决机制。

粤港澳大湾区在建立知识产权纠纷仲裁解决机制方面早已存在先例，这一区域最初进行仲裁合作的一个典范就是中国南沙国际仲裁中心（以下简称“南沙国际仲裁中心”）。早在 2011 年，广州仲裁委员会联合香港与澳门地区的仲裁机构以及法律专家共同组建成立非营利性质的国际商事仲裁平台，即南沙国际仲裁中心。当事人可以自由选择适用粤港澳三地的仲裁规则以及《联合国国际贸易法委员会仲裁规则》。[1] 当事人双方在尊重彼此意思自治达成一致意见之后可以自由选择适用粤、港、澳等地的商事仲裁规则，并且对于语种的选择也非常自由，即当事人双方进行仲裁可以选择英语、葡萄牙语或者中文（普通话）。[2] 同时，南沙国际仲裁中心还进一步加强粤港澳大湾区仲裁员之间的交流与合作。2019 年 1 月，广州南沙市获国家人社部批复，同意其率先在全国试点开展聘任港澳籍劳动人事争议仲裁员工作。这一举措可以为港澳地区的居民直接参与内地发展提供便利，使港澳人士充分参与大湾区知识产权仲裁法治建设。据此有学者认为，粤港澳大湾区可以以南沙国际仲裁中心模式为基底，对标国际打造亚太地区知识产权仲裁中心。[3]

粤港澳大湾区仲裁联盟于 2018 年 9 月正式成立并运行，该仲裁联盟是由广东省多家仲裁机构联合港澳特别行政区 2 家仲裁机构共同倡议发起。粤港澳大湾区仲裁联盟是为民仲裁和为粤港澳大

---

[1] 江保国，赵蕾．粤港澳大湾区纠纷解决机制的设计理念与实施策略论纲［J］．理论月刊，2019（4）：152.

[2] 王小莉．搭建粤港澳仲裁合作平台助推南沙新区经济发展［J］．仲裁研究，2013（3）：39.

[3] 陈嘉敏，梁彩珠．仲裁合作机制：粤港澳大湾区知识产权争议解决的路径探索［J］．东莞理工学院学报，2020，27（4）：71.

湾区服务战略相结合的产物，其有利于推动和加强粤港澳地区不同仲裁机构之间的紧密联系，从而打造粤港澳大湾区仲裁法律合作的典型示范，具体表现在以下几个方面：第一，有利于推动粤港澳大湾区内的仲裁行业自律，引导和规范仲裁机构在大湾区内良好有序合作；第二，成立粤港澳大湾区仲裁联盟有利于与粤港澳三地法院建立起长期有效的沟通机制，共同打造知识产权仲裁友好的司法环境；第三，粤港澳大湾区作为高水平人才高地的重要战略支点，粤港澳大湾区仲裁联盟的成立可以推动粤港澳三地的高校与学术机构对知识产权仲裁前沿问题进行探索和研究；第四，以粤港澳大湾区仲裁联盟名义共同对外宣传仲裁制度，有利于打造具有世界影响力的知识产权争议解决平台并提高聚集法律服务资源的能力和水平。

粤港澳大湾区知识产权仲裁合作规则是遵循国际仲裁规则而建立的，三地之间的仲裁规则差别并不大，其重要区别是三地仲裁制度发展的程度不同。构建粤港澳大湾区知识产权仲裁合作规则将对大湾区产生积极影响。

一方面，有利于营造良好的营商环境，打造国际金融仲裁中心。在营造良好营商环境的系统工程中，仲裁是最有可能迅速取得突破性成就的纠纷解决方式。[1] 香港是国际著名的金融中心，澳门也被世界贸易组织评为全球最开放的贸易与投资体系之一，同时，深圳证券交易所和香港交易所也为粤港澳大湾区打下了良好的金融基础。金融仲裁中心可以借鉴粤港澳大湾区仲裁联盟的模式，积极吸引三地仲裁机构的踊跃加入，特别是要成立专门的金融仲裁院，充分融合金融仲裁力量。通过香港、澳门、广州以及深圳的金融服务，合作构建知识产权仲裁金融体系，打造“金

---

[1] 李支．粤港澳大湾区金融仲裁合作机制研究［J］．决策探索（下），2020（1）：23.

融+科技”深度融合的创新战略高地。

另一方面，有利于建立仲裁人才合作培育机制。粤港澳大湾区的地理优势和文化同源造就了其交流与合作得天独厚的条件，方便了大湾区内人才的沟通与交融，但是可以同时从事三地法律服务工作的人才较为匮乏。随着粤港澳大湾区知识产权仲裁合作机制的构建，在仲裁方面所需要的交流也更为频繁，形式也更为多样。大湾区内的仲裁机构可以互派仲裁员交流与学习，培养优秀的仲裁服务人才，加强仲裁合作机制的构建。

粤港澳三地各有优势、互补性强，具备构建和运行知识产权仲裁合作机制的现实基础。因此，需要进一步整合粤港澳之间的资源，深化三地知识产权的合作范围与深度，促进不同社会关系之间的相互沟通与合作，在充分融合之后形成“1+2>3”的效果。[1]

第二节　WIPO 仲裁规则评析

WIPO 仲裁与调解中心（以下简称“WIPO 中心”）成立于 1994 年，其目标是通过庭外纠纷解决方法来解决知识产权纠纷。《WIPO 仲裁规则》和《WIPO 快速仲裁规则》是 WIPO 中心现行使用的有关仲裁的两个仲裁规则。[2] WIPO 在其官网就《WIPO 仲裁规则》和《WIPO 快速仲裁规则》之间的差异进行了比较，具体表现为仲裁申请、仲裁答辩（包括仲裁反请求）、仲裁开庭以及仲

---

[1] 王文敏．粤港澳大湾区知识产权协同机制创新研究［J］．中国发明与专利，2020，17（6）：21．

[2] 顾华．世界知识产权组织仲裁规则及其快速仲裁规则差异性研究［J］．周口师范学院学报，2020，37（3）：126．

裁费用等方面的差异。本节将聚焦于《WIPO 仲裁规则》和《WIPO 快速仲裁规则》的内容与特点，探究其差异，以便更好地把握 WIPO 解决知识产权争议的思路、方法和结果，从而为我国知识产权纠纷仲裁提供相关借鉴经验。

一、《WIPO 仲裁规则》

2014 年 WIPO 中心根据《WIPO 仲裁规则》处理了 400 多起案件，其中仲裁案件的比例为 43% 。[1] 在这之后，为了继续发挥仲裁程序高效便捷的特点，满足当事人对解决知识产权纠纷时效性、复杂性的需求，WIPO 于当年 5 月 5 日公布了修订后的《世界知识产权组织调解、仲裁、快速仲裁和专家鉴定规则》。《WIPO 仲裁规则》是 WIPO 中心向当事人提供高质量仲裁规则时所提供的一个基础仲裁规则。为此，有必要知悉其修订后的主要内容和特点，以及如何跨越“不同司法管辖”这一障碍，进而为不同成员方的当事人提供解决知识产权纠纷的个性化方案。

（一）主要内容和特点

《WIPO 仲裁规则》在内容构成上一共分为 8 章共 80 个条款。总体来看，在整个仲裁程序之中，《WIPO 仲裁规则》都充分尊重当事人双方的意思自治，无论是组成仲裁庭的仲裁员人数（第 14 条）、按当事人约定的程序指定仲裁员（第 15 条），又或是追加当事人（第 46 条）等，都可以由当事人对此进行约定。除此之外，《WIPO 仲裁规则》还具有以下特点。

第一，预备会议强化为必要程序。预备会议并不是对案件的好坏或双方的对错进行争议，而是要讨论仲裁以何种方式进行的

---

[1] 李志春．世界知识产权组织 2014 仲裁规则评析［J］．南华大学学报（社会科学版），2015，16（5）：83．

一种会议。[1] 由于国际知识产权纠纷的当事人及其代理人都拥有不同的文化及法律制度背景，所以在仲裁程序开始之前召开预备会议在一定程度上可以确保当事人就仲裁中的一些程序性事项达成共识，这就有利于讨论和明确仲裁过程的细节与进度，也在一定程度上大大节省了双方当事人的时间，有效降低了沟通成本。[2]《WIPO 仲裁规则》第 40 条规定，仲裁庭应当与当事人举行适当形式的预备会议，按省时高效的原则组织和排定后续程序；预备会议一般应当在仲裁庭成立后 30 日内举行。这是因为提交至 WIPO 中心的大多数案件都是与知识产权相关的争议与纠纷，而这些案件本身又具有案情复杂、专业程度较高以及技术性较强的特点。所以，《WIPO 仲裁规则》所规定的强制性预备会议的召开，一定程度上解决了在仲裁开始之后具体程序方面如何进行的问题，也比较符合知识产权纠纷争端解决的特点。

第二，新增合并审理的规定。国际知识产权争议往往涉及当事人众多，法律关系复杂，基于充分尊重当事人意思自治这一原则，在国际知识产权纠纷与争议开始之后，由于随时可能出现新的情况与信息，因此有必要在正在进行的仲裁程序中增加新的当事人以便联合审判。《WIPO 仲裁规则》第 46 条规定，经过一方当事人申请之后，仲裁庭可以命令追加当事人，但是该命令附有条件，即所有当事人以及被追加的当事人均同意才可以进行合并审理。同时，当事人基于时间和成本等因素应该尽早地提出追加当事人的请求，一方当事人在此后阶段得知其认为与追加当事人有关的情形的，应该在得知后 15 日内提出。在一般情形下，仲裁庭

[1] 李志春．世界知识产权组织 2014 仲裁规则评析［J］．南华大学学报（社会科学版），2015，16（5）：85.

[2] 艾伦·雷德芬，马丁·亨特．国际商事仲裁法律与实践［M］．林一飞，宋连斌，译．北京：北京大学出版社，2005.

要充分考虑和权衡各种条件，并且应该考虑“包括仲裁所处阶段（是否导致不公正的迟延）在内的所有情况”的因素之后最终决定是否要合并审理。然而，WIPO 指出该规则并没有明确规定，除非所有当事人另有约定，将其他当事人追加到仲裁中的协议，必须包括当事人对仲裁程序中已经作出的仲裁员的任命的同意。

第三，引入紧急救济程序。根据现行《WIPO 仲裁规则》可以得知，在保留原有的临时保全措施种类的基础上，《WIPO 仲裁规则》增加了一项全新的程序性规定，即紧急救济程序。一方面，《WIPO 仲裁规则》第 49 条规定，除非当事人另有约定，紧急救济程序条款规定应该适用于依 2014 年 6 月 1 日或之后达成的仲裁协议进行的仲裁。另一方面，《WIPO 仲裁规则》第 49 条同样规定了紧急救济程序的启动时限为仲裁庭组成之前。除此之外，在仲裁庭成立之后，紧急仲裁员的权利即自动终止，但是其在仲裁庭组成之前所作出的紧急救济措施裁定仍然继续有效，应一方当事人的请求，仲裁庭可以修改或者终止该紧急救济措施。《WIPO 仲裁规则》引入紧急救济程序，有利于国际知识产权仲裁当事人及时有效地维护自身合法权益，对知识产权争议的解决也将起到事半功倍的作用。

（二）成员方的适用和影响

从 WIPO 官网可以得知，WIPO 中心近 10 年共处理了约 1200 起调解、仲裁与专家裁决案件。如图 2－1 所示，大多数此类案件都是在最近 5 年内提出的，尤其在 2021 年，处理案件数量急剧增加到 263 件。知识产权仲裁案件急剧增长的原因一方面是近年来国际局势尚不稳定，政局不稳可能会导致法律的不确定性，削弱当事人在其地区进行诉讼的信心，转而选择仲裁解决知识产权纠纷；另一方面是随着新冠疫情在全球范围的暴发，WIPO 中心也以网络仲裁与调解会议的方式应对当事人对安全形式的要求，以便处理知识产权纠纷。

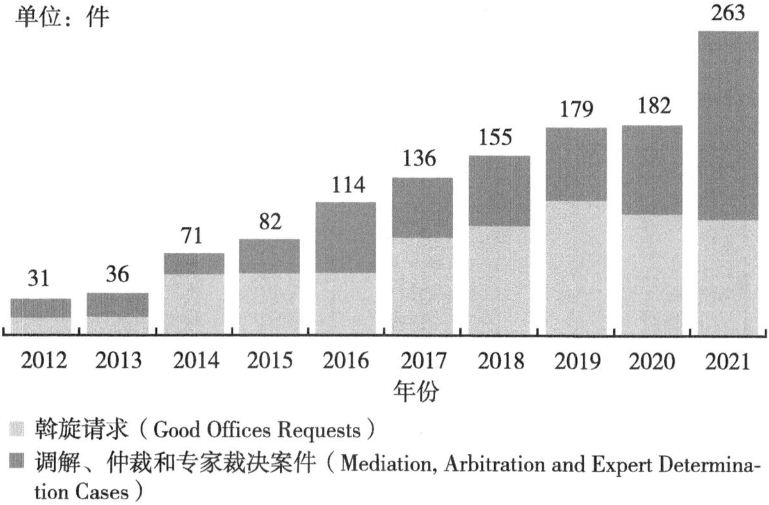

图 2-1　2012—2021 年 WIPO 调解、仲裁、专家裁决案件和斡旋请求数据

资料来源：世界知识产权组织官网 . WIPO Caseload Summary [EB/OL].（2021-09-16）[2022-06-25]. https://www.wipo.int/amc/en/center/caseload.html#.

WIPO 中心所处理的案件涉及许多行业和领域。从纠纷类型而言，主要包括专利权纠纷、版权纠纷、贸易纠纷以及信息通信技术纠纷等。世界知识产权组织发布的《2021 年度世界知识产权指标报告》显示，全球创新主体不畏经济衰退积极申请知识产权，全球专利年度申请量增加 1.6%。[1] 这种反周期增长凸显了知识产权在全球经济中发挥着日益重要的作用，同时也使知识产权专利纠纷案件出现井喷式增长。如图 2-2 所示，在 WIPO 中心处理的案件中，专利权案件居多，占总体案件比例的 29%，其次是版权

---

[1] 世界知识产权组织官网 . World Intellectual Property Indicators 2021 [EB/OL].（2021-10-12）[2022-06-25]. https://www.wipo.int/publications/en/details.jsp?id=4571.

案件，占总体案件比例为24%，商标案件所占比例为20%，信息、通信和技术案件所占比例为14%。由此可见，专利纠纷案件是知识产权国际仲裁的主要处理类型。

<table>
<tr><td rowspan="2">专利
29%
交叉许可
侵权
许可
所有权
专利联盟
研究与开发/技术转让
特许权使用
FRAND争议</td><td rowspan="2">版权
24%
艺术作品
广播
集体管理
娱乐节目
电影和媒体
侵权
节目模式</td><td rowspan="2">商标
20%
共存
侵权
许可
异议
撤销</td><td>信息与通信技术
14%
移动应用
外包
系统集成
软件开发
软件许可
电信</td></tr>
<tr><td>商业
12%
设计
分销
能源
商品化
营销
体育</td></tr>
</table>

图2-2 WIPO中心处理案件类型占比数据

资料来源：世界知识产权组织官网．WIPO Caseload Summary [EB/OL]．(2021-09-16) [2022-06-25]．https：//www.wipo.int/amc/en/center/caseload.html#.

目前世界知识产权组织共有193个成员。[1] 由于世界知识产权组织作为联合国专门保护知识产权的一个国际组织，其国际组织的地位可以确保中立性和客观性，所以WIPO中心的仲裁裁决对其成员具有很大的影响。当前WIPO中心与全球30余个国家的知识产权局建立了合作关系。[2] WIPO中心所提供的这种替代性争议解决办法适用于大多数的知识产权争议，尤其适用于来自不

---

[1] 世界知识产权组织官网．走进WIPO [EB/OL]．(2021-04-15) [2022-06-25]．https：//www.wipo.int/about-wipo/zh/#.

[2] 宋文静．世界知识产权组织发展趋势及与我国相关领域合作简析 [J]．互联网天地，2020 (10)：35.

同司法辖区的当事人。[1] 由于这些案件所涉及的当事人大多为大型公司和中小型公司、生产商、研发中心、大学以及个人等主体，并且来自不同的司法管辖区，包括中国、德国、加拿大在内的 65 个司法管辖区[2]，因此各方当事人可以通过仲裁的方式，将相关知识产权争议整合在一个程序之中以形成快速有效的解决方案。

二、《WIPO 快速仲裁规则》

随着知识产权仲裁的正式性和程序化不断加强与提高，这种趋势必然会造成仲裁时间的延长。《WIPO 仲裁规则》与其他仲裁规则相比，在仲裁时间的要求上并没有作出特殊规定。为解决常规仲裁中的缺陷，WIPO 中心另行出台了一套保证仲裁能够在短时间内以较低费用进行的仲裁规则，即《WIPO 快速仲裁规则》。

（一）主要内容和特点

《WIPO 快速仲裁规则》在内容构成上与《WIPO 仲裁规则》差别并不大，共 8 章 73 条，但是从条文内容出发，其在仲裁的开始、仲裁庭的组成以及仲裁期限等方面都与《WIPO 仲裁规则》存在差异。总体而言，《WIPO 快速仲裁规则》与《WIPO 仲裁规则》的差异主要体现在速度上，具体表现在以下几个方面。

第一，仲裁程序开始的时间各不相同。《WIPO 仲裁规则》第 7 条规定，仲裁开始的日期为 WIPO 中心收到仲裁申请书之日，但是《WIPO 快速仲裁规则》中对于仲裁开始的日期规定则不

---

[1] 吕国良. WIPO 的知识产权仲裁与调解中心［J］. 强国参考，2017（1）：12.

[2] 世界知识产权组织官网. WIPO Caseload Summary［EB/OL］.（2021－09－16）［2022－06－25］. https：//www. wipo. int/amc/en/center/caseload. html#.

同。依据《WIPO 快速仲裁规则》的规定，仲裁开始的日期为 WIPO 中心收到仲裁申请书和按照第 10 条的规定一并提交的请求书之日。也就是说，依据《WIPO 仲裁规则》的规定，当事人是否提交请求书并不影响仲裁开始的时间，只要 WIPO 中心收到当事人提交的仲裁申请书，仲裁即开始。但是如果当事人仅提交了仲裁申请书或者请求书，而 WIPO 中心又仅收到当事人提交的其中一份材料，那么按照《WIPO 快速仲裁规则》的规定，仲裁尚未开始，只有当事人补交尚未提交的仲裁申请书或请求书之后，仲裁才可以开始。

第二，仲裁庭的构成方式各不相同。仲裁庭的人数决定了仲裁庭的组成方式，仲裁庭的组成方式又会在一定程度上影响仲裁程序的进行以及仲裁结果。[1]《WIPO 仲裁规则》与《WIPO 快速仲裁规则》在仲裁庭的组成方面具有差异，一方面表现为对仲裁员人数规定的不同。根据《WIPO 仲裁规则》的规定可以得知，仲裁庭的仲裁员人数由当事人自行选定，当事人既可以选择由 3 名仲裁员组成仲裁庭，也可以选择由 1 名独任仲裁员组成仲裁庭。而《WIPO 快速仲裁规则》则不同，其第 14 条（a）项规定，由当事人提名的 1 名独任仲裁员组成的仲裁庭，应当由中心批准指定，并且符合第 17 条和第 18 条的要求。也就是说，凡是依据《WIPO 快速仲裁规则》所审理的案件，都是由 1 名仲裁员组成独任仲裁庭进行审理的。《WIPO 快速仲裁规则》采用独任仲裁员的方式，在一定程度上避免了多人制仲裁庭在选任仲裁员时出现的浪费时间等问题，降低了仲裁时间成本，并且大大有效地提高了仲裁效率。另一方面则表现为当仲裁员人数不足时规定的不同。由于《WIPO 仲裁规则》与《WIPO 快速仲裁规则》对仲裁员人数规定上存在差

---

[1] 马占军．仲裁员若干法律问题探析［J］．仲裁研究，2007（4）：62.

异，所以《WIPO 仲裁规则》中增加了仲裁庭人数不足的规定，即《WIPO 仲裁规则》第 35 条（a）项规定，如果三人仲裁庭中的一名仲裁员经正式通知无正当理由未参加仲裁庭的工作，则另外两名仲裁员有权依其独立裁量权决定在第三名仲裁员不参加的情况下继续进行仲裁和作出任何裁决、命令或其他决定，但一方当事人已依照第 32 条的规定提出申请的除外。同时第 35 条（b）项规定了另外两名仲裁员决定在第三名仲裁员不参加的情况下继续进行仲裁时，中心如果认为第三名仲裁员未参加仲裁庭工作的证据充分，应当宣布其职位空缺，并行使第 33 条规定的裁量权指定一名替代的仲裁员，但当事人另有约定的除外。而《WIPO 快速仲裁规则》由于选择独任制仲裁庭则采取了不同的做法，其第 14 条（b）项规定，如果仲裁员的提名在仲裁开始后 15 日内未作出，那么 WIPO 仲裁要向各方当事人发出一份相同的候选人名单。当事人有权依据自己的意愿对仲裁员标明优先顺序和提出反对意见，并应当在收到名单之日后的 7 日内将该名单送还 WIPO 中心。WIPO 中心在收到各方当事人送还的名单之后，应当尽快从名单中指定一人担任仲裁员。

第三，缩短仲裁程序的整体期限。《WIPO 仲裁规则》第 65 条规定了作出最终裁决的期限，即仲裁的审理和宣布程序结束，应当尽可能在递交答辩书或仲裁庭成立后最长九个月内完成，以较晚者为准。最终裁决应当尽可能在其后三个月内作出。但是《WIPO 快速仲裁规则》与《WIPO 仲裁规则》不同，二者的差异主要体现在“快速与否”上，《WIPO 快速仲裁规则》第 58 条规定，仲裁的审理和宣布程序结束，应当尽可能在递交答辩书或仲裁庭成立后最长三个月内完成，以较晚者为准。最终裁决应当尽可能在其后一个月内作出。此外，《WIPO 快速仲裁规则》还对当事人要求仲裁员回避的期限、仲裁庭的庭审时间以及仲裁庭指定的专家向仲裁庭提出报告的时间作出了限制规定，使快速仲裁成为现实。

（二）快速仲裁在国际技术贸易中的应用

仲裁与诉讼程序相比，其重要的特点之一就是高效。随着仲裁制度的不断进步与完善以及国际商事仲裁案件数量的不断增加，仲裁的高效性逐渐被机构管理的制度化、仲裁程序的规则化所冲淡。在这种情形之下，越来越多的仲裁机构在国际贸易中都推出了“快速仲裁程序”，以保障当事人更高效地解决纠纷。[1] 快速程序（expedited procedure）是各大国际仲裁机构对于提高仲裁效率的一次重要尝试，目前对于快速程序的定义尚未形成统一认识，联合国国际贸易法委员会（以下简称 UNCITRAL）第二工作组发布的《关于快速仲裁的条文草案》中将快速程序表述为一种精简的简易程序，其缩短了期限，能够以有成本效益和时间效益的方式解决争议。[2]

最早的快速仲裁案例是 1992 年国际商会仲裁院（以下简称 ICC）用其仲裁规则所作出的潘汉德尔案（Panhandle case）裁决。当时在该案中并没有明确使用快速仲裁程序的概念，而是使用了“快车道仲裁程序”（fast - track arbitration）这一形象化的表述。在该案中，双方合同中表明，关于合同价格确定的问题存在“快车道仲裁程序”的可能性。因此，仲裁庭在双方当事人合同的授权之下，适用了“快车道仲裁程序”，并且在案件受理后的两个月

---

[1] 孙巍. 联合国贸法会《快速仲裁规则》第 16 条评注 [J]. 国际法研究，2022 (1)：115.

[2] United Nations Commission on International Trade Law Working Group Ⅱ (Dispute Settlement), Settlement of Commercial Disputes——Draft Provisions on Expedited Arbitration [EB/OL]. (2021 - 01 - 13) [2022 - 06 - 25]. https: //undocs. org/zh/A/CN. 9/WG. Ⅱ/WP. 216.

之内就合同价格形成了快速仲裁裁决。[1] 通过分析比较贸仲委、瑞典斯德哥尔摩商会仲裁院（以下简称 SCC）、香港国际仲裁中心（以下简称 HKIAC）、新加坡国际仲裁中心（以下简称 SIAC）以及 ICC 等国际仲裁机构关于快速仲裁程序的规则可以发现，不同国际仲裁机构对于其快速仲裁规则在国际贸易应用方面存在较大不同。

一方面，快速仲裁程序启动方式不同。在国际商事仲裁案件中，仲裁机构引入快速仲裁程序规则主要有两种方式，即将快速仲裁规则直接纳入原有仲裁规则和制定独立的快速仲裁规则。通过修订原本的仲裁规则，将快速仲裁规则纳入一般规则之中，当事人在选择适用该仲裁规则时即自动适用关于快速仲裁的条款。在国际商事仲裁实践中，大多数国际仲裁机构都设置了适用快速仲裁规则的资金门槛，例如，CIETAC 规则第 56 条将快速仲裁程序的适用门槛设置为争议金额不超过 500 万元人民币。除此之外，以 SCC 为例，其将快速仲裁规则与一般仲裁规则区分，单独制定了一套快速程序规则。当发生国际商事纠纷时，需要当事人申请适用或者达成仲裁协议之后才可以启动快速仲裁程序。

另一方面，程序简化方式不同。快速仲裁程序一般通过对程序的简化达到对时间要求的限制，一般采取的方式有限制听讯、限制当事人提交文件的次数与期限以及对仲裁裁决原则上不需要说明理由等。但是在实践中，仲裁机构往往采取的做法并不相同，以俄罗斯仲裁中心（以下简称 RAC）的仲裁规则为例，《俄罗斯仲裁中心仲裁规则》（2019 版）第 63 条规定，适用快速仲裁规则仅在基于文件不举行口头听证会的情况下进行。与 RAC 不同，德国仲裁协会对于是否听讯交由仲裁庭自由裁量。

---

[1] REDFERN A. Redfern and Hunter on International Arbitration [M]. London: Oxford University Press, 2015.

据 WIPO 官网显示，WIPO 加快了商标共存纠纷的仲裁。以其中一案为例，某欧洲公司在不同的国家注册了奢侈品商标，而另一亚洲制造商销售了与该注册商标类似的产品。该亚洲公司在两个欧洲国家分别提起了诉讼程序和行政撤销程序，并且声称其没有使用该欧洲公司的注册商标。当案件进入法院上诉之后，双方当事人通过签订商标共存协议解决了争端，该商标共存协议中就包括《WIPO 快速仲裁规则》。当该欧洲公司在一次交易会上使用其注册商标时，涉案亚洲公司向 WIPO 中心提起 WIPO 快速仲裁程序，声称该欧洲公司违反了共存协议。在与 WIPO 中心进行协商后，双方当事人指定了一名欧洲商标专家作为唯一的仲裁员。该仲裁员在德国慕尼黑举行了期限为一天的听证会，经过两轮陈述之后，仲裁员在受理案件的六个月之内作出了仲裁裁决。裁决认为，该欧洲公司部分违反了共存协议，要求欧洲公司停止侵权行为并对亚洲公司进行赔偿。[1] 通过该案可知，WIPO 中心可以根据案情为当事人双方提供专业的仲裁员，该独任仲裁员根据案件的具体情况以及专业的背景知识，快速地适用仲裁程序及规则解决国际技术贸易纠纷。

第三节　域外知识产权仲裁考察

当今世界，知识产权对经济繁荣、国际贸易和商业利润的作用越来越重要。近年来，大多数主要国家的仲裁制度都已发生变化，突出表现为更加支持当事人自主选择仲裁的权利。知识产权

---

[1] WIPO Arbitration Case Examples [EB/OL]. (2020 - 03 - 17) [2022 - 06 - 25]. https://www. wipo. int/amc/en/arbitration/case - example. html.

纠纷适用仲裁具有诸多优点，包括仲裁程序的保密性、高效性、专业性以及可选择性使协议具有约束力。当事人双方不再需要在公众面前处理他们之间的知识产权纠纷。由于知识产权自身的地域性特点，其需要在全世界范围内获得许可与保护。英美法系与大陆法系作为当今世界的两大主要法系，其仲裁制度的发展也具有不同特点。从广义上讲，英美法系国家以司法先例的概念为基础，更注重案件判决的作用；而大陆法系国家将其法律编纂为成文法，对法律编纂的重视程度要高于对司法先例的重视程度。本节通过分析英美法系与大陆法系国家的知识产权仲裁制度，考察各国对于知识产权纠纷可仲裁性的规定以及知识产权仲裁发展的一般性规律，期望能够为我国知识产权仲裁制度的发展和完善有所启发和借鉴。

一、英美法系主要国家知识产权仲裁立法与实践

英美法系，又称为普通法系、判例法系、英国法系等，是在中世纪的英国法特别是普通法的基础上发展起来的一种法律模式，其影响范围主要是英国及其原殖民地。[1] 由于无形资产在当今世界经济中的重要性急剧增长，近年来，英美法系国家知识产权纠纷在数量和价值上都呈现大幅增长态势。在一般情况下，知识产权纠纷涉及在世界各地开展业务的跨国主体，求助法院解决此类纠纷需要考虑操作解决的可能性。不同国家的诉讼程序、不同的程序法和实体法对同一争端的适用性、法官和陪审团可能存在的不同理解甚至偏见都会对知识产权诉讼产生一定影响。因此，在英美法系国家，仲裁就成了知识产权纠纷法庭诉讼之外一个积极的替代方案，越来越多的英美法系国家对通过仲裁方式解决知识产

---

[1] 杨君．英美法系司法制度的主要经验及其启示［J］．理论探讨，2015（1）：170.

权纠纷持积极态度，但不同国家之间对其可仲裁性仍具有不同规定。

(一) 美　国

完全支持以仲裁方式解决知识产权纠纷的国家并不多，但是从目前国际仲裁发展趋势来看，越来越多的国家都在积极探索知识产权纠纷仲裁。美国是一个完全认可以提请仲裁的方式解决知识产权纠纷的国家。根据现行《美国法典》的规定，知识产权纠纷提请仲裁解决的范围由合同纠纷扩展为侵权纠纷和有效性纠纷，双方当事人也可以在达成合意之后以签订书面协议的方式将知识产权纠纷提请仲裁机构解决。只要双方当事人之间的约定并不违反公共政策或者美国的强制性规定，并且书面协议真实有效，仲裁裁决就应予承认和执行。

1982 年之前，美国的仲裁机构主要受理的是知识产权合同纠纷。美国立法对于知识产权合同纠纷这一类型争议的可仲裁性有着明确的规定，但是对于知识产权其他类型的争议并没有作出规定。1983 年 2 月 27 日，美国国会在《美国法典》第 35 卷《专利法》中增加了第 294 条规定，该条规定专利有效性或者侵权纠纷可以通过仲裁方式解决。据此，有关专利的有效性、可执行性和侵权纠纷都可以通过仲裁方式解决。[1]

关于版权案件的争议，在卡玛卡兹唱片公司与罗宾斯音乐公司案（Kamakazi Music Corp. v. Robbins Music Corp）中，美国法院明确要求争议双方通过仲裁方式解决版权争议问题。在该案中，原告声称被告侵犯了其版权并请求初步禁令，被告提出在仲裁前暂停诉讼的动议获得批准，并且法院驳回了原告的禁令，指出联

[1] 唐云峰. 国外知识产权争议仲裁的最新发展及对我国的启示 [J]. 商事仲裁，2009，5 (00)：29.

邦政策有利于仲裁。法院认为，即使诉讼中的另外两个当事人不是仲裁协议的当事人，仲裁协议也可以执行。在发回重审时，法院认为原告卡玛卡兹（Kamakazi）要求确认仲裁员裁决的动议是关于原告被侵犯的版权是否有效的即决判决。由于仲裁员没有考虑其有效性问题，法院允许就该问题进一步提交意见。法院随后裁定涉案版权有效，理由是尽管仲裁员错误地适用和解释了联邦版权法，但他并没有违犯法律，因此裁决有效。由于知识产权版权纠纷的案例很少，正如卡玛卡兹案所说明的那样，法官参考专利案件以决定所涉问题是否可仲裁，版权的有效性应当由联邦法院决定。

由此可知，如无相反规定的情况下，在美国，各类知识产权纠纷均可提请仲裁，但是，仲裁裁决的效力对纠纷双方当事人之外的其他人并不具备效力。美国对于专利的有效性和侵权纠纷，除当事人另有约定，纠纷双方可以自愿选择仲裁方式解决纠纷；对于版权纠纷虽没有明确规定是否适用仲裁，但是美国法院认定联邦的相关法律并无禁止对版权纠纷进行仲裁的规定；商标领域的纠纷同版权纠纷类似，联邦法院同样支持对商标有效性纠纷和侵权纠纷进行仲裁。❶

（二）英　　国

早在1698年，英国就颁布了第一部仲裁法，并分别于1934年、1950年、1975年、1979年和1996年对其仲裁法律制度作了五次修改，但在1950年、1979年和1996年的修改中都没有对知识产权纠纷作出特别规定。虽然英国和美国同属于普通法系国家，但是值得特别注意的是，英国没有与1983年《美国专利法》第294条相对应的规定。1977年《英国专利法》只规定了在某些情况下可以

❶ 刘慧．知识产权纠纷仲裁机制的建立与完善［J］．河南科技，2017（8）：53.

进行仲裁。

在英国法律中，没有任何原则理由表明知识产权纠纷不应提交仲裁。例如，在一项专利许可协议引起的纠纷中，英国法院中止了有利于仲裁的诉讼程序。然而英国对于知识产权纠纷仲裁的规定与美国不同，其规定只有部分类型的知识产权纠纷可以提请仲裁，不过所谓的“部分类型”也大多涉及发明专利、版权、商标和外观设计等知识产权纠纷，但如果案件本身简单适用简易判决，或需要确立先例，又或者当事人一方或双方拒绝通过仲裁方式解决争议转而提起诉讼，在上述情况下就不能选择采用仲裁的方式解决知识产权纠纷。

英国知识产权纠纷仲裁具有较为鲜明的特点。首先，现行《英国仲裁法》充分尊重当事人的意思自治。在仲裁协议的订立、仲裁程序的设立以及仲裁庭的组成方面，均以双方当事人达成合意为标准。例如，《英国仲裁法》第 1 条（b）项规定了各方应仅在符合公众利益所需的保障措施下，自由商定如何解决争端。其次，赋予仲裁庭相对自由的权利。《英国仲裁法》部分条款对于仲裁程序不受干扰进行了明确规定，并且对仲裁裁决结果的强制执行也作出了保障措施。例如，《英国仲裁法》第 38 条规定仲裁机构有权对审理中的争议财产采取保全措施。最后，赋予仲裁员一定的责任豁免权。《英国仲裁法》明确规定，仲裁员同法官一样，也享有司法豁免权，不得因仲裁员在工作上存在过失而追究其法律责任。只有当仲裁员存在欺诈行为而作出不公平不合理裁决时，才可以追究其法律责任。

（三）加　拿　大

在加拿大，知识产权仲裁裁决的有效性可以得到法院的承认和执行，但是专利纠纷的裁决结果只对双方当事人具有约束力。加拿大与美国不同，其没有像美国那样明确承认专利有效性争端的可仲裁性。然而在 1987 年的德佩罗公司诉乔埃特出版社案（Desputeaux v. Editions Chouette Inc）中，加拿大联邦最高法院驳回了魁北克省上诉法院作出的裁决，即版权纠纷不能提交仲裁，因为它涉及“公共政策”，并且指出这是基于充分尊重当事人意思自治的原则，限制争议可仲裁性的公共政策理由不能任意扩大作出随意解释。[1] 当然仲裁庭对专利效力的裁判仅具有相对效力，不影响当事人以及仲裁之外的任何第三人在仲裁程序进行中或结束后向加拿大专利局提出专利无效的申请。

国际投资仲裁程序是提供给知识产权权利人的另一种选择。2013 年国际投资争端解决中心（以下简称 ICSID）受理了以药品专利纠纷为诉因的礼来公司诉加拿大法院投资仲裁争端案，并且组建了仲裁庭。礼来公司的仲裁请求主要基于两方面。一方面，礼来公司认为加拿大法院的行为违反了《北美自由贸易协定》（以下简称 NAFTA）对外国投资者进行征收的规则。另一方面，礼来公司认为加拿大法院作出专利无效的判决违反了国际投资法上给予外国投资者最低待遇标准的原则。2017 年仲裁庭对该案作出裁决，认为加拿大法院在专利无效判决中适用的标准和裁量行为并未形成司法拒绝，不具有任意性和歧视性，并未构成对公平公正待遇的违反，同时也不违反 NAFTA 有关条款的规定。[2] 该案揭示了礼来公司试图利用这一程序挑战加拿大法院宣布其专利无效的行为，认为加拿大法院的做法剥夺了投资者的正当期待。虽然礼来公司的主张最终被仲裁庭驳回，但是目前知识产权投资仲裁仍然被视为日渐争议多发的复杂领域。

---

[1] 倪静．论专利权有效性争议之可仲裁性［J］．知识产权，2013（3）：38.

[2] 褚童．国际投资争端仲裁对东道国知识产权实施的影响与对策［J］．兰州大学学报（社会科学版），2018，46（6）：188.

二、大陆法系主要国家知识产权仲裁立法与实践

据有关文献记载，仲裁在中世纪时期起源于欧洲。[1] 起初只是私人仲裁，后来逐渐演化为商事仲裁，如今欧洲各个国家的仲裁机制逐步发展完善走向成熟。随着知识产权价值的不断挖掘，欧洲各国开始意识到知识产权保护和合理解决知识产权纠纷机制的重要意义。法国、德国、瑞士等国将仲裁制度纳入知识产权保护的范围，利用多种举措为知识产权提供全面保护。

（一）法　国

法国对知识产权纠纷的可仲裁性采取的是有条件的支持态度。《法国民事诉讼法典》规定仲裁机构可对任何当事人以自由处分的权利事项进行仲裁。也就是说，除了与社会公共利益有关或者是涉及刑事行为的纠纷，其余的纠纷均可提请仲裁，这其中自然包括知识产权合同纠纷以及侵权纠纷。

法国对于可仲裁性问题有正面清单和负面清单。《法国商标法》第 35 条规定，根据《法国民事诉讼法典》第 2059 条和第 2060 条，商标协议可以作为仲裁事项。同时，《法国知识产权法典》规定，通过仲裁方式解决知识产权争议可以不受其管辖权规则的限制。因此，在法国，对于知识产权纠纷仲裁的一般原则是：知识产权纠纷可以通过仲裁解决，但前提是专利的有效性不能提交仲裁。同时，法国的仲裁机构对知识产权纠纷的仲裁不能直接宣布一项公认的知识产权无效。[2] 在 1989 年的 SOP 诉 DPE 案中，巴黎上诉法院裁定，仲裁合同的私人性质使仲裁管辖权无法用于具有公共政策层面的强制性规定所管辖的事项。

---

[1] 陈志春. 仲裁的起源及历史演变 [J]. 上海企业，1999 (2): 29.

[2] 黄晖. 知识产权可仲裁性的发展趋势论 [J]. 仲裁研究，2013 (1): 55.

（二）德　　国

德国作为大陆法系国家的典型代表，其继承了大陆法系的优良传统，并对仲裁制度进行了积极的立法。《德国民事诉讼法》第1030条涉及仲裁问题，即对经济利益的任何请求都可以是仲裁协议的对象。如果仲裁协议涉及非经济利益请求，当事人双方有权就争议事项达成和解协议，并且该协议具有法律效力。可见，德国对于可仲裁性的规定较为宽泛，关于知识产权的合同纠纷与侵权纠纷基本上都可以纳入“涉及经济利益的请求”中而获得可仲裁性。[1]

德国对于知识产权有效性纠纷则持相反态度，其认为知识产权侵权纠纷是可以通过纠纷双方当事人自由协商解决的，但是知识产权有效性通常与社会公共利益相关，其需要由国家机构予以认定。因此涉及知识产权有效性纠纷的案件则不能采用仲裁方式予以解决。例如，《德国专利法》明确规定有关专利权的有效性纠纷只能由德国联邦专利法院专属管辖。德国对专利有效性采取特别规定是因为专利一旦发布即对所有人产生效力，专利权人与第三方就专利的效力进行仲裁时有争议的，仲裁庭不得自行撤销该专利，但是其可以决定专利权人无该专利项下的权利，并且必须同意由专利主管机关宣告该专利无效。

（三）瑞　　士

瑞士是除美国之外全力支持知识产权纠纷仲裁的国家之一。《瑞士联邦国际私法典》第12编国际仲裁第177条规定所有具有财产性质的纠纷都可以提交仲裁。因此，知识产权的各个方面都可以成为其仲裁的对象。在瑞士，当事人可以通过仲裁自由解决

---

[1] 丁启明．德国民事诉讼法［M］．厦门：厦门大学出版社，2019．

争议。由于知识产权属于私人权利，当事人对此可以自由支配，当事人双方可以通过仲裁解决知识产权纠纷。合同或者非合同侵权的知识产权纠纷可以在瑞士解决。但是，仲裁员可以在无须经法院裁定的条件下，宣告已经登记的知识产权无效。在这种情况下，国家法院对已经注册的知识产权的无效性具有“最后决定权”。

与任何其他仲裁一样，涉及知识产权纠纷的仲裁各方有权选择将适用于其争议的法律。如果当事人没有明确或明显地暗示选择一项法律来管辖其争端，仲裁庭必须决定应适用哪一项法律。瑞士关于国际仲裁的法律适用于其所在地在瑞士的所有仲裁，并且仲裁协议签订时至少有一方当事人既非定居瑞士，也非习惯性定居在瑞士。《瑞士联邦国际私法》第 187 条规定，仲裁庭应根据当事人选择的法律进行裁决，如果没有这种选择，则应根据与诉讼最密切相关的法律进行裁决。

第三章

知识产权纠纷的可仲裁性研究

纠纷是社会各主体在利益面前呈现出来的一种相对抗的状态❶，知识产权纠纷是指特定主体之间基于知识产权利益冲突而产生的对抗或争执❷，其本质上属于民事纠纷，但是由于知识产权非物质性、专有性、地域性、时效性和国际性等区别于一般财产权的属性，使得知识产权纠纷又具有迥异于民事纠纷的特征。❸ 总体而言，知识产权纠纷具有四个基本特点：一是知识产权纠纷具有交叉性，部分纠纷的解决会涉及多个层级的行政程序和司法程序；二是当事人利益的多元性，当事人双方既有对抗性，也有相互合作的需求；三是知识产权纠纷具有专业性，如专利权等知识产权的发展就需要高精尖技术的支持辅助；四是知识产权纠纷的时效性，因为只有快速解决知识产权纠纷，才能尽可能保护当事人的合法权益

---

❶ 顾培东．社会冲突与诉讼机制［M］．北京：法律出版社，2004.

❷ 丁丽瑛，汪兴裕．知识产纠纷仲裁解决机制研究［M］．厦门：厦门大学出版社，2013.

❸ 刘友华．知识产权纠纷解决策略研究：一种博弈论视角［J］．知识产权，2012（8）：38－46.

及社会公共利益。现阶段，解决知识产权纠纷的方式主要有诉讼、行政处理、调解、仲裁等。仲裁作为一种具有“准司法性”的解纷方式，在争议解决的进程中越来越受到当事人的青睐。为进一步明确仲裁在解决知识产权纠纷时的优越性，本章从知识产权纠纷的可仲裁性入手，探讨各类型纠纷适用仲裁解决的范围，以及知识产权纠纷仲裁的合理性及其局限性，最终完善知识产权纠纷可仲裁性的立法和司法标准。

第一节　知识产权纠纷可仲裁的范围

所谓“可仲裁性”是指可以在各国公共政策所允许的范围内通过仲裁解决的争议的界限。[1] 国家在进行仲裁制度设计的时候都会或详或略地对纠纷可仲裁性进行规定，即强制性地规定哪些争议可以进行仲裁，哪些争议不得适用仲裁。众所周知，TRIPS 协定在前言部分充分肯定了知识产权的私权性质，基于此，当事人可以根据私法自治的原则，自愿选择有利于己方的纠纷处理方式。事实上，关于知识产权纠纷具体是否能够适用仲裁制度，在理论界一直存在不同的观点。究其原因，仲裁的契约性决定了其解决争议的范围应当以当事人能够自行处理的私权争议为界限[2]，但是事实上，公权力对私权进行干预和调整十分普遍，而在知识产权领域，这种公权力的干预要更为突出。[3] 正是由于知识产权这种与公权力的密切联系，使得与之有关的纠纷是否具有可仲裁性长期以来众说纷纭。

---

[1] 赵秀文．国际商事仲裁及其适用法律研究［M］．北京：北京大学出版社，2002.

[2] 倪静．知识产权仲裁机制研究［M］．厦门：厦门大学出版社，2013.

[3] 王迁．知识产权法教程［M］．北京：中国人民大学出版社，2021.

因此，本书参照《民事案件案由规定》（法〔2020〕346 号）中的分类标准，将知识产权民事纠纷划分为三类：知识产权权属纠纷、知识产权合同关系纠纷以及知识产权侵权行为纠纷。这些纠纷又都以知识产权本身有效与否为存在前提，因此上述纠纷又可以区别为单一型纠纷和复合型纠纷。由此，知识产权的有效性纠纷作为贯穿各类型知识产权纠纷的一种基础性纠纷，其可仲裁性也应该纳入讨论的范围，且因为其与“公共政策”最为紧密的联系，解决知识产权纠纷可仲裁性和范围的关键就在于知识产权有效性纠纷能否适用仲裁制度解决，本书也将重点探讨这一类纠纷的可仲裁性问题。

一、知识产权合同纠纷及其可仲裁性

合同是当事人意思表示一致的产物，也是当事人自由意志最主要的体现，且合同具有相对性，一般不涉及对公共利益的损害。知识产权合同是现代社会科技不断进步的产物，是指一方的当事人凭借自己的智力成果依照法律规定取得某项知识产权，另一方当事人出于使用或者占有该知识产权的目的而支付一定的对价，双方自愿约定并达成的合意。知识产权合同纠纷，就是指因签订和履行知识产权合同而产生的争议。现行《仲裁法》第 2 条对可仲裁性的积极条件进行了明确的规定，照此标准，知识产权合同纠纷毫无疑问可以适用仲裁方式解决。所以针对这种平等主体之间发生的财产性纠纷，应当充分遵循私法自治的原则和精神，尊重当事人对纠纷解决方式的自主选择结果，只要双方当事人共同选择适用仲裁制度解决纠纷，那么相关的纠纷就应当提交仲裁机构进行裁决。

如上所述，合同是体现当事人自由意志的，知识产权合同也不例外。事实上，知识产权合同与普通的民商事合同没有本质的区别。知识产权合同纠纷和一般的民商事合同纠纷一样，都属于财产性的争议，并且由于合同的相对性，该纠纷的解决也只在知识产权合同签订的双方之间发生效力。[1] 对于知识产权合同而言，如技术开发合同、专利转让合同、专利实施许可合同等，当事人一般都会在约定主合同事项时附带地直接约定仲裁条款[2]，在满足平等主体、财产性纠纷以及仲裁协议的条件下，知识产权合同纠纷的可仲裁性就显而易见。

综上所述，知识产权合同纠纷的可仲裁性毋庸置疑，它符合仲裁制度的一般性规定，也被认为是理论和实践中最具有可仲裁性的一类知识产权纠纷。在世界范围内，在知识产权合同纠纷是否具有可仲裁性这个问题上，绝大部分国家都将知识产权合同类比普通合同进行处理，充分肯定其可仲裁性。因为知识产权合同本身是平等主体之间的一种协议，世界各国对于平等主体之间制定的协议，只要该协议内容与法律规范不相违背，一般都不否认其有效性。

二、知识产权侵权纠纷及其可仲裁性

知识产权侵权争议指的是，在知识产权权利人行使某项知识产权的所有权或者使用权的时候受到了他人的阻挠或者侵害，导致知识产权权利人不能够按照自己的意愿充分行使权利，知识产权权利人为了维护自身合法权益，要求侵权行为人停止侵害行为并提供赔偿。[3] 理论上，可以将知识产权侵权纠纷分为两类：一

---

[1] 罗东川．国家知识产权战略背景下的知识产权司法保护［J］．法律适用，2006(4)：2－6.

[2] 徐妤．知识产权仲裁的理论与实践［J］．仲裁研究，2008 (1)：57－67.

[3] 郑书前，宋新宇．论知识产权侵权纠纷之可仲裁性［J］．河南省政法管理干部学院学报，2002 (5)：38－42.

是有基础合同关系的当事人之间在合同项下产生的一方针对另一方的侵权行为；二是双方当事人之间没有合同关系，属于单纯的一方侵害另一方民事权利的行为。对于第一种侵权行为，虽然违约确实属于违反合同约定的情形，但是例如加害给付等情形也有可能在双方之间形成事实上的侵权关系。这类侵权行为因为合同关系的商事性、相对性和合同内容的财产性，原则上不存在不可仲裁的情形，不仅可以事后约定仲裁，也可事先于双方协议中约定仲裁。至于后者，作为单纯的侵权行为，当事人之间没有基础的合同关系，所以可仲裁性问题存在争议，本节主要讨论的就是在没有基础合同关系的前提下导致的侵权行为是否具有可仲裁性。

传统意义上可适用仲裁制度的纠纷范围边界仅及于合同纠纷，侵权纠纷并不具有可仲裁性，除非双方当事人能够在事前订立合法有效的仲裁协议。[1] 但是针对没有合同基础的知识产权侵权纠纷，由于侵权人在事前的不确定性，再加之当事人对侵权行为的无法预见性，因而当事人几乎不可能在行为发生前就订立仲裁协议或仲裁条款；且一旦侵权的事实行为发生，当事人很可能处于利益对立的状态中，也不太可能在事后形成仲裁解决纠纷的合意。因此将知识产权侵权纠纷提交仲裁的案例并不多见。[2] 但知识产权侵权纠纷并非完全不具有可仲裁性。

首先，知识产权侵权纠纷符合可仲裁性的一般理论标准。第一，从案件性质上来看，本节讨论的知识产权侵权纠纷是一种“涉及财产权益的非合同纠纷”。我国于 1987 年 4 月 22 日加入的

---

[1] 顾艳钰．知识产权侵权纠纷可仲裁性问题探析［J］．成都行政学院学报，2012(4)：25 – 29.

[2] 刘晓红．论知识产权争议仲裁的法理与实践基础［M］//华东政法学院国际法研究中心．当代国际法论丛（第 6 卷）．北京：北京大学出版社，2006.

《纽约公约》[1] 第2条就明文规定了“非契约性纠纷”能够适用仲裁解决，显然知识产权侵权纠纷作为一种典型的非合同性纠纷，理应可以提交仲裁解决。第二，仲裁要求产生纠纷的双方当事人之间在主体上具有平等性，而知识产权纠纷正是发生在平等主体之间，与可仲裁性的主体要求相符合。第三，仲裁要求纠纷主体争议的权利有可处分性，由于TRIPS协定和各国立法实践都承认知识产权属于私权利的一种，所以当事人必然可以自由对其进行处分和支配，当然这种支配必须在合理的限度内，不得损害公共利益以及违反法律的禁止性规定。[2] 知识产权的私权性特点和仲裁裁决的相对性恰好符合这一要求。一般认为，通过案件性质、主体身份、主体能力三个方面可以确定一个纠纷具体是否能够适用仲裁[3]，而知识产权的侵权纠纷与上述要求是相符合的。因此，从基础理论的角度出发，知识产权侵权纠纷的可仲裁性能够得到一一对应。

其次，对知识产权侵权纠纷的可仲裁性予以认可具有国际趋向性。虽然一开始，世界各国对知识产权侵权纠纷的可仲裁性普遍持否定态度。[4] 但是，随着知识产权纠纷数量的不断增长，基于现实需要，目前在世界范围内，主要的发达国家基本上都认可知识产权侵权纠纷的可仲裁性。例如，《美国法典》第35章第249节中就明确规定了“在涉及专利权或者与之相关的协议中，只要不违背现行法律对协议效力的规定，当事人可以在协议中或者补

---

[1] 需要注意的是，我国在加入《纽约公约》时，进行了商事保留。根据该声明，只有按照我国法律属于契约性或者非契约性的商事法律关系时，我国才能将该争议适用公约，另外，声明中还规定，“契约性和非契约性商事法律关系”是指由于合同、侵权或者根据有关法律关系规定而产生的经济上的权利义务关系。

[2] 郑成思．知识产权论［M］．北京：法律出版社，2001.

[3] 张建华．仲裁新论［M］北京：中国法制出版社，2002.

[4] 朱榄叶，刘晓红．知识产权法律冲突与解决问题研究［M］．北京：法律出版社，2005.

充协议中将专利侵权以及有效性争议提交仲裁裁决”。专利侵权纠纷在美国就具有了可仲裁性。除此以外，美国上诉法院还以判例的方式在卡玛卡兹唱片公司诉罗宾斯音乐公司案以及俏皮苏珊食品有限公司诉联合古英语有限公司案（Saucy Susan Products Inc v. Allied Old English Inc.）中分别确认了著作权侵权纠纷和商标权侵权纠纷的可仲裁性。❶ 除美国之外，瑞士作为国际商事仲裁的首选地，对知识产权纠纷的可仲裁性一直持开放和欢迎的态度，《瑞士联邦国际私法典》第 177 条❷对可仲裁性问题就没有作严格的限制，只要是与财产争议有关的纠纷都可以提交仲裁解决，涉及专利权和商标权、反垄断及某些股东争议等，不论是内国法主体的纠纷还是国际性的纠纷均具有可仲裁性❸，由此可知，瑞士对知识产权侵权纠纷的可仲裁性持肯定态度。在法国，仲裁庭除了无法对专利权和商标权的有效性问题作出裁决外，一般的知识产权争议都可以由仲裁庭仲裁解决。❹ 在德国，知识产权纠纷只要“涉及经济利益的请求”一般都具有可仲裁性，除了专利有效性纠纷不能适用仲裁解决，仲裁庭可以就包括专利的范围、权属、专利侵权在内的各类纠纷进行裁决。❺《英国仲裁法》在历次修改中虽然未对知识产权仲裁进行特别的规定，但同样未明文禁止知识产权仲裁制度的适用，包括知识产权侵权纠纷和有效性纠纷，前提是

---

❶ 大卫·普朗特．美国的知识产权争议仲裁问题研究［J］．江波，译．仲裁与法律通讯，1996（5）：36.

❷《瑞士国际私法典》第 177 条第 1 款：任何具有财产性质的纠纷都可提交仲裁。

❸ 朱克鹏．国际商事仲裁的法律适用［M］．北京：法律出版社，1999.

❹ 肖志远．中国知识产权纠纷可仲裁性的理论与实证考察［J］．商事仲裁，2013，10（00）：1－21.

❺ 倪静，程春华．知识产权纠纷可仲裁性问题研究［C］//中国国际私法学会年会论文集，2008.

签订了合法有效的仲裁协议。[1]

最后，我国法律中有关可仲裁性的规定主要体现在现行《仲裁法》第2～3条中，虽然并未明确表示知识产权纠纷能够仲裁，但也没有排除知识产权纠纷适用仲裁解决的可能性。而且在2020年对一系列知识产权专门法进行修正时，于《著作权法》第60条中确认了有关的著作权纠纷可以提交仲裁机构仲裁，这当然也包括著作权侵权纠纷。虽然关于专利权和商标权纠纷能否由仲裁机构仲裁的问题仍然有待于法律的进一步明确，但是现行《著作权法》中的新规定，表明了我国在一定程度上对知识产权纠纷提交仲裁解决的尝试和支持，很大程度上说明了立法和司法实践的方向和趋势，同时这一新增的规定也与主要的发达国家做法一致。

根据上述分析，知识产权侵权纠纷是平等主体之间的财产性纠纷，符合《仲裁法》所规定的可以适用仲裁解决纠纷的基本要件。当然，对于侵犯知识产权达到一定的严重程度，侵权人依法还应承担必要的行政责任和刑事责任。总而言之，各个国家对于支持仲裁制度的发展和限制法院的干预已经形成基本共识，仲裁范围呈现扩大化的趋势，许多传统上不具有可仲裁性需要公权力规制的事项也逐渐为仲裁制度所吸纳。[2] 由此，各国对知识产权侵权纠纷可以适用仲裁的普遍认可，不论是从理论分析还是司法实践的角度来看，都是一种必然趋势。

三、知识产权权属纠纷的可仲裁性范围

知识产权权属纠纷也是一种常见的知识产权纠纷类型。具体

---

[1] 倪静，程春华．知识产权纠纷可仲裁性问题研究［C］//中国国际私法学会年会论文集，2008.

[2] 朱榄叶，刘晓红．知识产权法律冲突与解决问题研究［M］．北京：法律出版社，2005.

而言，知识产权权属纠纷就是指当事人之间基于一定的法律关系，对有关知识产权的权利由谁所有而产生的相关争议。[1] 简单来说，权利归属问题就是指谁是真正的权利人，对真正权利人的判断是向行政机关申请取得和撤销权利的基础，也是解决合同纠纷和侵权纠纷的先决条件之一。以著作权和专利权为例，这两项权利的权属纠纷可以分为两种情况讨论：一是具有一定资本的公司或者组织、机构，出资聘请在相关专业有一定研究能力的个人所进行的科技创新或文学创作工作，基于此产生的有关知识产权权属的纠纷；二是具有雇佣关系的法人及非法人组织与员工之间基于雇佣关系产生的有关知识产权权属纠纷。除此以外，对专利权而言，权属纠纷还应当包含两个方面的内容：一是专利权由谁所有，二是专利申请权的归属。有关商标权的权利归属问题，则主要集中在经销和代理方面，例如，一个外国公司为了方便其在中国境内的销售，授权中国经销商或代理商使用其商标并进行销售，而中国经销商或者代理商以自己的名义向行政机关申请注册商标，从而产生的有关商标权的权属纠纷。当然，商标权的权属纠纷也包括权利归属和申请权归属两个问题。

在各种类型的知识产权权利中，著作权因为其自动取得性，不需要行政机关的授权，因此不涉及公共利益的问题，是纯粹的民事上的私法争议，所以可以提交仲裁机构仲裁。那么，需要国家行政机关授权的专利权和商标权才是在知识产权权属纠纷项下真正需要讨论的问题。关于专利权和商标权，这两项权利本身的确需要由行政机关进行授权才能够取得，但是，法律并没有规定商标权和专利权归谁所有或申请权归谁所有，而需要由行政机关依职权进行判定。这里讨论的知识产权权属纠纷主要发生在平等主体的当事人

---

[1] 倪静．知识产权仲裁机制研究［M］．厦门：厦门大学出版社，2013.

之间，并非一方当事人对行政处理结果不满。所以从争议的本质来看，商标权和专利权权属纠纷，是一种纯粹的私法上的民事纠纷。因而，确认这两种权利权属纠纷的可仲裁性也没有异议。

综上，不论是著作权还是专利权或者商标权，它们的权属纠纷都与公权力没有直接的联系，因而作为私法上的民事争议，依据当事人意思自治的原则和精神，当然可以提交仲裁解决与其相关的争议。

四、知识产权有效性纠纷的可仲裁范围

知识产权有效性纠纷是指争议当事人对于某项知识产权权利是否有效而产生的争议。与合同纠纷和侵权纠纷一般只涉及平等主体之间的财产纠纷，因而其可仲裁性得到普遍认可不同，关于知识产权有效性的纠纷能否提交仲裁解决，是知识产权纠纷仲裁的最核心争议，在理论界一直都有两种针锋相对的观点。否定知识产权有效性纠纷可仲裁的学者认为，知识产权由国家强力部门授予，并且由专门的行政机关确认其效力，允许知识产权仲裁会影响行政机关的专属管辖权，也会在权利和权力之间产生混乱和冲突，尤其是仲裁的“准司法”属性与行政机关公权力之间的碰撞，将带来不可预估的后果。[1] 又因为知识产权激励论[2]的逻辑基底，知识产权有效与否从而与一国的公共政策有着不可分的紧密联系[3]，故与仲裁协助私力救济维护社会公共秩序相违背。反之，支持的学者认为尽管知识产权效力需要由行政机关授权认定，但

---

[1] 王崇敏，王然．论自贸区知识产权争议的仲裁解决机制［J］．河南财经政法大学学报，2016，31（4）：99－104.

[2] 冯晓青．知识产权法哲学［M］．北京：中国人民公安大学出版社，2003：183－303.

[3] 朱榄叶，刘晓红．知识产权法律冲突与解决问题研究［M］．北京：法律出版社，2005：70.

知识产权本质上属于私权，因而其不能阻碍知识产权有效性纠纷的可仲裁性。[1] 同时，这种知识产权的行政授权性也仅仅是对既定存在的知识产权权利的一种“公示”和“宣告”行为，并未改变其私权属性。[2] 基于仲裁的契约性，仲裁裁决具有相对性，只在当事人之间发生效力，对行政机关效力认定结果不产生任何影响。[3] 并且，行政机关也有义务依据仲裁裁决进行知识产权效力的变更登记。[4] 另外，知识产权有效性仲裁与“公共政策”关系已发生变革。[5] 出于对“公共政策”内涵界定不明的考虑[6]，近年来，各国普遍降低了公共政策对可仲裁性的限制程度[7]，知识产权纠纷中公权力的介入明显减少，因此知识产权有效性纠纷也可提交仲裁解决。

然而，本书认为不宜将知识产权有效性纠纷提交仲裁解决。

首先，知识产权垄断性依然是划分权属的重要考量因素。也就是说，其私权属性并不意味着知识产权整个权利束都是由私人自行决定，潜在的垄断威胁需要对私权进行一定的限制。[8] 这种限制并非只能等权利获得之后才可进行，而是在权利获得之初就可以由行政机关予以评估。如申请人“蹭热度”申请“冰墩墩”等商标，一律被驳回；或者申请专利技术可能会严重污染环境，也

---

[1] 刘瑾．论知识产权有效性仲裁的认识误区及相关救济制度重塑［J］．知识产权，2016（11）：36－40.

[2] 倪静，程春华．知识产权纠纷可仲裁性问题研究［C］//2008 年中国国际私法学会年会论文集，2008：916－923.

[3] 倪静．论专利权有效性争议之可仲裁性［J］．知识产权，2013（3）：37－41，47.

[4] 刘冰心．论知识产权有效性的可仲裁性［J］．重庆科技学院学报（社会科学版），2014（10）：32.

[5] 陈佳强，吴巍．知识产权纠纷的可仲裁性与适仲裁性［J］．山西省政法管理干部学院学报，2007（3）：37－39.

[6] 倪静．论知识产权有效性争议的可仲裁性——对公共政策理由的反思［J］．江西社会科学，2012，32（2）：176－180.

[7] 陈忠谦．知识产权仲裁发展初探［J］．仲裁研究，2014（3）：1－8.

[8] 吴汉东．知识产权法［M］．北京：法律出版社，2021.

会遭遇驳回。因此，出于公共利益或公序良俗的限制，必须由行政机关作为代表来行使。即使一项商标获得注册，但商标法依然规定了他人申请撤销的权利，以及行政机关自审自查进行撤销，如原权利人不服，也只能与授予机关进行说明，而不能通过私力救济的仲裁来获得权利确认。[1] 因此，有效性纠纷可仲裁性存在争议，究其根本是其效力存在与否需要由公权力机关进行认定，属于“是”或“否”的问题，并不涉及知识产权性质的“公”“私”判断。因而，以知识产权性质上属于私权利来反驳不可仲裁的观点属于混淆了矛盾的焦点，并不具有说服力。

其次，仲裁裁决与行政机关专属管辖权冲突难以化解。以仲裁的相对性为由，认为仲裁裁决不会与行政机关效力决定发生冲突显然过于理想化，倘若仲裁裁决的确作出了与行政机关不一致的效力认定结果，知识产权就会同时陷入“有效”和“无效”两种效力状态并存的逻辑悖论中。尽管仲裁结果只在双方当事人之间发生效力，但是要想实际利用知识产权，还必须进行许可和转让，进而不可避免地与双方之外的第三人发生联系，而此时效力又属于“待定”状态，显然也不利于实现知识产权效益。另外，想当然地认为行政机关应接受仲裁裁决的观点其实极大地忽视了行政程序和民间解纷方式的差异性，而两种认定结果衔接机制的不畅又可能最终导致知识产权仲裁制度价值实现的不能。

最后，公共政策适用减弱并不必然与知识产权有效性纠纷可仲裁挂钩。公共政策干预力度降低，确实是近年来仲裁制度的发展趋势，但是以此直接得出知识产权有效性纠纷不受公共政策的

---

[1] 《商标法》第44条：“已经注册的商标，违反本法第四条、第十条、第十一条、第十二条、第十九条第四款规定的，或者是以欺骗手段或者其他不正当手段取得注册的，由商标局宣告该注册商标无效；其他单位或者个人可以请求商标评审委员会宣告该注册商标无效。”

影响从而可以适用仲裁，则缺乏相应的逻辑关联性。况且，知识产权有效性问题又有与公权力密切联系的特殊性，对这一特性视而不见，直接探讨其可仲裁性问题并不妥当。除此以外，公共政策虽然模糊，但并不意味着不存在，针对不确定性应当明确其基本内涵和适用标准，而非断言否认其与有效性纠纷可仲裁性之间的关系。

综上，学界关于知识产权有效性纠纷的可仲裁性仍存在较为明显的分歧，支持方的论据虽有一定理论支持，但并不能完全逻辑自洽地支撑有效性纠纷的可仲裁性。因此，有必要深入思索知识产权有效性纠纷诉诸仲裁争议的背后，是何利益纠葛、关乎哪些主体、不同主体的诉求是什么，而不是纸上谈兵，就不同观点之间进行毫无意义的争执。因此，本书着力于探讨知识产权有效性纠纷不可仲裁的理论基础为何，涉及的公权力和私权利应如何协调，能否设置例外，如可以，适用的条件又是什么等问题，以期解决知识产权仲裁的难点问题。

（一）知识产权有效性纠纷不可仲裁的机理分析

本书认为，一般情况下知识产权有效性纠纷不可仲裁，而为支撑这一观点，应从仲裁本质、性质及价值归宿等理论角度阐明其不可仲裁的基本原理。当然，需要明确的是，由于著作权是依照法律规定自动取得的，其效力与行政机关并无必然联系，因而分歧焦点就集中在专利权和商标权有效性纠纷。具言之，知识产权有效性纠纷的不可仲裁性体现在以下三个方面。

1. 仲裁与知识产权有效性纠纷的性质不相容

依据现有法律规定，不论是《专利法》[1] 抑或《商标法》[2] 都

---

[1] 《专利法》第3条：“国务院专利行政部门负责管理全国的专利工作；统一受理和审查专利申请，依法授予专利权。”

[2] 《商标法》第2条：“国务院工商行政管理部门商标局主管全国商标注册和管理的工作。国务院工商行政管理部门设立商标评审委员会，负责处理商标争议事宜。”

清楚表明有关专利权及商标权的效力问题应当由知识产权行政主管部门确定。《仲裁法》第3条也明文规定“依法应当由行政机关处理的纠纷”不得仲裁。[1] 因此，《仲裁法》明确排除了知识产权有效性仲裁的可能性。归根结底，知识产权有效性纠纷与仲裁的不契合性主要体现在以下两点。

一是知识产权有效性纠纷与可仲裁性基本理念相违背。如上文所述，纠纷具有可仲裁性需要满足案件性质、主体身份、主体能力三个方面的具体要求，即一个纠纷需要同时满足当事人的合意性、纠纷的财产性以及纠纷的可和解性三个条件方可提交仲裁裁决。显然，知识产权有效性纠纷与可仲裁性的标准不相契合。现行《仲裁法》在对可仲裁性范围进行界定时，明确说明只有“合同及其他财产权益纠纷”才可以适用仲裁制度解决，并且纠纷的财产性还要求包括具有可赔付性的内容。但是知识产权有效性纠纷是针对知识产权是否有效产生的争议，是一种对事实状况的认定和判断，不属于“财产权益”纠纷。尽管知识产权的有效与否或许会在一定程度上涉及如权利无效后对善意第三人的赔付等金钱纠葛，但这都是效力认定后的附带结果。就知识产权有效性纠纷本身而言，并不会产生财产上的给付需求，仅涉及权利状态的变化。因此，知识产权有效性纠纷不能满足纠纷财产性的要求。除此以外，知识产权有效性纠纷也不符合可仲裁标准中的可和解性。所谓的可和解性就是指当事人能够依自己的意志对财产或者权利进行的自由支配。但与公权力、身份权相关的权利，由于与公共利益和第三人利益密切相关，这类纠纷即使仲裁予以裁决，也不能得到国家强制力的保证。[2] 概言之，知识产权有效性问题应

---

[1] 《仲裁法》第3条：“下列纠纷不能仲裁：（一）婚姻、收养、监护、扶养、继承纠纷；（二）依法应当由行政机关处理的行政争议。”

[2] 乔欣，李莉．争议可仲裁性研究（上）［J］．北京仲裁，2004（2）：35－41.

当由行政主管机关作出认定，权利人不能自行认定一项知识产权是否有效，因此知识产权有效性纠纷就不具备可和解的基本条件。当事人的合意在知识产权有效性纠纷中也具有相当的不确定性，不同于合同纠纷，一般双方当事人都会签订事前的仲裁协议或仲裁条款，知识产权有效性纠纷如果没有前序的合同纠纷或者是由于侵权纠纷引发的有效性认定争议，则合意性就难以认定。

二是知识产权有效性认定与公共政策深度关联。“公共政策”一词是英美法系的通用说法，在大陆法系国家也可以称其为“公共秩序”，在我国一般使用“公共利益”代指公共政策。[1] 但不论如何称呼，公共政策本质上是指一国政治制度、经济制度、法律制度和主流道德习俗中的根本利益。[2] 知识产权的创造，特别是发明专利的产生并非一蹴而就，其发展成型离不开整体的社会积累，因此不同于一般的财产权，知识产权具有相当的社会性。特别是像医药、科技类产品所蕴含的知识产权，在很大程度上对人类社会具有重要影响，已经超越了传统意义上私法自治的范畴，需要公权力介入调整，从而避免权利人滥用知识产权。此外，知识产权的专有性质也决定了对有关知识产权有效性争议的解决往往会对第三人利益以及公共利益产生较大的影响。[3] 假设仲裁庭能够任意撤销某项知识产权，则知识产权制度背后的各方当事人的利益和诉求很可能无法实现。因此，为平衡社会公共利益及知识产权权利人的利益，知识产权有效性纠纷必须通过包括行政机关和司法机关在内的公权力多方考量解决，而不能付诸具有随意性和民间性的仲裁机构。

---

[1] 何其生．国际商事仲裁司法审查中的公共政策［J］．中国社会科学，2014（7）：143－163，207－208.

[2] 丁伟．国际私法学［M］．上海：上海人民出版社，2013.

[3] 倪静．知识产权仲裁机制研究［M］．厦门：厦门大学出版社，2013.

总之，知识产权有效性纠纷有其特殊性，而这种特殊性面临着与可仲裁性理论不可调和的矛盾，因此知识产权有效性纠纷不适宜付诸仲裁。

2. 仲裁与行政程序的结果难以衔接

如果知识产权有效性纠纷可以提交仲裁，那么仲裁庭有可能针对效力问题作出与行政机关截然相反的判断结果，为了不使权利效力同时处于“是”或“不是”的混淆状态，就必须在仲裁裁决和行政程序之间建立一种恰当的衔接机制。但是由于仲裁的契约性质，这种合理的衔接机制未必存在，若不能解决这一问题，知识产权的效力将始终处于一种无法确定的窘境中。

首先，仲裁与行政程序化解纠纷的属性不同。有关仲裁性质的学说主要有司法权说、契约说、混合说及自治说四种类型。[1] 尽管争论不休，但是学界普遍认可仲裁是一种民间性的纠纷解决方式及救济途径。[2] 仲裁在本质上是一种可以产生公共后果的私人程序，由此，仲裁裁决在性质上属于民事合同。行政程序则由国家强制力保证，是一种带有“公”色彩的纠纷解决程序，二者截然不同。仲裁裁决天然的不公开性，也导致其与行政认定结果的衔接缺乏可行性。另外，对于仲裁而言，其独立性是公正性存在的基础，也是仲裁的核心理念之一。[3] 但是就行政机关而言，其组织上下本身就具有隶属关系，下级部门必须遵循上级机关的命令，这与仲裁制度的中立性和民间性也有明显的区别。因此，仲裁与行政程序二者性质不同，机构及组织运行规则也存在较大差异。

---

[1] 乔欣．仲裁权研究：仲裁程序公正与权利保障［M］．北京：法律出版社，2001.

[2] 乔世明，刘景一．仲裁法理论与适用［M］．北京：人民法院出版社，1997：41－43.

[3] 乔欣．仲裁权研究：仲裁程序公正与权利保障［M］．北京：法律出版社，2001.

其次，从实践角度来看，仲裁与行政程序二者之间也难以建立有效的衔接机制。长期以来，我国知识产权纠纷奉行司法与行政“双轨制”的解纷模式，因此法院针对知识产权的有效性问题无权裁定，而只能撤销行政行为，要求行政机关重新认定；或者暂停诉讼，等待行政机关的认定结果。[1] 这说明，司法机关尚且无权对知识产权的效力问题作出判断，更遑论仅仅属于私力救济方式的仲裁机构。即使赋予仲裁机构受理知识产权有效性纠纷的权限，仲裁裁决的执行也属于人民法院的管辖范围。从现实出发，在仲裁机构独立于行政机关的情形下，也不存在仲裁机构与知识产权主管行政机关相互连接沟通的既存渠道。这表明，知识产权有效性的仲裁裁决与效力认定的行政结果之间实际上并不存在适用搭建衔接机制的基础。

综上，不能解决知识产权有效性认定不同结果之间的衔接问题，知识产权有效性纠纷就不宜具有可仲裁性。

3. 知识产权有效性纠纷仲裁与仲裁制度优势背道而驰

在解决知识产权纠纷时，由于诉讼和行政处理等传统解纷方式存在一系列不可避免的缺陷，因此，仲裁作为一种兼具专业性及灵活性的解纷方式被引入知识产权纠纷解决框架中。简言之，知识产权仲裁的基本制度价值主要是弥补诉讼和行政程序的不足，高效快速地解决相关知识产权纠纷。但是，由于知识产权有效性问题与行政程序的高度交叉性，仲裁制度在其他类型纠纷中的优势，反而有可能在此适得其反，成为其解决知识产权有效性纠纷的掣肘。

首先，一裁终局导致公正性缺失，加剧社会矛盾。一裁终局

[1] 《专利法》第45条、《商标法》第44条均明确规定专利权、商标权有权作出无效宣告的单位为国务院专利行政部门；商标局及商标评审委员会。并且，人民法院在审理专利权、商标权无效纠纷案件时也普遍尊重行政机关专属管辖权。

是仲裁制度的显著特征。理论界一直认为一裁终局是一切商事仲裁的本质特征和基本原则，不实行一裁终局就不能称其为仲裁。❶这种高效性可以作为仲裁制度的突出优势，但毕竟仲裁裁决的终局性以及由此带来的快捷性和经济性等优点是有条件的、相对的，是以牺牲仲裁裁决的准确性和公正性为代价的。加之从裁决的效力来看，原则上仲裁裁决是终审裁决，同一争议不受专利行政机关或司法机关的二次复审。❷ 依据传统私法理论，遵循意思自治的原则，民事主体享有充分的自治权，对权利的使用与否和处分完全可以按照自己的意愿进行。这种自主选择性主要体现为对实体权利的处分和对救济权利的选择及适用。知识产权有效性问题直接提交仲裁解决，在实际上剥夺了当事人救济的可能性，同时也不利于仲裁制度对私法自治原则的贯彻落实。进言之，这种对救济权的实质性限制会进一步损害仲裁制度的公正性。知识产权纠纷标的额往往都不低，2020 年仅北京仲裁委受理的知识产权合同纠纷总标的额就达 15.6 亿元，每件案件平均为 409.45 万元。❸ 知识产权的有效性是知识产权转让、投资等一系列知识产权转化行为的基础，如果不能保证其公正性，在又缺乏相应救济机制的情况下，势必会加剧知识产权各方当事人之间的矛盾，损害社会公共利益。这明显与知识产权仲裁制度强调合作与共赢理念，保证社会和谐稳定的基本价值取向不符。

其次，衔接机制不畅导致仲裁效率优势无法显现。效益是法律追求的基本价值之一，它要求纠纷解决的方式要以最小的代价

---

❶ 石现明．国际商事仲裁一裁终局的相对性［J］．长安大学学报（社会科学版），2009，11（4）：61－67.

❷ 赵丽．专利有效性争议仲裁的双维度考察［J］．湖州师范学院学报，2010，32（5）：74－79.

❸ 谢冠斌，李凤凤，李纯．中国知识产权争议解决年度观察（2021）［EB/OL］．(2021－11－25)［2022－06－25］．https：//www.bjac.org.cn/news/view?id=4037.

取得最大的效果，即便捷高效地化解纠纷，以保证收益的最大化。但是如上文所述，由于仲裁与行政程序性质上“公”与“私”的差异，仲裁结果与行政结果之间难以建立合理合规的衔接机制，由此导致的多种效力认定结果，又会产生仲裁效率低下的附带后果。一方面，当权利人与第三人之间因不同的效力结果再次产生争执时，因仲裁高效性赢得的时间效益就会荡然无存。另一方面，尽管可以通过“通知”后由行政机关最终确认知识产权有效性方式解决仲裁与行政认定结果不同的问题[1]，但是如果最终的确认权仍然归属于行政机关，那么对知识产权有效性纠纷的仲裁就显得累赘，是对行政和仲裁资源的浪费。此外，基于仲裁的公正性缺失等原因，有关知识产权有效性的问题也面临着重复性审查。以行政处理结果与司法诉讼的衔接为类比，《最高人民法院关于审理专利纠纷案件适用法律问题的若干规定》第 19 条规定，法院对于已经由行政机关处理并作出侵权与否认定的案件，仍然需要对当事人的诉请进行全面审查。通过对条文内涵的分析，可以看出法院对侵权纠纷行政处理的结果并不认可，法律设置知识产权行政处理机制的目的不能有效实现。司法对于同为公权力的行政机关的处理结果仍需要进行全面审查，对于具有民间性质的仲裁裁决，行政机关对其裁决结果的不信任将更为明显。假设行政机关否定了仲裁庭针对知识产权有效性问题所作出的裁决，那么知识产权的效力又会恢复到真伪不明的状态，知识产权有效性问题就并没有得到真正解决，进而陷入了莫比乌斯循环中，最终导致问题解决的拖延。

（二）特殊情形下知识产权有效性纠纷可仲裁的适用条件

由于知识产权有效性纠纷在机理上与公权力的交叉，因此不

---

[1] 高升，李珂珂．专利有效性仲裁裁决与行政认定的衔接机制比较研究［J］．山东科技大学学报（社会科学版），2021，23（3）：30－37.

具备可仲裁性。但是，也有学者提出，如果在侵权纠纷或合同纠纷中以知识产权无效作为抗辩理由时是否能够仲裁。[1] 笔者认为，基于现实需要，知识产权有效性纠纷的不可仲裁性也并非一概而论，僵硬保守，仍需要考虑例外情形，以此确保知识产权有效性纠纷得到切实解决。当然，为了避免解决某一个问题，从而导致整个体系处于不稳定状态的情况发生，这种例外必须具有严格限制的使用条件和标准。

1. 满足“三要素”的知识产权有效性纠纷可以仲裁

由于在其他类型的知识产权纠纷中，知识产权无效常常作为釜底抽薪的抗辩理由出现。[2] 为了保证知识产权纠纷解决的效率和仲裁制度的价值，对于此类知识产权有效性纠纷应当授予仲裁庭裁决的权利。同时，为了避免私人程序对行政、诉讼专属管辖权的“侵犯”，应当明确将当事人与行政机关的争议排除在外；另外，对于当事人的知情权及选择权也有必要积极予以保障，因此书面且明确的仲裁协议亦必不可少。对于已经由我国行政机关授权的知识产权有效性纠纷，一般而言，应当满足纠纷的复合性、主体身份的平等性、仲裁意愿的书面性三项基本条件。

首先，必须为复合型知识产权纠纷。由于权利效力问题常作为知识产权纠纷解决的前置条件，因此知识产权纠纷可分为单一型和复合型两种类型。前者是指单纯的就合同、侵权或有效性产生的纠纷，后者则是指基础纠纷之下还附随着针对知识产权有效性的争议问题。以知识产权合同纠纷为例，合同纠纷的单一性争议只涉及合同项下的内容，只要合同纠纷具有可仲裁性，单一的知识产权合同纠纷就可以仲裁；而复合性的合同纠纷就不仅仅只

---

[1] 王莹．试论知识产权有效性争议的可仲裁性［J］．电子知识产权，2003（3）：56－59.

[2] 倪静．论专利权有效性争议之可仲裁性［J］．知识产权，2013（3）：37－41，47.

与合同项下的内容有关，又有可能涉及侵权行为纠纷或者知识产权有效性的认定。同样，针对权属纠纷和侵权行为纠纷也都有可能在仲裁中涉及知识产权有效性的判定。因此，笔者认为，仲裁庭裁决知识产权有效性纠纷的首要条件是纠纷类型必须为复合型。原因在于，按照现有的理论和实践，知识产权合同纠纷、权属纠纷及侵权纠纷可提交仲裁解决，有效性问题是附随在基础纠纷关系上，与单一型的知识产权有效性相比，仲裁庭并非直接挑战行政机关的管辖权，其目的只是保证知识产权仲裁的有效运行，对公共利益和公权力的干涉较小，因此针对复合型的知识产权纠纷，可规定其有效性纠纷的可仲裁性。

其次，必须是平等主体之间的财产权益纠纷。一般而言，由于仲裁的契约性，仲裁的主体标准要求双方地位平等。但是随着可仲裁性范围的扩张，非平等主体之间的财产权益纠纷也可以提交仲裁解决。2021 年，司法部发布的《中华人民共和国仲裁法（修订）（征求意见稿）》拟删去“平等主体”的表述，并将“公民”修改为“自然人”[1] 的转变就印证了这种趋势。但是，对于知识产权有效性纠纷而言，仍然应当限定在平等主体之间。如果允许非平等主体之间针对有效性进行仲裁，那么仲裁的一方当事人是行政机关，而与行政机关有关的争议属于行政诉讼的管辖范围，仲裁显然不能超越司法的专属管辖权。另外，可以仲裁的有效性争议必须为财产权益纠纷，须有财产给付的内容。这是因为，在知识产权纠纷仲裁的过程中，也可能出现类似诉讼承担等由于继承、遗赠等原因附随产生的知识产权有效性的认定问题，而这些

---

[1] 《中华人民共和国仲裁法（修订）（征求意见稿）》第 2 条：“自然人、法人和其他组织之间发生的合同纠纷和其他财产权益纠纷，可以仲裁。下列纠纷不能仲裁：（一）婚姻、收养、监护、扶养、继承纠纷；（二）法律规定应当由行政机关处理的行政争议。其他法律有特别规定的，从其规定。”

都属于人身性纠纷，本身并不能提交仲裁解决，相应的有效性纠纷也就不可能具有可仲裁性。

最后，必须具有书面的仲裁协议。依据《仲裁法》的规定，仲裁机构受理案件必须具有书面的仲裁协议或仲裁条款。[1] 因为仲裁庭只能在复合型纠纷项下附带地对有效性问题进行判断，因此就需要合同纠纷、权属纠纷和侵权纠纷达成合法有效的书面仲裁协议。即使是针对没有合同基础的知识产权侵权纠纷，也要求必须达成合意，提交仲裁解决的书面文件。针对有效性纠纷的仲裁，对仲裁协议的要求应当更为严格。因此，除订立合法有效的仲裁协议之外，在仲裁事项的选择上，也必须明确在知识产权有效性问题发生争议的情况下，允许仲裁庭对此事项进行裁决。只有在这种情况下，才能保证当事人是出于自愿对纠纷处理结果的公正性作出让渡，否则有关知识产权的有效性问题仍然需要交由行政机关判定。

2. 非由我国行政机关授权的知识产权有效性纠纷可以仲裁

如上所述，知识产权有效性纠纷不得仲裁的根本原因在于，我国法律有明文规定，知识产权由国家公权力机关授权确认，且须由行政机关判断其效力状态。如若提交仲裁解决，必然会导致对行政权力的介入及效力认定结果适用的混乱。倘若纠纷所涉及的知识产权本身并未在中国境内获得授权，也未向中国知识产权主管机关申请授权和注册，那么由其他机构对其有效性问题进行审查就不会与行政机关的专属管辖权发生冲突，也与我国的公共政策无关。因而，此类纠纷可以获得“三要素”标准的一定程度上的“豁免”，即便是单一型纠纷也可以提交仲裁解决。而且由于

---

[1] 《仲裁法》第16条：“仲裁协议包括合同中订立的仲裁条款和以其他书面方式在纠纷发生前或者纠纷发生后达成的请求仲裁的协议。”

未在我国获得授权，这一类知识产权纠纷天然就具一定的“涉外性”，因此这类纠纷对我国公共利益的影响也相对有限，因而认可此类纠纷的可仲裁性有其理论上的可行性。换个角度来看，尽管知识产权有效性纠纷在理论上不具有可仲裁性，但是由于在世界范围内尚未形成统一的公共政策定义❶，这使得在一些国家和地区确实可以将知识产权效力问题交由民间机构进行判断。如上文所述，美国法律明确表明涉及专利有效性的纠纷，只要不违反相关规定就可以提交仲裁解决，瑞典对于知识产权有效性纠纷的仲裁也并不排斥。国际商会仲裁院同样在1989年出具的第6097号仲裁裁决中认可了专利有效性纠纷的可仲裁性。❷ 我国知识产权体系又与国际市场存在深度绑定的关系，如果单一型有效性纠纷在外国仲裁机构得以仲裁，但是由于国内存在相关限制而无法执行，显然不利于知识产权的跨国交易及高价值知识产权的引进，对我国知识产权保护而言是一大损失。另外，仲裁可以区分为国内仲裁及国际仲裁，相比之下，各国法律对于国际仲裁的态度明显更为宽松，毕竟涉外纠纷相较于纯粹的国内纠纷而言，对一国国内公共利益的影响要更小一些，因此，国际仲裁因为公共政策而受到阻碍的情况十分少见。❸

基于上述理论和现实需求的考量，针对未在我国申请授权的知识产权有效性纠纷应当作出例外。又因其“涉外性”，这一类纠纷在可仲裁性问题上就包括“仲裁”和“执行”两个层面。当然，

---

❶ 张晓玲，王文奎．国际商事仲裁可仲裁性与公共政策的关系及其演变［J］．求索，2007（3）：110－112.

❷ 肖志远．中国知识产权纠纷可仲裁性的理论与实证考察［J］．商事仲裁，2013，10（00）：1－21.

❸ 张艾清．国际商事仲裁中公共政策事项的可仲裁性问题研究［J］．法学评论，2007（6）：94.

不论是“仲裁”抑或“执行”，由于这类纠纷的效力认定不会与我国公权力机关发生直接冲突，既不会损害知识产权制度秩序，也不会损害国内公共政策。因此，针对这一类纠纷，约定在我国境内仲裁机构仲裁的，仲裁机构可以突破可仲裁性的限制，即使单纯对有效性纠纷提出仲裁的也可以受理并作出裁定。当然，出于对他国政府行政权力的尊重，以及对“当事人知情且合意”这一国际公共政策的认可，对于与域外国家行政机关之间产生的纠纷或者是未提供明确的书面仲裁协议的案件，应继续保持谦抑，不认可其可仲裁性。对于在境外仲裁机构或国际仲裁机构仲裁，向我国法院申请执行仲裁裁决的情形，出于对仲裁裁决稳定性的保护，只要仲裁裁决有效且经过审查符合我国法律的规定及公序良俗，当然也具有可执行性。

综上所述，知识产权有效性纠纷由于其与公权力的紧密关系，仲裁、行政两种程序的不同性质以及由此导致的解纷效率低下、程序循环等多方面原因，原则上并不适宜付诸仲裁解决。但是出于对我国涉外纠纷管制“宽松”态度的承继、诉讼压力的切实缓解等原因，针对非由我国行政机关授权的具有一定“涉外”性质的知识产权纠纷，结合实际情况，应当给予其“三要素”原则外一定程度的“豁免权”，以此保证知识产权仲裁制度的运行。当然，鉴于公权力对私权利限制限缩的国际性趋势，我国理论界及实务界也应当密切关注，对于知识产权有效性纠纷的可仲裁性及例外标准还可以进一步探讨。

第二节　知识产权纠纷仲裁的合理性

前文通过“四分法”对知识产权纠纷进行了类型化的分析，

除知识产权有效性纠纷全面提交仲裁解决时机尚不成熟之外，其他类型知识产权纠纷可仲裁性基本上已不存在理论和实务上的障碍，由此本节就需要对知识产权纠纷的适裁性问题进行探讨。近年来，随着科学技术和知识产权保护力度的不断增加，我国知识产权的发展势头呈现良好趋势。根据2021年《全球创新指数报告》的内容来看，我国知识和技术产出指标位列全球第四，其中发明专利和实用新型专利数量指标排名全球第一。[1] 随着知识产权数量的不断增加，相应地，知识产权纠纷的数量也呈上升趋势，除2020年因新冠疫情影响增速放缓，人民法院有关知识产权的民事、行政、刑事案件受案增长率均在25%以上。[2] 这就使知识产权纠纷的解决需要面对越来越多的新挑战，在纠纷数量不断增加的背景下，原先以司法救济为主，辅以行政救济相结合的双轨制模式，因为自身的制度缺陷[3]，在解决纠纷的问题上陷入困境，这就需要发展新的解纷方式。反观仲裁本身，其突出的优点是很好地契合了知识产权纠纷的需求，弥补了诉讼和行政处理的不足，提高了纠纷解决的效率。在激励论的逻辑下，知识产权纠纷的高效解决必然会促进全社会的创造热情，使我国创新能力快速发展。

---

[1] 宋钰婷．我国专利数量排名全球第一！前八月新增知识产权企业7.37万家［EB/OL］.（2021-09-24）［2022-06-23］. https://baijiahao.baidu.com/s?id=1711763508757533067&wfr=spider&for=pc.

[2] 参见最高人民法院2017—2021年《中国法院知识产权司法保护状况》。

[3] 有关我国“双轨制”的知识产权保护模式，针对其制度价值和存废一直有不同的声音。但不论持何种观点，学者普遍承认知识产权诉讼和行政处理方式在解决知识产权纠纷中存在弊端。主要观点参见：李永明，郑淑云，洪俊杰．论知识产权行政执法的限制——以知识产权最新修法为背景［J］．浙江大学学报（人文社会科学版），2013，43（5）：160-170；刘银良．论专利侵权纠纷行政处理的弊端：历史的选择与再选择［J］．知识产权，2016（3）：33-44；汪旭东，刘玉，高鹏友．专利侵权纠纷行政处理机制的发展和完善［J］．知识产权，2017（8）：35-41；倪静．知识产权仲裁机制研究［M］．厦门：厦门大学出版社，2013；刘友华．我国知识产权纠纷诉讼解决的现状及评析［J］．知识产权，2010，20（1）：52-59.

一、知识产权纠纷诉讼的不足

在我国，长期以来都存在“诉讼中心主义”的司法观念，再加上诉讼有着与生俱来的程序刚性与处理结果的权威性，因而在知识产权纠纷众多的解纷方式中，知识产权诉讼最受当事人的青睐。全国各级人民法院新受理的知识产权一审民事案件，从2019年起增长率已经连续3年超过20%，[1] 诚然，这一数字体现了我国知识产权保护力度和知识产权主体的权利保护意识不断增强。但是，大量的知识产权纠纷涌入法院，使法院遭受着“包括来自诉讼增长的‘量’的压力和裁判效果的‘质’的压力及综合社会评价压力等”。[2] 如前文所述，知识产权纠纷与一般的民事纠纷不同，有其自身特有的特殊性，这也使诉讼之于知识产权纠纷未见得是最佳的解纷模式。综合来看，知识产权诉讼的缺陷主要有以下几点。

（一）知识产权诉讼具有长耗时和高成本的特点

根据《民事诉讼法》的相关规定，民事案件一审普通程序审限为6个月，简易程序也需要3个月。这也只是理想状态下诉讼解决纠纷的时间，如果一方当事人不服判决，还有可能经历二审或者再审，再加上我国法院长期以来“案多人少”的现实情况，很多案件可能需要远超过法定期限的解决时间。在知识产权领域，如“五朵金花”案和“荣华”月饼商标案等，都是经历了5年、7年甚至10年的漫长的诉讼程序。[3] 另外，知识产权纠纷大多具有交叉性，因而知识产权诉讼一般都涉及多个行政程序和行

---

[1] 参见最高人民法院2019—2021年《中国法院知识产权司法保护状况》。

[2] 范愉．有关调解法制定的若干问题（上）［J］．中国司法，2005（10）：71－74．

[3] 刘仁，李跃辉．“五朵金花”终结版权7年恩怨［N］．中国知识产权报，2008－06－06（11）；于梦．粤港两地“荣华”上演商标拉锯战［N］．中国知识产权报，2007－07－08（6）．

政部门。大量的知识产权纠纷都需要以知识产权的效力存在与否作为裁判的前提，而依据我国法律，知识产权有效性目前只能由行政机关作出。在这种制度背景之下，与知识产权仲裁面临的问题一样，知识产权诉讼在面临有关有效性纠纷的问题时，需要暂停诉讼程序，等待行政机关的裁决结果。这使同一纠纷在不同的部门和程序间来回往返，造成当事人不必要的诉累，明显延长了知识产权诉讼解决纠纷的时间。程序拖延的结果是漫长的纠纷解决时限，消耗了当事人的时间、金钱与精力，耗费了国家的司法资源。[1]

时效性则是知识产权的一个重要特性，由于知识产权对社会发展的重要作用，法律在赋予知识产权人垄断性权利时，也对这种权利设置了时间限制，每一类知识产权都有其法定的存续期间。科学技术的快速发展使知识产权的迭代速度不断增快，据保守估计，一项产品的生命周期为 9 ~ 14 个月。[2] 这样看来，知识产权纠纷的解决具有相当的紧迫性，而诉讼的冗长和拖延与这种紧迫性明显背道而驰。

除了程序的烦琐和冗长，知识产权诉讼的高成本也是其一大重要的缺陷。知识产权诉讼本身的花费就是不小的一个数目。有学者指出，如果缺乏专业人士对程序的严格控制，知识产权专利侵权诉讼的费用相较于专利仲裁要多 50% 。[3] 再加上诉讼程序的拖延，导致知识产权人应获得利益的减少，以及为了支持诉讼而支

---

[1] 刘友华. 我国知识产权纠纷诉讼解决的现状及评析［J］. 知识产权，2010，20（1）：52 -59.

[2] 赵杰，陈中利. 知识产权行政管理部门在知识产权纠纷仲裁解决机制中的作用［J］. 商事仲裁，2015，12（1）：1 -22.

[3] ELLEMAN S. J.. Note & Comment：Problems in Patent Litigation：Mandatory Mediation May Provide Settlements and Solutions［J］. Ohio State Journal on Dispute Resolution，1997，12（3）：771.

付的律师费、鉴定费等也是很大的一笔支出。因此有学者认为，因为这种高昂的成本“以至于将阻止所有人（除了非常富有的人或者非常坚持地要解决纠纷的人）解决纠纷的努力”[1]。

（二）知识产权诉讼的公开性与知识产权纠纷保密性的冲突

依照《民事诉讼法》的规定，知识产权诉讼需要公开审理，即使因为涉及商业秘密不公开审理也需要公开宣判。审判过程和结果的公开本意是保证司法的公正性，但是对于知识产权纠纷而言，却会带来相当多的难题。一方面，知识产权诉讼可能会导致与权利密切相关的核心技术泄露。上文也提到，知识产权的产生并非一蹴而就，其背后有科研人员和创作者的辛勤劳动，正因如此，法律才允许知识产权人就其发明创造和作品享有独占的专有权利。进入诉讼环节，当事人必然要对知识产权的技术性问题进行质证和辩论。诸如生产流程、产品配方或者专利核心技术等权利人不希望为社会公众所知悉的商业秘密，这就存在被对方当事人或者其他社会公众窃取的风险。实际上，只要进入诉讼程序，必然存在泄密的风险，[2] 而在泄密风险之外，甚至会有当事人通过诉讼方式窃取商业秘密，造成知识产权恶意诉讼的情况。另一方面，知识产权诉讼的公开性对当事人的商业信誉也是一种损害。虽然近年来社会公众对于知识产权保护越来越重视，但是在社会上仍然存在以“诉讼为恶”的传统观念，特别是当最终的审判结果不利于一方当事人时，可能会对企业的长久发展产生负

---

[1] 肯尼斯·海恩．现代法治之中纠纷解决的法律定义、地位、重要性及其作用［C］//唐荣曼，王公义．中国澳大利亚“纠纷解决替代机制与现代法治”研讨会论文集．北京：法律出版社，2003.

[2] 梁平，陈焘．论我国知识产权纠纷解决机制的多元构建［J］．知识产权，2013（2）：54－58，88.

面效应。对于一些大型企业和机构，甚至会导致市场竞争力的减弱和股票行情的波动。很多时候，社会大众对与知识产权有关的当事人及裁判结果难以保有客观公正的心态，正如有的学者总结的那样，“当事人双方将争议付诸法院解决时，对于双方当事人之时间、精力、名誉、商誉、伙伴或客户关系会造成一定损害”[1]。通过上述两点分析，可以看出，知识产权诉讼的公开性显然与知识产权权利人希望纠纷具有保密性的利益需求是不相符的。

（三）知识产权诉讼的非专业性与知识产权纠纷专业性的矛盾

知识产权纠纷很重要的一个特点就是专业性。知识产权纠纷涉及面极为广泛，包括文学、艺术、科学、商业等众多领域。每一个案件都会进入一个十分具体的专业科技领域。[2] 再加上知识产权保护的是无形智力创造成果和经营管理成果，传统有形财产案件中侵权判定和认定方法往往难以适用。[3] 不论是从知识产权本身特性还是从法律适用角度上来看，知识产权纠纷的解决相较于普通民商事纠纷而言都更难把握和认定。因而，知识产权纠纷需要既有专业知识背景又具有法律知识的专业人士，只有这样才能高效、准确地解决纠纷。知识产权诉讼对于审理案件的法官而言有着极高的要求。法院的法官一般都具有良好的法律素养，但是面对知识产权纠纷，往往却不具备相应的专业性背景，即非相关专业科班出身。法官对知识产权专业知识的缺乏，很有可能会导致

[1] 杨涛，杨斌．知识产权仲裁制度的困境与出路［J］．电子知识产权，2011（12）：80－83.

[2] 童兆洪．民营企业与知识产权司法保护［M］．杭州：浙江大学出版社，2006.

[3] 李宗辉．论知识产权案件的替代性纠纷解决机制［J］．暨南学报（哲学社会科学版），2015，37（2）：84－91.

审判结果的不公正。实践中，因为法官不具备技术背景而导致知识产权纠纷诉讼发生不公平裁判，是一个比较棘手的问题。[1] 这种裁判结果的不公正，也同样不符合当事人将纠纷提交法院审理的初衷，同时会损害司法的公信力，给当事人和法院都造成不必要的损失。

（四）知识产权诉讼的对抗性与当事人的多元化需求不匹配

知识产权纠纷中，当事人利益选择是多元化的。一方面，知识产权的权利人可以通过诉讼等手段获得针对知识产权侵权行为的赔偿，另一方面也可以基于长远的市场效益考虑，在市场中与侵权人合作。在知识经济时代，对权利人而言，对知识产权的经营与管理在某种意义上比单一诉讼的胜诉更重要。[2] 由此可见，知识产权权利人的最终目的在于通过知识产权获取利益，而并非单纯地惩罚侵害知识产权的对方当事人。从某个诉讼的结果来看，可能会使一方当事人占据上风，从中获得利益。但是从长远的角度来看，知识产权诉讼这种激烈的对抗性会加剧双方当事人之间的冲突和紧张气氛，破坏双方当事人之间合作的基础和可能性，最终导致双方当事人的利益都受到伤害，甚至损害消费者的合法利益，使之成为没有赢家的“零和博弈”。这显然不利于技术的进步和对公共利益的保护，也与知识产权纠纷寻求合作的基本特性不相符合。[3]

提及知识产权诉讼，就不得不提到与诉讼紧密相连的一项制

---

[1] 倪静．知识产权仲裁机制研究［M］．北京：法律出版社，2013．

[2] 刘友华．知识产权纠纷解决策略研究：一种博弈论视角［J］．知识产权，2012（8）：38－46．

[3] 李宗辉．论知识产权案件的替代性纠纷解决机制［J］．暨南学报（哲学社会科学版），2015，37（2）：84－91．

度，即知识产权诉讼调解。调解制度本身是诉讼外纠纷解决机制中重要的一环，也在知识产权纠纷解决中占据着重要的位置。但是，基于某些原因，知识产权诉讼调解在很大程度上出现了异化的情况。[1] 调解制度应当是建立在当事人自愿的基础上的纠纷解决方式，但是诉讼调解在很大程度上背离了调解的中立性本质和自愿性原则，一些法官被调解率“绑架”，积极地运用自己的资源与影响，利用当事人对知识产权知识的匮乏，迫使当事人选择调解的方式结案，从根本上剥夺了当事人对纠纷解决方式的程序选择权。[2] 脱离诉讼的语境来审视民间调解也存在一些问题，比如说双方当事人签订的调解协议仅相当于民事合同，不具有强制执行力，需要经过烦琐的法律程序才能成为执行名义等。

总而言之，不论是知识产权诉讼本身，还是由其引申出的诉讼调解，都存在无法逾越的制度性问题。虽然知识产权诉讼在知识产权纠纷解决中仍然占据主导地位，但是由于其固有的缺陷，显然知识产权诉讼并非解决知识产权纠纷的最佳选择。

二、知识产权纠纷行政解决的困境

知识产权的行政保护是我国知识产权保护制度的特色之一。目前，我国知识产权行政机关解决知识产权纠纷的方式可以划分为行政调解和行政裁决两大类。[3] “双轨制”的处理模式在历史上对于提高我国知识产权保护水平和分担诉讼压力起着不可或缺的作用，但是，近年来对大部分知识产权纠纷而言，通过行政手段

---

[1] 沈伟. 我国知识产权纠纷多元化解决机制研究［J］. 电子知识产权，2015（8）：50－57.

[2] 刘友华. 我国知识产权纠纷诉讼解决的现状及评析［J］. 知识产权，2010，20（1）：52－59.

[3] 倪静. 论我国知识产权争议多元化解决机制的构建［J］. 电子知识产权，2011（12）：84－88.

解决知识产权纠纷的问题也不断暴露，主要有以下几点。

（一）知识产权纠纷行政解决中效率与公正价值失衡

知识产权纠纷行政处理中一个很重要的制度优势就是其纠纷解决的高效性。以专利权为例，2015 年修订的《专利行政执法办法》规定，一般的专利侵权纠纷案件需要在立案后 3 个月内完成结案，复杂疑难的案件可以延长 1 个月，即专利侵权案件应在 4 个月内完结。[1] 这与动辄 5 年、10 年的知识产权诉讼相比较而言，的确在很大程度上节省了当事人的纠纷解决时间，降低了知识产权纠纷解决的成本。但是，对于行政解决知识产权纠纷的高效性应辩证看待。前文在论证知识产权诉讼的不足时，就已经涉及知识产权纠纷解决的专业性和复杂性。在专利侵权中，侵权判断（特别是发明专利）需要取证、质证、技术事实认定、对比被控侵权产品与权利要求等程序，涉及的技术面广泛，法律关系复杂，而且在程序上还需要给予被控侵权的一方当事人答辩时间。[2] 因而，针对知识产权纠纷 4 个月内解决的要求，很可能会造成因追求效率价值而忽视公平价值的情况。故此，有学者指出，“正因为对效率的追求，行政执法过程中通常较为随机、程序较为简单，较之司法诉讼较为完整和严密的程序，其处理结果的正确性和公平性不如司法诉讼有保障”[3]。当事人在纠纷解决的程序选择上固然青睐高效、便捷的解纷方式，但是更希望得到公平与公正的裁决或判决。在现代社会中，效率与公正价值是不论行政还是司法程序都

---

[1] 《专利执法行政办法》第 21 条：“管理专利工作的部门处理专利侵权纠纷，应当自立案之日起 3 个月内结案。案件特别复杂需要延长期限的，应当由管理专利工作的部门负责人批准。经批准延长的期限，最多不超过 1 个月。”

[2] 刘银良．论专利侵权纠纷行政处理的弊端：历史的选择与再选择 [J]．知识产权，2016 (3)：33 - 44.

[3] 李永明，郑淑云，洪俊杰．论知识产权行政执法的限制——以知识产权最新修法为背景 [J]．浙江大学学报（人文社会科学版），2013，43 (5)：160 - 170.

应当追求的价值，二者不可或缺。为了追求效率而忽视公正价值的实现，不但没有意义，还有可能引发其他矛盾，带来本可避免的社会成本。

（二）知识产权行政解决并非终局性解纷方式

知识产权纠纷的解决中，除针对权利效力问题的判断之外，一般而言，行政机关的介入都并非最终的解纷手段，只是救济链条中的一个环节。[1] 事实上，行政解决在很多情况下也的确不能为知识产权纠纷解决画上圆满的句号。以专利侵权为例，根据现行《专利法》[2] 的规定，专利行政机关对侵权行为是否存在和责令停止侵权享有行政裁决权，但是面对侵权行为人不履行行政裁决结果的情况，行政机关仍然需要向法院提交申请，由人民法院强制执行，这就延长了行政解决的时间。而且行政机关针对侵权赔偿的问题不能够行使裁决权，需要进行行政调解，也就是说，针对一个侵权行为，仅在行政机关内部就需要两个程序同时运行，行政裁决并不能一次性地解决问题。行政调解是一种服务性的行政事实行为，不能直接产生法律效果，行政调解协议的效力也存在不确定性。[3] 对行政调解结果不服的，需要另行提起民事诉讼，而对行政裁决不服的，也需要提起行政诉讼来对权利进行救济。行政解决方式尽管本身比知识产权诉讼耗时短、成本低，但是由于其不具有纠纷解决的终局性效力，当事人很大程度上还是需要借助司法的力量最终解决纠纷，这就相当于当事人在漫长的诉讼中

---

[1] 周亦鸣．知识产权纠纷的多元化解决机制建构［J］．人民论坛，2012（14）：72－74.

[2] 《专利法》第70条："国务院专利行政部门可以应专利权人或者利害关系人的请求处理在全国有重大影响的专利侵权纠纷。"

[3] 何炼红．论中国知识产权纠纷行政调解［J］．法律科学（西北政法大学学报），2014，32（1）：155－165.

又叠加了行政解决的时间和金钱成本，“在经历了行政机关的行政裁决、行政诉讼这一漫长的过程后，当事人和行政机关企图及时、高效、低成本地解决民事纠纷的意图无疑会落空”❶。这使得行政解决相较于诉讼或仲裁而言，不具有绝对优势。

（三）知识产权行政解决容易成为非法竞争手段

行政解决在程序上的灵活性是其在纠纷解决上的优势，但是任何事物都应当一分为二地看待。知识产权纠纷行政解决体现了法律对知识产权权利人的保护，但是也有可能造成权利的滥用，权利人可以通过虚假举报等方式限制、阻碍竞争对手的正常生产活动。“因为知识产权行政执法缺乏针对知识产权诉讼那样严格的限制条件，对立案的标准没有切实的规定，所以一般要求行政机关进行干预的请求都能实现，也因此在实践中存在着大量的虚假诉讼。”❷然而，这却往往使行政机关在经历了大量的调查取证和烦琐工作后，才发现所谓的侵权事实并不存在，造成公共资源的浪费。知识产权纠纷的行政处理也可能成为规避诉讼的手段，早在20世纪90年代，就有当事人试图通过行政权对知识产权的保护，而逃避诉讼中举证责任和败诉风险的情况出现。❸ 这种对行政处理方式的滥用除了增加知识产权的行政成本，也可能导致知识产权管理制度的紊乱，扰乱正常的市场经济活动。

从国际知识产权纠纷的角度来看，有学者认为，知识产权行政保护会给域外国家和当事人以错误的信号，当事人往往放弃正常的救济途径，一味要求国内知识产权行政管理机关对知识产权纠纷进行处理。甚至个别国家以国家实力为背景要求我国政府干

---

❶❷ 李永明，郑淑云，洪俊杰．论知识产权行政执法的限制——以知识产权最新修法为背景［J］．浙江大学学报（人文社会科学版），2013，43（5）：160－170.

❸ 冯兆蕙，冯文生．专利案件处理程序中民事审判权与行政执法权的冲突与调谐［J］．河北法学，1998（5）：4－10.

预正常的立法和司法及行政程序，如若不然就以保护不利动辄批评我国的知识产权保护制度。[1] 这种对我国知识产权保护模式的横加干预，也是以行政保护为手段达到自身竞争目的的行为。行政解决本身的意义在于保护知识产权的合理合法使用，避免针对知识产权的违法和侵权行为，但是这种利用知识产权行政解决的方式显然不利于我国知识产权制度的向好发展。

（四）知识产权纠纷行政解决与司法救济衔接不畅

我国的知识产权"双轨制"保护模式有其设立的特定时代背景，在制度设立初期确实符合我国知识产权保护的实际状况，也与诉讼可以实现制度上的优势互补。但是随着制度的不断革新和发展，知识产权行政解决和司法救济之间也存在内在冲突。例如，在侵权判断的标准上可能会有不一致的情况；也有行政处理程序与司法程序结果上的冲突；两种纠纷解决方式在适用上的重复等。典型的就如上文在论述行政与仲裁程序衔接困境时所提到的，最高人民法院关于《关于审理专利纠纷案件适用法律问题的若干规定》第 19 条[2]的相关规定。对此，有学者总结到，"司法机关对行政处理的结果认可度不高，纠纷进入司法程序后，行政机关前期对解决纠纷所进行的行政执法活动很可能是无用的。法院对行政机关裁决的案件基本上采取全盘否定的态度，行政裁决与司法审查两者间缺乏衔接和协调"[3]。行政解决和司法救济的模

---

[1] 李顺德．关于加强知识产权行政管理和行政执法的思考［M］//中国社会科学院知识产权研究中心．中国知识产权保护体系改革研究．北京：知识产权出版社，2008.

[2] 最高人民法院关于《关于审理专利纠纷案件适用法律问题的若干规定》第 19 条："人民法院受理的侵犯专利权纠纷案件，已经经过管理专利工作的部门做出侵权或者不侵权的认定，人民法院仍应当就当事人的诉讼请求进行全面审查。"

[3] 李永明，郑淑云，洪俊杰．论知识产权行政执法的限制——以知识产权最新修法为背景［J］．浙江大学学报（人文社会科学版），2013，43（5）：160－170.

式在实际应用中是功能重复的，违背了制度设立之初，二者之间相互协调、相互尊重的目标，易造成行政资源的浪费和行政成本的增加。

综上所述，不难看出知识产权纠纷的行政解决方式也并非最佳模式，在知识产权纠纷多元解决机制不断发展的背景下，行政保护模式的存废或者完善也确实是理论界和实务界应当重点考虑的问题。

三、知识产权仲裁的优势

前文已经充分论述了知识产权纠纷诉讼和行政解决的弊端和不足，那么针对知识产权纠纷的解决，有必要引入并扩大适用一项能够弥补诉讼和行政解决问题的解纷方式。仲裁制度具有多种优势，与知识产权及知识产权纠纷的特点有着天然的契合性。综合分析，知识产权仲裁的优势主要有以下几点。

（一）知识产权仲裁的高效性和灵活性

可复制性和无形性是知识产权的基本特性，因而针对知识产权的侵权损害会在短时间内迅速扩大，再加上互联网的光速传播，使侵权产品或作品可以在瞬间散布世界各地。以著作权为例，非法的复制品一旦被制造出来就能够快速地在市场上流通，权利人想要消除侵权行为带来的负面影响基本上是不可能的。可以想见，快速解决知识产权纠纷，防止损害结果的扩大对权利人而言何其重要。

仲裁制度所具有的优势则可以很好地解决知识产权诉讼时间冗长的弊端。一方面，知识产权仲裁的程序更为精简高效。一般情况下，仲裁适用一裁终局的模式，这优化了纠纷处理所需要的程序，减少了当事人的诉累和时间成本。此外，知识产权仲裁机构还可以通过规则设置，进一步缩短知识产权纠纷的解决时间。

例如，世界知识产权组织调解与仲裁中心就设立了“快速仲裁”程序，该程序规定举行听证应当在收到请求答辩书和答辩状后30天内进行，除非有特殊情况，听审不应超过3天。[1] 类似的程序设置为案件的处理时间规定了严格的期限，保证了知识产权纠纷解决的高效性。另一方面，知识产权诉讼因为公权力的解纷特性，在程序和法律适用上都有着严格的规定和限制，当事人和法官均不能进行更改。知识产权仲裁则不然，“意思自治”贯穿仲裁制度全过程，对于某些特定程序的存废可以通过协商方式确定。当事人可以对纠纷发生后适用何种法律解决争议事先进行协商和约定，同时仲裁庭在裁判依据的适用上也具有相当的灵活性，不但可以依据法律进行裁判，对行业惯例、交易习惯甚至公平合理的原则都可以进行适用，且该裁决是合法有效的，是能够得到执行的。[2] 这充分体现了知识产权仲裁的灵活性，当事人的这种自主选择权不但能够节省纠纷解决的成本，同时也弥补了法律的滞后性，而且由于程序和法律是当事人合意的结果，在某种程度上也比法院的司法裁判结果更容易让当事人接受和执行。

（二）知识产权仲裁的保密性

知识产权纠纷的保密性对当事人而言相当重要，但不论是诉讼还是行政解决都不能确保纠纷的解决限于双方当事人之间而不被第三人知晓。在知识产权仲裁中保密性则是其十分显著的一个优势特征，只要当事人之间没有订立相反的约定，有关知识产权纠纷仲裁的审理过程和裁判结果都是可以保密不向社会公众公开

---

[1] 《世界知识产权组织快速仲裁规则》第49条第2款：“开庭应当在申请人收到答复书和答辩书后30日内进行。仲裁庭应当将开庭的日期、时间和地点适当提前通知当事人。除特殊情况外，开庭不应超过3日。当事人应当争取让仲裁庭充分理解争议所需的人员在开庭时一并到场。”

[2] 张建华．仲裁新论［M］．北京：中国法制出版社，2002.

的，我国《仲裁法》对此就有明确的规定。[1] 而且与涉及商业秘密的诉讼仍然需要公开宣判不同，知识产权仲裁的保密性不但贯穿纠纷解决全过程，甚至即使在仲裁程序结束之后，仲裁当事人仍然需要承担保守商业秘密的义务。[2] 除此以外，需要对仲裁程序和结果进行履行保密义务的主体，也不仅限于双方当事人。例如，中国国际经济贸易仲裁委员会就在其仲裁规则中规定，仲裁的代理人、翻译人员、证人、专家证人、鉴定人甚至仲裁员和仲裁委的秘书都必须履行保密义务，不得向外界透露与争议有关的实体或程序情况。[3] 就需要保密内容范围而言也十分宽泛，一般包括与仲裁有关的证据、命令、裁决以及申请文件，甚至纠纷本身也是保密义务涉及的范围[4]，甚至有一些仲裁规则规定当事人只要认为提交仲裁的资料信息需要保密，就可以请求仲裁庭将其认定为商业秘密并严格限制披露的范围，并且与此相关的知晓者都需要签订一份保密义务承担书。[5] 除了一般性的保密义务以外，在知识产权仲裁中，仲裁机构也规定了针对专利专有技术保护的特别规定。[6] 由此可见，仲裁制度对保密措施规定的严密性和彻底性，而保密性的特性则能很好地解决商业秘密的泄露和商业信誉损失的

---

[1] 《仲裁法》第40条："仲裁不公开进行。当事人协议公开的，可以公开进行，但涉及国家秘密的除外。"

[2] 徐家力．知识产权纠纷的仲裁解决［J］．贵州警官职业学院学报，2012，24（3）：10－14.

[3] 《中国国际经济贸易仲裁委员会仲裁规则》第33条第2款："不公开审理的案件，双方当事人及其仲裁代理人、证人、翻译、仲裁员、仲裁庭咨询的专家和指定的鉴定人、仲裁委员会秘书局的有关人员，均不得对外界透露案件实体和程序的有关情况。"

[4] 倪静．知识产权仲裁机制研究［M］．厦门：厦门大学出版社，2013.

[5] 左冰，刘家瑞．论国际商事仲裁在知识产权领域的运用［J］．国际贸易问题，1999（10）：56－61.

[6] BORN G. B. International Commercial Arbitration in the United States：Commentary& Material［M］．Boston：Kluwer Law and Taxation Publishers，1994.

问题，提高对知识产权的保护水平。

（三）知识产权仲裁的专业性

知识产权纠纷涉及大量的非法律知识的专业问题，所以对裁判者较之于一般的纠纷解决而言有更高的要求，但是不论是诉讼还是调解抑或其他的解纷方式都很难满足专业性的需求。而在仲裁制度中，仲裁员可以由当事人协商选定，双方当事人可以依据所涉纠纷的技术特征，有需求倾向性地选择在这一领域内具有专业知识和纠纷解决经验的仲裁员进行仲裁，并且由于仲裁员是当事人在共识基础下合意选择的结果，相对而言结果也更具有“公正性”，对于争议解决的结果双方当事人也更为乐意接受。仲裁员一般都具有良好的专业素养和经验，通常情况下也能够熟练地适用程序和法律规则，合理合法地解决当事人之间的争议，且在一定程度上可以很好地避免司法权或行政权对仲裁的横加干预以及由于法律规定不充分而导致争议解决不理想的情况，使知识产权纠纷的解决更符合当事人的实际需求。“仲裁员由于受到当事人的指派一般都能得到当事人的信任，且对纠纷所涉的领域有充分的了解，在审理过程中也不必拘泥于刻板的法条可以灵活运用，在这种情况下仲裁员所作出的裁决可能比诉讼裁判更容易解决实际问题。”[1] 且随着仲裁解决知识产权纠纷的普及，各个仲裁机构也陆续建立了知识产权仲裁员的专家库，帮助当事人选择更为适宜的仲裁员来解决纠纷。目前世界上许多仲裁机构都提供按照专业领域分类的仲裁员名册，当事人可以非常容易地按照争议所涉及的专业领域找到可靠的专业仲裁员。[2] 例如，WIPO 的调解与仲裁中心就在全世界范围内收录了大量可以担任仲裁员或调解员的杰出专家的资料。

---

[1] 谷口安平．程序的正义与诉讼［M］．王亚新，刘荣军，译．北京：中国政法大学出版社，2002.

[2] 倪静．知识产权仲裁机制研究［M］．厦门：厦门大学出版社，2013.

总之，仲裁员的专业背景与知识产权纠纷的专业性相当符合，仲裁员选任的保障措施也越来越到位，由此看来，仲裁裁决比之司法裁判而言可能更具有可预测性和可接受性。

（四）知识产权仲裁的中立性和国际化

一方面，知识产权具有国际性，因而知识产权纠纷就有可能涉及多个国家和地区，具有高度涉外性。而诉讼显然是一国国内法所规制的纠纷解决方式，由于知识产权与社会公共利益的紧密联系，所以当事人在提交诉讼解决争议时都会有所顾虑，担忧会有偏见和地方保护主义的出现以及可能存在的司法腐败现象。“通过诉讼来解决涉及国际交易的纠纷就是这样内在包含不平等的可能。”[1] 而知识产权仲裁机构具有相当的独立性和非政府性，仲裁制度的中立性为跨国知识产权纠纷的解决提供了一种理想的模式。而且相较于诉讼，仲裁的管辖权是非强制性的，它是建立在双方当事人协议的基础上的。只要当事人合意由某一仲裁机构对双方当事人所涉及的知识产权纠纷进行管辖，仲裁庭即享有独一无二的管辖权。当事人可以进行协商以确定一个双方当事人都信任的仲裁地进行仲裁，这就避免了人际关系网络对纠纷解决的影响，更能够体现仲裁的中立性。另一方面，不论是仲裁还是诉讼抑或其他纠纷解决方式，都有可能面临执行的问题，即使是国内知识产权纠纷有时也需要到外国申请执行。而针对一国的司法裁判结果，一般都需要国家与国家之间签订双边或多边的司法协助条约才能执行，并且诉讼的裁判结果涉及一国的司法主权，在很多时候并不能得到良好的执行。但是仲裁则不然，仲裁因为其中立性，一般情况下裁决结果都能够得到普遍的认可，且 1958 年联合国通

---

[1] 谷口安平．程序的正义与诉讼［M］．王亚新，刘荣军，译．北京：中国政法大学出版社，2002.

过的《纽约公约》规定，除例外情况，所有的缔约方都有义务承认并执行在其他缔约方作出的裁决，而该公约包括我国在内已有157个缔约方，由此仲裁裁决的效力显然更具有国际性，也更有利于知识产权纠纷的实际解决。

通过上文的论述，不难看出知识产权仲裁相较于其他的纠纷解决方式，与知识产权纠纷的特性更为契合，制度优势也更为明显，知识产权仲裁可以认为是目前较为适宜解决知识产权纠纷的方式。

四、知识产权仲裁的价值

价值是主体以自身的需要即“自身内在的尺度”来看待客体属性对于满足主体需要所具有的意义。[1] 人类所进行的有意识的活动，都有其内隐或外显的目的，其目的就是追求该行为自然存在的价值。[2] 知识产权仲裁制度作为一项切实可行并越来越受到重视的纠纷解决机制，必然有其对权利保护和社会发展存在的意义，总结起来，知识产权仲裁制度的价值主要体现在以下几点。

（一）彰显自治理念和实现公正目的

依据传统私法理论，遵循意思自治的原则，民事主体享有充分的自治权，对权利的使用与否和处分完全可以按照自己的意愿进行。在私法领域内保证当事人的意思自治是社会治理的基础部分，如果权利人无法按照自己的意愿去处分权利，就极有可能导致公权力对私人权利的侵犯。这种自主选择性主要体现为对实体权利的处分和对救济权利的选择及适用。知识产权作为一种私人

---

[1] 卓泽渊．法理学［M］．北京：法律出版社，1999.

[2] 王小莉．仲裁制度的效率价值与仲裁效率的提高［J］．仲裁研究，2006（4）：25－32.

财产权，自然也不例外，其纠纷解决的方式也应当受当事人意思表示支配。知识产权仲裁制度则恰好给当事人提供了除公权力救济方式之外的另一种纠纷解决方式。在知识产权仲裁中，当事人还享有选择仲裁员和仲裁程序的权利，这种选择权在一定程度上体现了法治社会中对自由民主权利的保障，即“法治社会以尊重当事人的意思自治和处分权为首要目的，法律存在的目的是给公众提供一个安全的外部环境，营造一个良好的氛围，只要不超过这个限度，当事人自身的行为及选择的结果都是受到保护的”[1]。知识产权仲裁所体现的自治理念，也有利于知识产权纠纷解决中公正价值的实现。能否达到公正的实际效果，需要从两个方面进行判定：一是客观的结果是否为事情的本身面貌；二是当事人内心是否对某项争议解决的结果承认并予以接受。由于仲裁制度设定中最重要的一项原则就是尊重当事人的意思自治，所以仲裁的裁决结果在这两个方面都有很好的体现。[2] 知识产权仲裁的选择权，一方面体现了国家权力本位向公民权利本位转变的现代治理理念，另一方面又因为这种自主选择性使纠纷解决更符合当事人心目中的公正结果，最终在心平气和的沟通中，解决与知识产权有关的纠纷，并做到真正的“案结事了”。

（二）效率价值促进科技水平创新与发展

效益是法律追求的基本价值之一，它要求纠纷解决的方式要以最小的代价取得最大的效果，而知识产权仲裁在纠纷解决的效率上比之其余的解纷方式有着明显的优势。“商人们选择仲裁的最主要原因是其具有灵活性和迅速性，符合经济学的效益最大化

---

[1] 郭晓燕．非诉讼纠纷解决方式建构缘由探析［J］．山东省青年管理干部学院学报，2008（4）：94－96.

[2] 郑布英．仲裁制度的价值与价值的实现［J］．江西社会科学，2005（7）：186－189.

原则。”❶ 事实上，追求效率是当事人选择仲裁解决纠纷的初衷，高效性是仲裁制度产生和发展的生命力所在。❷ 知识产权纠纷若是不能快速解决，极有可能会导致知识产权成为事实上的死亡权利，不能发挥知识产权本身的效用，使知识产权人丧失市场利益。市场利益是知识产权权利人的利益所在，市场的导向作用就是创新的指示灯，有市场的地方就会有创新。对未来市场的独占是激励创新的主要动力。❸ 知识产权纠纷因为其复杂性在纠纷解决上不免会牵制当事人的大量时间，使其分身乏术，难以有效地进行经营和管理。而知识产权仲裁这种纠纷解决方式的高效性能够使当事人尽快地脱离纠纷的状态，不但有利于提高经济活动运行的速度和质量，促进经济社会的向好向快发展，而且有利于权利人通过良好的经营手段，赢得市场份额，并在利益的驱动下促进知识产权的发展和创新。创新是发展的动力，知识产权的不断进步对于创造更大的经济价值以及技术的革新乃至人类科技文明水平的进步都是大有裨益的。

（三）合作与共赢理念保证社会和谐稳定

一方面，我国长期以来儒家“和为贵”的思想强调息讼止讼，中华民族也向来都有厌讼的民族心理，知识产权仲裁的非对抗性与传统的无讼精神相符合。另一方面，知识产权仲裁在一定程度上摒弃了传统诉讼和行政处理中国家本位的立场，从纠纷的实际解决角度出发，强调用多元化的手段和方式解决纠纷。对于各方当事人利益的需求都能够满足。这两点使合作共赢成为知识产权

---

❶ 黄晓慧．论仲裁的终局性与司法复审［J］．学术研究，2000（6）：97－100.

❷ 王小莉．仲裁制度的效率价值与仲裁效率的提高［J］．仲裁研究，2006（4）：25－32.

❸ 沈伟．我国知识产权纠纷多元化解决机制研究［J］．电子知识产权，2015（8）：50－57.

仲裁的基本价值取向，这种“非零和博弈”能够使当事人取得互利双赢的结果，即要么双方的情况都变得更好，要么一方情况变得更好但另一方不至于变得更糟。[1] 当一方当事人在纠纷解决的过程中不会过多损失已有的既得利益时，相应地就会放下敌意和仇视的心理，双方之间的芥蒂和摩擦也会随之减轻。当事人对于纠纷结果就会有更加宽容的接受度，从而使知识产权纠纷能够合理解决。由此，对立和冲突会越来越少，社会的和谐程度也会越来越高。相对稳定的外部环境本身就是经济发展的条件之一，而且和谐的社会环境显然能够带来更广泛的利益，知识产权仲裁这种非对抗性的解纷方式，除了有助于纠纷的双方当事人着眼于未来的市场竞争而考虑彼此的长远利益，还能够兼顾消费者权益等这一类社会公共利益的保护。[2]

综上，本节主要讨论了知识产权仲裁的合理性。首先，通过对知识产权诉讼和行政解决两种现有的主要解纷方式缺陷的详细论述，说明新的纠纷解决方式引入知识产权领域的必要性。其次，通过对知识产权仲裁制度优势的阐释，论证其针对知识产权纠纷解决的契合性及制度优势。最后，表明知识产权仲裁之于社会经济发展的基本价值，从而充分表明知识产权纠纷的适裁性。

当然，仍需要特别注意的是针对知识产权有效性纠纷，依据上文的论述，贸然将其纳入仲裁的管辖范围，很有可能导致适得其反的效果，非但不能保证仲裁制度发挥应有的制度优势，反而会损害仲裁制度既有的效益和共赢价值。因而，对这类不具有相应条件的有效性纠纷仍然要审慎适用仲裁解决。

---

[1] 刘友华．知识产权纠纷解决策略研究：一种博弈论视角［J］．知识产权，2012(8)：38－46.

[2] 梁平，陈焘．论我国知识产权纠纷解决机制的多元构建［J］．知识产权，2013(2)：54－58，88.

第三节 知识产权纠纷仲裁的局限性

诚然，相较于其他类型的纠纷解决方式，仲裁制度在知识产权纠纷的解决上有其天然的优越性。但是仲裁制度毕竟是建立在私法自治原则之上的，是当事人合意选择一个非公权力机构对有关纠纷进行处理的机制，加之其自身固有的制度缺陷以及现行法律规范的不足，仲裁制度在处理知识产权纠纷时也有难以逾越的局限性。传统意义上知识产权仲裁的不足主要体现在四个方面，分别是“公共政策”的适用、仲裁协议的前置性、一裁终局的公正性以及仲裁裁决强制力的欠缺。

近年来，民商事纠纷的可仲裁性范围本身就逐渐呈现出扩大化的趋势，因而，有越来越多的学者认为，“公共政策”对民商事纠纷可仲裁性的限制力已经越来越小，从而不再能够成为知识产权仲裁的主要障碍。[1] 故本节将仅对仲裁协议、一裁终局和执行力问题展开论述。

一、仲裁协议在先

仲裁协议，是指当事人约定将日后可能发生的或者已经发生

---

[1] 主要观点参见：张艾清．国际商事仲裁的可仲裁性问题研究［J］．贵州民族学院学报（哲学社会科学版），2004（6）：44－49；张晓玲，王文奎．国际商事仲裁可仲裁性与公共政策的关系及其演变［J］．求索，2007（3）：110－112；王军杰．国际商事仲裁特殊争议事项可仲裁性的发展趋势分析［J］．江西社会科学，2009（2）：165－168；王莹．试论知识产权有效性争议的可仲裁性［J］．电子知识产权，2003（3）：56－59；倪静．论知识产权有效性争议的可仲裁性——对公共政策理由的反思［J］．江西社会科学，2012，32（2）：176－180；陈忠谦．知识产权仲裁发展初探［J］．仲裁研究，2014（3）：1－8.

的纠纷提交给中立的第三方机构审查，由其对问题的是非进行判断并作出裁决的一种民事合同。[1] 我国《仲裁法》第 4 条[2]就对此进行了规定，只有在有仲裁协议的前提下才能将纠纷提交给仲裁机构。此外，《仲裁法》第三章还专章规定了仲裁协议，其他部分如第 5 ~ 6 条和第 58 条等也都有所涉及，也即法律条文近 15% 的规定都与仲裁协议有关，这一点充分体现了仲裁协议在仲裁制度中的基石地位。可以说，仲裁解决民事纠纷的逻辑前提就是双方当事人之间订立了合法有效的仲裁协议。[3] 在解决知识产权纠纷的过程中，仲裁制度的适用也不例外，同样需要双方当事人达成仲裁解决纠纷的合意，并形成合法有效的仲裁协议。仲裁协议的前置性对知识产权纠纷仲裁适用的阻碍主要体现在两个方面：一是是否存在合法的仲裁协议，二是仲裁协议有效与否。

一方面，部分知识产权纠纷类型难以形成有效的仲裁协议。知识产权纠纷类型中有一部分基于合同关系产生的纠纷，这类纠纷确实可以由双方当事人合意达成仲裁协议或仲裁条款，在发生纠纷的过程中提交仲裁解决当然也是顺理成章的。但是，知识产权纠纷中更多的是以诸如假冒或者盗版形式存在的恶意侵权纠纷，在这种纠纷模式下，当事人是没有事先的合同关系的，即难以在事前形成有效的仲裁协议。[4] 而事后由于双方当事人之间商业关系的恶化，对抗性的氛围使双方当事人难以在平和的环境下就纠纷的解决达成仲裁的合意。

---

[1] 王生长. 仲裁协议及其效力确定 [J]. 中国对外贸易, 2002 (2): 22 - 28.

[2] 《仲裁法》第 4 条："当事人采用仲裁方式解决纠纷，应当双方自愿，达成仲裁协议。没有仲裁协议，一方申请仲裁的，仲裁委员会不予受理。"

[3] 刘璐. 有瑕疵的知识产权仲裁协议的效力分析 [J]. 知识产权, 2005 (1): 49 - 50.

[4] 左冰, 刘家瑞. 论国际商事仲裁在知识产权领域的运用 [J]. 国际贸易问题, 1999 (10): 56 - 61.

另一方面，即使达成了仲裁协议或仲裁条款，也需要面临由于仲裁协议本身制定的不合理性而被法院判定无效的情况。以一项软件著作权侵权纠纷为例，在苏州美恩超导有限公司（以下简称“美恩公司”）与华锐风电科技（集团）股份有限公司（以下简称“华锐公司”）、大连国通电气有限公司侵害计算机软件著作权纠纷一案中，法院就以美恩公司与华锐公司之间签订的《采购合同》中并未包含前者主张的侵权行为，并不属于因合同关系导致的纠纷为由，裁定该案“不应受到该合同第 19 条有关仲裁条款的约束”，并确定“作为共同被告之一的大连国通公司并非为《采购合同》的当事人，该仲裁条款对其不具有约束力”。因此，美恩公司与华锐公司签订的仲裁条款不具有当然的约束力，即一方当事人不能以此为由向仲裁机构申请仲裁。在这类案件中，软著侵权的请求是否具有可仲裁性并不重要，焦点则在于，买卖合同中的仲裁条款的范围是否足以涵盖与合同相关的争议。显然，即使存在仲裁协议，也并非所有围绕合同的争议都适用仲裁解决。

其实问题的关键在于，仲裁制度并非一方当事人依照自身的意愿就可以直接适用的解纷方式，它必须由当事人达成共识共同选择适用，仲裁协议可以说是这种合意的具象表现。然而，基于上述两点原因，当事人在很多情况下难以事实上形成合法有效的仲裁协议，这就导致对这些争议解决十分有利的仲裁程序无法适用，即仲裁协议在先是知识产权仲裁障碍的原因所在。

二、一裁终局的公正性问题

我国《仲裁法》第 9 条明确规定了仲裁的“一裁终局”特性。所谓仲裁裁决的终局性意味着，当事人可以在一个纠纷解决程序中获得争议的最终结果，避免多个审级造成时间上的浪费和诉讼成本的无端消耗。因为符合当事人想要快速解决争端的心理以及一些知识产权较快的更新换代速度，所以一裁终局被认为是仲裁相较于诉讼方式在解决知识产权争端上的显性优势。

但是，任何制度都应当辩证看待。同样，也有观点认为，一裁终局事实上是仲裁解决知识产权纠纷的一项弱点。这种观点，前文在论证知识产权有效性纠纷不可仲裁时已经提及，但事实上，一裁终局制度所涉及的问题并非有效性纠纷独有的适用障碍，对于其他类型的知识产权纠纷而言也存在“一局定乾坤”而导致的司法救济不能、公正性不足等问题。也就是说，一裁终局的模式在作为仲裁制度高效快捷性保障的同时，也成为其针对知识产权纠纷解决整体上的制度缺陷。传统上认为一裁终局具有绝对优势，需要同时满足两个条件：一是仲裁员绝对正确不会犯错；二是即使出现错误也因为极其微小而忽略不计，并且错误的风险被对于速度和效率的追求所掩盖。❶ 但是根据知识产权纠纷的特征来看，显然不太能够满足这两点要求。一方面，仲裁员在审理案件的过程中受到外部环境和认知水平的限制，基本上不可能完全不出错，再者，前文不止一次提到知识产权纠纷的专业性，虽然仲裁员大多都具备相关行业的专业知识，但是仲裁员很难既是法律专家又是技术专家，这无疑增加了仲裁员犯错误和作出错误裁决的可能性。另一方面，如前文所述，知识产权纠纷尤其是专利权和商标权纠纷标的额往往都不低。❷ 在这种情况下，涉案当事人需要承担较大的经济风险，仲裁员错误裁判导致的后果显然不能忽略不计。

---

❶ KUNNL W. H，RUBINS N. D. Betting the Form on International Arbitration：It is Time to Offer an Appeal Option？［J］. The American Review of International Arbitration，2000，11（4）：531.

❷ 北京仲裁委员会. 中国知识产权争议解决年度观察（2021）［EB/OL］.（2021－11－25）［2022－06－25］. https：//www. bjac. org. cn/news/view？ id＝4037.

上述原因使得对裁决公正性的质疑在知识产权领域尤为显著，对于纠纷的当事人而言，如果仲裁裁决存在不公正的情况，但是由于一裁终局的特性使当事人对受损的权利和财产无法或者无法及时获得救济，加之知识产权纠纷标的额较大，仲裁制度的适用会加剧当事人所面对的资金风险，甚至会因此倾家荡产。倘若当事人在仲裁机制下无法获得理想的纠纷解决结果，那么只能将问题再次诉诸法院，以期能够得到满意的司法救济，这样会造成当事人纠纷解决成本的增加，这种情况下一裁终局所带来的便捷性反而成了制约仲裁制度发展的一个障碍。

众所周知，代表国家公权力的司法权对仲裁制度进行审查可以弥补仲裁的公正性不足，保障仲裁制度的良好发展。不论在国际仲裁还是在国内仲裁中，司法救济的方式一般都体现为对仲裁裁决的司法审查。我国《仲裁法》第 58 条[1]就明确规定了撤销仲裁裁决的基本情形。此外，主要的国际公约及英国、美国等国家的仲裁法中都体现了对仲裁裁决进行司法审查的条件与程序的规定。[2] 但是，从司法审查的结果来看，其对于裁决公正性的不足的弥补作用似乎十分有限，甚至抹杀了仲裁在解决知识产权纠纷上的一些固有优势。

---

[1] 《仲裁法》第 58 条："当事人提出证据证明裁决有下列情形之一的，可以向仲裁委员会所在地的中级人民法院申请撤销裁决：（一）没有仲裁协议的；（二）裁决的事项不属于仲裁协议的范围或者仲裁委员会无权仲裁的；（三）仲裁庭的组成或者仲裁的程序违反法定程序的；（四）裁决所根据的证据是伪造的；（五）对方当事人隐瞒了足以影响公正裁决的证据的；（六）仲裁员在仲裁该案时有索贿受贿，徇私舞弊，枉法裁决行为的。人民法院经组成合议庭审查核实裁决有前款规定情形之一的，应当裁定撤销。人民法院认定该裁决违背社会公共利益的，应当裁定撤销。"

[2] 参见《纽约公约》（1958 年）、《国际商事仲裁示范法》、《英国仲裁法》（1996 年）、《美国统一仲裁法》（2000 年）、《德国民事诉讼法》等。

首先，由于仲裁终局性原则，所以法院在对仲裁进行司法审查时，仅能对仲裁中涉及的程序性问题进行审查，并不能触及真正的核心——实体性问题，否则就不能称为仲裁制度，而与司法诉讼无异了。[1] 但是当事实认定问题出现错误时，这对于仲裁结果的公正性来说就是致命的错误。司法审查不对事实性的问题进行认定，仲裁程序又无上诉机制，在实体上出现认定错误时，当事人的权益就无法获得保障。其次，知识产权具有的跨国性质使得裁决可能涉及多个国家和地区，而每个国家和地区的国内法律又存在差异，可能会导致世界范围内仲裁裁决司法审查的冲突，同样的仲裁裁决有可能在一个国家被撤销，而在另一个国家被执行。这显然不但不能增强裁决的公正性，反而会影响仲裁裁决的权威性，也不利于当事人之间争议的解决。最后，知识产权仲裁是一项十分专业的技术性工作，前文在论证知识产权诉讼的不足时就已经说过，法官不具备相关的知识，那么由司法机关或者说是对某一特定专业完全不了解的法官对一个专业性极强的事项进行判断，必然会天然地使人产生判定结果不值得信赖的感觉。就这个裁判者来说，常有“外行人断内行事”的缺点。[2] 因而，司法审查也不能增加当事人对裁决的信任程度。

总之，一裁终局会导致仲裁裁决公正性的不足，而司法审查等救济方式也不能终极性地缓解公正性弱的问题。但知识产权是一项与社会发展和人类福祉紧密相关的权利类型，对于相关机构、企业乃至个人具有重要意义及重大经济价值，仲裁裁决的不公正在知识产权领域带来的危害可能要远大于普通的商事领域。因此，

---

[1] 倪静．知识产权仲裁机制研究［M］．厦门：厦门大学出版社，2013.

[2] 范光群．程序选择权之法理——着重于阐述其理论基础并准以展望新世纪之民事程序法学［M］．台北：三民书局，1993.

如果将这一类争议交付予没有上诉和合理救济制度的一次性程序中，当事人也可能会因为担心权利无法得到有效的保障而放弃适用仲裁来解决知识产权纠纷。正如有学者总结的那样，“尽管仲裁具有一系列相较于知识产权诉讼而言的优势，如高效性和成本节约性，但由于仲裁的救济措施和制度的不完善性，导致在纠纷涉及巨大标的额的情况下，当事人仍然选择并不经济实惠的诉讼方式，因为诉讼有完善的上诉和再审机制”。[1] 这也是一裁终局的公正性问题作为知识产权仲裁局限性的根本原因。

三、仲裁强制力较弱

虽然我国《仲裁法》对于仲裁机构的性质没有作出认定，但是在《仲裁法》第 14 条[2]确实明确了仲裁机构的独立性，其并不受行政机关的管理。因此，仲裁机构的民间性和非政府性是被普遍认可的，显然这与法院和行政机关一类的公权力机构有着本质的区别，而且其对知识产权纠纷的管辖权，也完全取决于当事人之间是否订立了合法有效的仲裁协议。仲裁协议的这种契约性特征，使得适用仲裁方式天然地缺乏诉讼和行政处理那样的强制力。这种强制力的缺乏可能会导致仲裁解决争议的能力不足，不利于仲裁制度的推广和发展。仲裁制度强制力的缺乏可以从以下几个方面分析。

第一，仲裁裁决的执行力较弱。理论上，仲裁裁决有相当于司法裁判的效力，但是执行权专属于国家司法机关，仲裁庭作为民间性的解纷机构显然不可能享有司法权专属的权力，因此仲裁

---

[1] KAPLA N, SEIGEL L. Arbitration and Intellectual Property: A Survey of Arbitration in Patent, Trademark and CopyRight Cases [J]. AIb. L. Rev, 1983 (48): 797.

[2] 《仲裁法》第 14 条：“仲裁委员会独立于行政机关，与行政机关没有隶属关系。”

裁决如果需要执行，必须由司法权对其进行全面审查。[1] 所以与司法裁判结果可以直接向法院申请执行不同，仲裁机构并不具备直接的强制执行权，在一方当事人不履行协议的情况下，当事人仍然需要脱离仲裁程序向有管辖权的法院申请，并由法院对仲裁裁决进行审查后才能真正进入执行程序，法院如果认为执行该仲裁裁决违背社会公共利益，还可以对其不予确认执行。[2] 司法权对仲裁进行监督本身无可厚非，但是这种对裁决结果执行的不直接性，使仲裁的执行力相较于诉讼结果而言明显减弱，当事人仍然要在不同的司法程序中来回挣扎，拖延纠纷的最终解决，与知识产权纠纷需要快速解决的特性不相符。如果仲裁裁决在作出后不能够及时执行，使当事人尽快地挽回损失，那么仲裁制度在解决争议方面的优势也就不再明显。

第二，仲裁对第三人缺乏强制力。除了仲裁裁决在执行上缺乏强制力，仲裁程序对除当事人以外的第三人也缺乏强制力。由于仲裁的解纷方式是双方当事人合意的结果，仲裁庭的管辖权也是由于双方当事人授权而取得，因而仲裁庭的程序和结果也仅对双方当事人产生拘束力。但是知识产权纠纷有着明显的复杂性，且知识产权本身涉及主体面广，不仅有特定主体，甚至还有不特定主体，如消费者等主体。一个争议的解决可能不止需要双方当事人在场，例如，在涉及有效性纠纷的问题上可能就需要行政机

---

[1] 张卫平．现行仲裁执行司法监督制度结构的反思与调整——兼论仲裁裁决不予执行制度［J］．现代法学，2020，42（1）：116－131．

[2] 《中华人民共和国仲裁法（修订）（征求意见稿）》第 82 条：“当事人应当履行裁决。一方当事人不履行的，对方当事人可以向有管辖权的中级人民法院申请执行。人民法院经审查认定执行该裁决不违背社会公共利益的，应当裁定确认执行；否则，裁定不予确认执行裁定书应当送达当事人和仲裁机构。裁决被人民法院裁定不予确认执行的，当事人就该纠纷可以根据重新达成的仲裁协议申请仲裁，也可以向人民法院起诉。”

关作为第三人加入，才能更好更快地对纠纷作出裁决。仲裁制度与公权力不至于产生巨大摩擦的逻辑起点即为仲裁的相对性，当事人之间就仲裁所订立的协议仅是双方当事人的合意，不能以此对第三人产生强制力，也不能以此要求第三人履行其在仲裁法上的义务。❶ 所以，仲裁庭不能当然地通知第三人加入仲裁审理，第三人也没有听取仲裁庭命令的义务。这一点对于试图一次性解决知识产权纠纷而言是极其不利的。第三人无法加入，一方面就是争议可能面临无法彻底解决的窘境，另一方面如果争议解决的结果与第三人的利益不符，当事人还可以就此提出执行异议，或者直接就此向法院诉讼。那么，这样的结果仍然背离了当事人想要快速、秘密地解决知识产权纠纷而适用仲裁制度的初衷。

第三，仲裁裁决不具有先例拘束力。仲裁制度在目前运行的过程中，由于缺乏统一的仲裁规则，以及不像司法那样需要严格的适用法律规范来解决纠纷，而是可以更为灵活地选择法律的适用，即使是在国内仲裁中，当事人双方都是内国当事人的，他们可以该国法律作为裁判纠纷的依据，也可以其他规范，包括行业规范甚至是他国法律为依据作为解决其纠纷的依据。所以，仲裁裁决并不能如司法判例一样当然地为社会公众所接受。原因在于，先前的某一项仲裁裁决并不能为后续的仲裁或者民间解纷方式设立一种能够被直接援引合适的基本模型，所以仲裁的结果不具有成为确定性先例的能力。如果当事人提交仲裁的目的在于确认知识产权的有效性、明确权利的范围和权属，从而保障知识产权不被恶意侵犯，那么仲裁对这类需求的满足可能会不尽如人意。知识产权涉案产品一般都能产生高额的利润，在利益的驱使下当事

❶ 倪静. 知识产权仲裁机制研究［M］. 厦门：厦门大学出版社，2013.

人在日后还可能会频繁地面临侵权问题，因为仲裁裁决不是必然地对其他社会公众产生效力，当事人还是需要将纠纷再次付诸司法或者仲裁的方式保护权利，对于当事人而言，不停地在仲裁或者诉讼程序中来回穿梭，是十分耗费精力和成本的负担。如此，仲裁较弱的强制力不能满足快速、低成本解决知识产权纠纷的要求。

综上所述，仲裁强制力的缺乏业已成为知识产权纠纷仲裁制度解决机制的突出障碍。因而，未来仲裁的发展需要寻求一种稳定的强制力来保障。虽然司法与仲裁之间也存在各种各样的冲突，但是不论怎样，司法权仍然是为仲裁制度提供强制力保障的最好选择。例如，可以由法院通知第三人出庭参与审理，又或者由法院对仲裁裁决进行确认，赋予其先例拘束力等。总之，仲裁强制力弱的问题需要解决，否则仲裁的优势很可能会变成劣势，从而成为仲裁解决知识产权纠纷的局限。

第四节　对知识产权仲裁受案范围的清晰界定

可仲裁性是仲裁制度的核心及基础性问题，可仲裁性贯穿仲裁制度的始终，仲裁协议的效力、仲裁机构的管辖权，以及仲裁裁决的效力和执行都取决于可仲裁性范围的厘清，其对仲裁的双方当事人和仲裁程序乃至整个仲裁制度都具有重要的意义。通过前文的分析，类型化视角下各类知识产权纠纷能否适用仲裁制度解决已十分明确，大部分知识产权纠纷都满足仲裁解决的理论要求与现实需求，但是，前文也仅是从宏观的角度论证了“能不能”的问题，关于知识产权纠纷可仲裁性应如何认定，不论是《仲裁法》还是各知识产权专门法都没有清晰界定，即便是明确了有关纠纷可以提交仲裁解决的《著作权法》也只是进行了概括式的规定。

虽然针对知识产权有效性纠纷仲裁例外情况的适用标准前文已经进行了探讨和论述，但是对于在司法实践中对各项条件如何审查和确定还是需要进一步说明。总而言之，如果不对可仲裁性在立法上进行明确的界定，也就没有客观的标准，进而也就无法确定一个具体的纠纷是否能够适用仲裁解决，那么仲裁制度无异于空中楼阁，难以在纠纷解决中发挥作用。由此，建立一套行之有效的知识产权纠纷可仲裁性认定标准显然具有重要意义。因而，本节尝试在《仲裁法》的框架下结合知识产权纠纷的特殊性，创造性地明确知识产权仲裁的立法标准，并同时确定与之相对应的司法标准，从而保证知识产权仲裁制度的实际应用。

一、知识产权纠纷可仲裁的立法标准

《仲裁法》是仲裁制度中的基本法，知识产权仲裁立法标准若需要切实地在实务领域发挥作用，离不开对《仲裁法》的解读。因此，本节从《仲裁法》中有关可仲裁性的规定入手，结合知识产权纠纷的特性，并参照国际条约和域外的相关规定，以及基础的可仲裁标准理论，对知识产权仲裁的立法标准进行建构。有关立法标准可以从主体和客体两个角度切入。

（一）可仲裁性的主体标准

2021 年 7 月 30 日，司法部发布《中华人民共和国仲裁法（修订）（征求意见稿）》［以下简称《仲裁法（征求意见稿）》］，这是对 1994 年颁布的《仲裁法》的一次重大变革，是对多年来有关仲裁法适用问题的一次集中回应，基本适应当下的争议解决形式，属于对我国仲裁制度完善和发展的有益探索。现行的《仲裁法》限制仲裁只适用于“平等主体的公民、法人和其他组织之间的合同纠纷和其他财产纠纷”。而在《仲裁法（征求意见稿）》中则拟删去“平等主体”的表述，并拟将“公民”修改为“自然人”。[1] 若按照此方案修改，意味着将来非平等主体、非公民的自然人也能接受我国仲裁法管辖，这无疑拓宽了可仲裁性的主体范围。这一修改可以说符合各国鼓励和支持仲裁发展的基本导向，也对于确定知识产权仲裁的立法标准有很重要的指导意义。基于此，知识产权仲裁也可以将非“平等主体”主体之间的纠纷作为可仲裁的标准。事实上，《仲裁法（征求意见稿）》的这一修订也与知识产权纠纷的特性相符，有利于知识产权仲裁制度的发展。一方面，“平等主体”要求的修改，使自然人、法人和其他组织等民商事主体与一国政府间的投资协议的商事部分在我国法律上具有了明确的可仲裁性。近年来，知识产权作为一项重要资产在国际投资领域的作用越来越明显，投资协议可仲裁性的确定能够拓宽争议解决的渠道，为国际知识产权投资提供更广泛的制度保障。另一方面，“公民”到“自然人”的转化也与知识产权的涉外性相匹配，特别是伴随着近几年“一带一路”建设的不断深化，我国与外资的联系势必更加紧密，去除“公民”身份的限定明显有利于知识产权国际纠纷的解决。总之，知识产权仲裁的主体标准应与《仲裁法（征求意见稿）》保持一致，即以“自然人、法人和其他组织”作为知识产权仲裁的主体。但是如前所述，针对知识产权有效性纠纷，其可仲裁的主体标准仍然应当限定在“平等主体”之间，以保证行政机关最终决定权的完整实施。

（二）可仲裁性的客体标准

2021年颁布的《仲裁法（征求意见稿）》在客体标准上除将

---

[1] 《中华人民共和国仲裁法（修订）（征求意见稿）》第2条：“自然人、法人和其他组织之间发生的合同纠纷和其他财产权益纠纷，可以仲裁。下列纠纷不能仲裁：（一）婚姻、收养、监护、扶养、继承纠纷；（二）法律规定应当由行政机关处理的行政争议。其他法律有特别规定的，从其规定。”

现行《仲裁法》第2~3条合并之外，并无实质内容上的改变，仍然是“合同纠纷和其他财产权益纠纷”可以仲裁，并在第2款中对“不能仲裁的纠纷”进行了明确规定，通过正反两方面呈现纠纷的可仲裁范围。除此以外，《仲裁法（征求意见稿）》还拟设置一项针对仲裁范围的兜底条款，即“其他法律有特别规定的，从其规定”❶。充分考虑到诸如知识产权一类的纠纷的特殊性，并为与其他法律的衔接适用留下空间。综合考量，本书认为知识产权仲裁的客体标准应当包含以下几方面内容。

第一，纠纷的可处分性标准，即纠纷的“可和解性”。一般认为，如果争议所涉及的财产或权利是当事人自己可以自由处分的，那么，国家就完全没有必要对当事人依自身需求所选择何种解纷程序或者方式进行干涉。❷ 很多国家和地区都对可仲裁性设立了可处分性标准。❸ 当事人针对一项纠纷是否具有处分性，则取决于争议解决是否会涉及国家公共政策。❹ 前文在论述知识产权纠纷与公共政策的关系时，就已经明确了一部分知识产权纠纷之所以具有可仲裁性，是因为其不涉及或者说不违背公共政策的规定。并非知识产权仲裁制度的适用可以越过公共政策的限制，也就是说，知识产权纠纷具体案件能否仲裁，其立法标准仍然应当考虑公共

---

❶ 《中华人民共和国仲裁法（修订）（征求意见稿）》第2条：“自然人、法人和其他组织之间发生的合同纠纷和其他财产权益纠纷，可以仲裁。下列纠纷不能仲裁：（一）婚姻、收养、监护、扶养、继承纠纷；（二）法律规定应当由行政机关处理的行政争议。其他法律有特别规定的，从其规定。”

❷ 马岚．争议事项可仲裁性问题之初探［J］．巢湖学院学报，2007（2）：34－36．

❸ 如西班牙法律就规定“法律允许将所有当事人具有处分权的私法案件提交仲裁处理”。1804年《法国民法典》第2059条规定，当事人得对其自由处分的权利提交仲裁。《瑞士仲裁法》第1条规定，当事人得以和解解决的事项的争议，可以通过协议提交给一名或数名仲裁员予以解决。我国台湾“仲裁法”第1条第2款也作出规定，“前项争议，以依法得和解者为限”。

❹ 倪静．知识产权仲裁机制研究［M］．厦门：厦门大学出版社，2013．

政策的影响，即与公权力“专属管辖权”直接相关的知识产权有效性纠纷、知识产权行政纠纷和知识产权刑事纠纷都不可以适用仲裁制度解决。

第二，纠纷的财产性标准。《仲裁法》在对可仲裁范围进行界定时，明确说明只有“合同及其他财产权益纠纷”才可以适用仲裁制度解决。正如有观点认为的那样，财产权利往往具有可处分性，而人身权利则不能自由处分。[1] 所以，在《仲裁法》中有关“婚姻、收养、监护、扶养、继承”等与身份密切相关的纠纷都不能进行仲裁。知识产权一般都分为人身权和财产权，以著作权为例，其中就包括署名权、发表权等著作人身权，这一类权利的人身依附性极高，不能随意进行转让，因而不具有财产性，不符合财产性的立法标准。所以，对于这种纯粹的精神性权利，暂时还不宜将其纳入可仲裁的范围。除此以外，财产性标准还应当包括具有可赔付性的内容，例如，在知识产权侵权纠纷中，权利人可能并不要求侵权人给予金钱上的给付，而是要求侵权人赔礼道歉或者停止侵害，但是这类请求具有一定的人身性，并且需要强制力的保障，显然，仲裁机构作为非公权力机构，难以对人身性的权利进行过多的要求，并且强制力较弱。在这种情况下，不具有给付内容的纠纷，如不涉外的单一型知识产权有效性纠纷等，因为不具有财产性的基本要求，暂时也不适宜纳入知识产权仲裁的范围。

第三，纠纷的合意性标准。虽然前文在知识产权仲裁局限性一节中论述了仲裁协议在先对于知识产权仲裁制度发展和适用的阻碍。但是，仲裁机构的管辖权毕竟不像司法权是与生俱来的，

---

[1] 扈媛媛．我国争议可仲裁性标准的确立［J］．司法改革论评，2009，9（00）：32－49．

必须要经过当事人的授权，仲裁庭才能对相应的纠纷进行裁决，因而双方就适用仲裁解决纠纷达成合意的意思表示是必不可少的。当然，有鉴于知识产权纠纷的特殊性，并非所有的知识产权纠纷都能够在事先达成合法有效的仲裁协议或仲裁条款。目前《仲裁法》中的确没有规定仲裁协议的例外情形，但是在《仲裁法（征求意见稿）》第2条中设置了兜底条款，这一条款为特殊纠纷的仲裁适用保留了立法空间。因此，针对知识产权纠纷，可以继续以类型化为视角，分门别类地进行讨论。一方面，对于知识产权合同纠纷而言，因为有基础的合同关系，双方当事人对于纠纷的产生应当可以预见，所以要求合同纠纷当事人之间必须订立书面的仲裁协议或仲裁条款，否则就不能满足协议的可仲裁性。另一方面，针对知识产权侵权纠纷、权属纠纷，在有基础合同的前提下，适用与合同纠纷一样的标准。但是对于事先没有基础合同关系的纠纷，则可以通过事后补正或者有证据能够证明当事人达成合意的方式来满足合意性标准。对于可以仲裁的有效性纠纷而言，其基础纠纷不论是合同、侵权还是权属，则仍然应当以书面且内容明确的仲裁协议为可仲裁的前提。

总之，仲裁法立法标准的重新架构，解决了知识产权可仲裁范围模糊的问题，有利于判断单一具体的纠纷是否可以适用仲裁的解纷方式，可以说是知识产权仲裁制度发展和扩大范围的前提，同时也为司法审查设立了标准，极大地促进了公共利益和当事人权利的保护。

二、知识产权纠纷可仲裁的司法标准

上文对知识产权纠纷可仲裁性的立法标准已经进行了详细的构建，这对于解决可仲裁性问题而言绝对是一大进步。但是，有关可仲裁性的立法仍然是普适性的，对于某一个具体的纠纷是否能够仲裁，还需有赖于特定机构对其进行审查和判断。由此，需要对知识产权可仲裁性的法律规定确定相应的司法标准，即具体地判断哪些要件符合立法标准的设定，从而根本地确定一个知识产权纠纷是否能够适用仲裁制度解决。

（一）知识产权纠纷可仲裁性的界定机关及其法律适用

有观点认为，针对纠纷是否具有可仲裁性的挑战可以在四个时间节点提出。[1] 一是被申请人一方向仲裁庭提出不可仲裁的质疑；二是在仲裁程序开始前，一方当事人主动向有管辖权的法院申请，要求对可仲裁性进行审查；三是在仲裁裁决作出后，败诉的一方当事人以不具有可仲裁性向法院申请撤销仲裁裁决；四是在承认与执行仲裁裁决的过程中以不可仲裁为由，要求司法机关不予承认和执行仲裁裁决。由此可以看出，对可仲裁性审查存在仲裁庭和司法机关两个机构。根据《纽约公约》的规定，仲裁庭对可仲裁性进行审查时依据的是仲裁协议的准据法；[2] 而司法机关在解决可仲裁性问题时一般都适用内国法中有关可仲裁性的相关规定。[3] 尽管仲裁机构和法院在对可仲裁性问题进行认定时可能面对法律适用不一致的情况，但也不能排除都适用内国法解决可仲裁性问题的可能性。在这种情况下，即使仲裁机构和司法机关

---

[1] 倪静. 知识产权仲裁机制研究［M］. 厦门：厦门大学出版社，2013.

[2] 《纽约公约》第2条第（1）款规定，当事人以书面协定承允彼此间所发生或可能发生之一切或任何争议，如关涉可以仲裁解决事项之确定法律关系，不论为契约性质与否，应提交仲裁时，各缔约方应承认此项协定。第5条第（1）款（a）：第2条所称协定之当事人依对其适用之法律有某种无行为能力情形者，或该项协定依当事人作为协定准据之法律系属无效，或未指明以何法律为准时，依裁决地所在国法律系属无效者。

[3] 倪静. 知识产权仲裁机制研究［M］. 厦门：厦门大学出版社，2013.

之间相互独立且性质不同，仲裁庭和法院在可仲裁性的问题上还是应当采用相同或类似的司法标准，以此来避免因为司法标准不同而导致的仲裁庭认定结果和司法审查结果不一致的情况，以及由此产生的仲裁公信力下降或是后续与司法制度衔接不畅的问题。

（二）知识产权纠纷可仲裁性的具体司法标准

有关知识产权纠纷可仲裁性的司法标准还是应当紧密围绕立法标准进行架构，以此来确定每一项立法标准适用的具体情形。

第一，确定仲裁主体认定的司法标准。根据上文论述，知识产权纠纷可仲裁性的主体标准应当是“自然人、法人和其他组织”。自然人和法人是法律关系中十分常见的主体，对此应当基本上不存在认定上的偏差。认定的难点在于对“其他组织”的含义之确定，即“其他组织”具体是指与自然人、法人同类同性的组织，如合伙组织；还是可以包含国家、国际组织以及类似的政治实体。依照《仲裁法（征求意见稿）》中对于“平等主体”表述的删除，仲裁的申请已经不局限于平等主体之间，国家等政治实体在我国仲裁法上应当认定为可以仲裁的主体。从国际仲裁的角度来看，国际商会等仲裁机构很早就接受过一方当事人为自然人、法人，另一方当事人为国家的仲裁案件，并且这些仲裁的裁决结果相关主体也已经依照《纽约公约》予以了承认和执行。[1] WIPO仲裁与调解中心在使用仲裁方式解决纠纷时，也要求相关国家和国际组织等作出放弃主权豁免的声明。因此将国家、国际组织等主体纳入我国仲裁法规制的主体范围内，明显也符合与国际商事

[1] CRAIG L, PARK W, PAULSSON J. International Chamber of Commerce Arbitration [M]. London: Oxford University Press, 2001.

仲裁审理以及承认执行的衔接。当然，有效性纠纷不同于此，在裁决过程中判断是否可以由仲裁庭对效力问题进行认定时，其“平等主体”的范围应当限定在法人或自然人中，涉及公权力的机关和组织不能作为有效性纠纷的一方当事人，即使是未在我国申请注册的权利纠纷，仲裁庭也不能处理一方当事人为国家或有效性纠纷，以此保证我国知识产权制度的稳定和对他国公共政策的尊重。

第二，确定可处分性认定的司法标准。如前文所述，判断当事人对某一项知识产权纠纷是否具有可处分性的关键在于其是否违反公共政策的规定，即一项纠纷只要不违反公共政策就具有可处分性，因此可处分性认定的关键在于是否违反公共政策。在国际私法学说上有关公共政策的适用有主观说和客观说两个层面的标准。[1] 主观说认为，只要与本国的公共政策在内容上不相符合即为违反公共政策；客观说则强调结果的影响，只有执行仲裁裁决的结果会切实危害本国的公共秩序才会被认为是违反公共政策。对比两种适用标准，客观说更符合当下的司法实践情况。客观说一方面保证了一国公共政策的切实实行，另一方面又对公共政策的适用加以限制，避免因公共政策过分适用而导致的对知识产权仲裁制度发展的阻碍。基于此，仲裁庭和法院应当秉持客观说的基本内涵和标准，对争议是否违反“公共政策”进行审查，认真考量公共政策对可仲裁性的影响。除此以外，国际公共政策和国内公共政策在内涵上也存在差异，二者在适用上也应当注意区分。在对具有跨国性的知识产权纠纷仲裁事项上，应着重注意国际公共政策对可仲裁性的限制，各国一般都不适用国内公共政策来否

---

[1] 刘建红．国际商事仲裁裁决司法审查中公共秩序的适用［J］．人民司法，2005（4）：26-29．

定具有国际性的争议，[1] 即只有在违反国际公共政策和我国基本法律原则时才能援引公共政策条款对可仲裁性予以否认。[2]

第三，确定财产性认定的司法标准。我国仲裁法中对财产性的表述为“合同及其他财产权益纠纷”，其中何为“财产权益”明显是对财产性进行认定的难点和重点。对何为“财产权益”可以从两个角度进行判断，一是当事人对财产权益必须具有支配权且为当事人可以自由处分的私法上的权利，一方面享有支配权的当事人可以对纠纷的解决适用何种方式达成合意，例如，在婚姻和继承中仍然有可能存在有关知识产权权属或者合同上的纠纷，但是在这种情况下当事人对纠纷解决不享有支配权，按照法律的规定，这类纠纷仍然不能适用仲裁解决；另一方面可以自由处分意味着仲裁所作出的裁决具有执行上的可能性。二是财产关系中客体与主体应当具有可分性，即并非人身依附性的权利，对这一点进行考量仍然是从保证仲裁裁决能够有效执行的角度出发。只有满足上述标准且具有可赔付性的纠纷才可以称为具有财产性的纠纷。

第四，确定纠纷当事人合意性认定的司法标准。当事人是否具有适用仲裁解决纠纷的合意主要在于仲裁协议的约定。所以合意性的司法标准也应当围绕仲裁协议的有无和效力来确定。关于仲裁协议的有无，如果一方当事人主张有仲裁协议，其余的当事人不反对的，仲裁庭或者司法机关应当认为在当事人之间存在仲裁协议。但是对于有效性纠纷而言，则必须提供书面的仲裁协议，

---

[1] 张艾清．国际商事仲裁中公共政策事项的可仲裁性问题研究［J］．法学评论，2007（6）：94－103.

[2] 刘建红．国际商事仲裁裁决司法审查中公共秩序的适用［J］．人民司法，2005（4）：26－29.

仲裁庭不能以“默认”等方式获得管辖权；如果当事人之间对仲裁协议是否存在存有争议，则应当依照“谁主张，谁举证”的标准，依靠证据对其进行判断。关于仲裁协议的效力问题，则应当依据《仲裁法（征求意见稿）》第 21 条的规定，可以从三个角度对仲裁协议的效力进行审查：一是约定的仲裁事项不得超过法律规定的仲裁范围，在审查时对人身权利纠纷和不具有给付内容的侵权纠纷约定仲裁的，应当否认仲裁协议的效力；二是仲裁协议的双方当事人均必须为完全民事行为能力人，对于与未成年人或者有精神疾病的人之间产生的纠纷应当交由司法机关或者行政机关进行处理；三是当事人做出的愿意交付仲裁机构仲裁的意思表示必须是自愿且合法的，如果存在胁迫或者受欺诈而订立仲裁协议的情况，仲裁协议无效。针对知识产权有效性纠纷，除满足上述要求外，仲裁庭或司法机关还需要审查其仲裁协议中是否存在明确清晰的允许仲裁庭就知识产权效力问题进行裁决的表述。此外，现行法律中“选定的仲裁委员会”的表述在《仲裁法（征求意见稿）》中也进行了删除，但是在仲裁协议生效问题上仍然适用的是国内仲裁和国际仲裁“双轨制”的模式，即国际仲裁协议不以确定的仲裁机构为生效要件，允许临时仲裁。[1] 而国内仲裁根据《仲裁法（征求意见稿）》第 27 条仲裁地的规定以及第 35 条有关仲裁申请和受理规定都要求有仲裁机构受理国内仲裁案件，即仍然需要确定的仲裁机构才能认定仲裁协议有效。[2]

---

[1] 《中华人民共和国仲裁法（修订）（征求意见稿）》第 91 条：“具有涉外因素的商事纠纷的当事人可以约定仲裁机构仲裁，也可以直接约定由专设仲裁庭仲裁。专设仲裁庭仲裁的仲裁程序自被申请人收到仲裁申请之日开始。当事人没有约定仲裁地或者约定不明确的，由仲裁庭根据案件情况确定仲裁地。”

[2] 毛晓飞．法律实证研究视角下的仲裁法修订：共识与差异［J］．国际法研究，2021（6）：110－126.

综上，本书从主体和客体两个角度、四个方面依照立法标准对可仲裁性的司法标准进行架构，为仲裁庭和司法机关在适用法律上设立了统一标准，以期能够辅助知识产权仲裁制度的实际应用，推动仲裁制度在知识产权纠纷解决上的发展和进步，保障知识产权纠纷解决的公正与效率，从而提高我国知识产权的保护水平。

第四章
知识产权仲裁的责任问题研究

自1995年我国《仲裁法》颁布实施以来，我国仲裁机构已超过270家。然而，大部分仲裁机构的仲裁规则只对仲裁过程作出规定，很少涉及仲裁机构和仲裁员的责任承担问题。广州、上海、武汉等地专门成立了知识产权仲裁机构的仲裁委员会，然而并没有制定专门的知识产权纠纷仲裁规则和仲裁员名单。比如上海知识产权仲裁院，其所有的知识产权争议都是依照上海仲裁委员会的仲裁规则进行仲裁的。另外，我国目前还没有关于仲裁机构责任承担问题的法律规定，关于仲裁员责任承担的法律条款只有《仲裁法》[1] 及《中华人民共和国刑法》(以下简称《刑法》)[2]，而且这两处法律规定都有很多漏洞。例如，《仲裁法》只规定了仲裁员准入机制、职业道

---

[1] 《仲裁法》第38条规定，仲裁员私自会见当事人、代理人，或者接受当事人、代理人的请客送礼的；仲裁员在仲裁案件时有索贿受贿，徇私舞弊，枉法裁决行为的，应当依法承担法律责任，仲裁委员会应当将其除名。

[2] 《刑法》第399条规定，依法承担仲裁职责的人员，在仲裁活动中故意违背事实和法律作枉法裁决，情节严重的，处3年以下有期徒刑或者拘役；情节特别严重的，处3年以上7年以下有期徒刑。

德规范等方面的措施，并没有明确界定其法律责任的性质，而且对其适用的范围和诉因也过于狭窄。《刑法》没有对“枉法裁定罪”的犯罪主体作出明确的规定，依法承担仲裁责任的人员是仅指仲裁员还是包括仲裁机构的工作人员有待确定；实践中犯罪主观方面的故意要件很难确定，缺少可操作性。犯罪客观方面关于违反事实和法律的规定，会影响仲裁员行使其自由心证的权利，削弱仲裁与诉讼的区分，可以说是悬在仲裁员头上的“达摩克利斯之剑”。由此可知，目前我国的仲裁责任体系还不完善，尤其是在知识产权仲裁中，责任承担制度更是空白。此时，明确知识产权仲裁机构及仲裁员的责任，提高仲裁质量，就显得至关重要。因此，本章将对知识产权仲裁的责任问题进行分析，破解其发展困境，提高其质量和信誉，促进其不断迈向更高的水平，并建立符合我国国情的知识产权仲裁责任追究制度。

第一节　知识产权仲裁机构的责任认定

知识产权仲裁机构是处理、监督和管理知识产权纠纷的机构，它的主要职责是根据仲裁规则的规定，帮助仲裁庭和仲裁员处理国内及国际知识产权纠纷，其责任承担主要是违反仲裁规则而引发的相关赔偿责任。目前，各国对仲裁机构的责任认定尚未作出明确的立法规定，在实践中也很少发生对仲裁机构进行问责的情况。检索我国各仲裁机构官网也没有发现任何仲裁机构发布规定仲裁机构责任的文件，我国也没有对此内容作出规定的法律条款，仲裁机构普遍缺乏自律与他律规范。广东省司法厅曾印发关于加强律师事务所管理、落实律师事务所管理责任的若干意见，推动律师事务所的责任追究制度。比拟律师事务所的责任追究机制，作为仲裁委员会的自律性组织的中国仲裁协会应尽快成立，制定规范的管理办法，对仲裁委员会及其组成人员、仲裁员的行为进行监督。

在仲裁程序中，仲裁机构的职责是管理和服务，它的责任取决于其与当事人、仲裁员的法律关系。当前，主要存在知识产权仲裁机构责任豁免论、知识产权仲裁机构责任承担论、知识产权仲裁机构责任有限豁免论三种理论学说。

一、知识产权仲裁机构责任豁免论

知识产权仲裁机构责任豁免论认为，当事人之间的知识产权纠纷主要是由仲裁庭和仲裁员具体解决。依据当事人的授权对仲裁纠纷的实体和程序问题作出公正研判和专业裁决，这在很大程度上取决于仲裁员在相关领域所具备的专业技术手段和实践处理经验，仲裁机构并没有实质性地介入当事人的争议之中，行使的是类似行政层面的管理及监督职能。同时，仲裁职能的行使不以商业利益为目的，不同于当事人购买服务的经济行为，因而不需要承担经济赔偿或其他民事责任。[1]

无独有偶，在英美法系中，仲裁机构通常享有完全的民事责任豁免。例如，《美国统一仲裁法案》第 14 条规定，仲裁员或仲裁机构在履行其职责时，与本州法院的法官一样，不承担民事责任。很明显，该法案对仲裁机构的责任采取了完全免除的态度，尽管这是一项示范法，但美国 40 多个州已经采用了这项法律。美国的司法实践中，法院也将绝对责任免除赋予仲裁机构。在奥斯汀与芝加哥期权交易所案（Austern v. CBOE）中，原告奥斯汀提

---

[1] 石现明．仲裁机构的民事责任与豁免问题研究［J］．河北法学，2011，29（3）：147－152．

出，芝加哥期权交易所在选择仲裁员和安排仲裁程序方面有过失，因此向仲裁机构提出索赔请求。美国地方法院认为，按照仲裁豁免的原则，仲裁机构可以免除其民事责任。奥斯汀认为，CBOE 的行为属于管理性或行政性行为，不应该被排除在仲裁责任承担的范围之外。美国第二巡回上诉法院维持原判，驳回了奥斯汀的请求，认为赋予仲裁员的责任豁免权应该延伸到仲裁机构，这是实施仲裁豁免制度的必要措施，否则仲裁员豁免权将成为一种形式。奥斯汀案清楚地表明了美国仲裁机构的绝对责任免除权，且美国对仲裁机构的责任免除程度高于世界各国。

从我国仲裁事业的发展状况来看，由于起步较晚，还存在诸多有待改进的地方，因此，在实际操作中难免会出现由于缺乏经验而给当事人带来损失的情况，一旦允许当事人对仲裁机构的过失提出民事赔偿之诉，将会严重影响仲裁工作的开展。在我国知识产权仲裁实践中，关于对仲裁机构进行责任追究的问题，至今仍未出现。因此，无论从立法宗旨还是从仲裁实践出发，我国采用的都应该是知识产权仲裁机构的完全豁免理论。当然，在长期发展的过程中，伴随着我国的仲裁事业发展到一定程度，仲裁机构的建设逐渐走向规范化的时候，对仲裁机构实行绝对豁免，将会使仲裁当事人的利益受到损害。

二、知识产权仲裁机构责任承担论

根据知识产权仲裁机构的责任承担理论，虽然仲裁机构的职责主要是制定仲裁规则，履行监督管理职能，并不直接干预仲裁裁决的产生和变更，但是，仲裁当事人对仲裁员的选择并非任意的，而是只能在仲裁机构或仲裁委员会指定的仲裁员中进行选择，仲裁员根据仲裁机构所指定的仲裁规则进行仲裁，仲裁结果也间接地体现了该仲裁机构的意志。另外，仲裁机构接受仲裁当事人的选择，为当事人提供解决知识产权争议的有利条件，并从当事人那里得到一定的补偿，如果当事人未按时支付仲裁费，则仲裁机构有权拒绝为其提供任何形式的仲裁，这也是一种契约关系。[1]由于仲裁机构和仲裁当事人之间的特殊关系，在仲裁当事人履行支付义务之后，仲裁机构应当为当事人提供无缺陷的仲裁服务。如果仲裁机构在提供此类服务过程中存在疏忽或侵犯了当事人的权益，仲裁当事人可根据该协议向仲裁机构提出损害赔偿诉讼。

在实践中，大陆法系各国普遍采用了知识产权仲裁机构责任承担理论，但并没有对其进行明确的法律规定，而主要源于对仲裁员责任的扩张。然而若不区别具体情形，仅将仲裁责任全部推到仲裁机构上，明显有悖于合同的权利和义务的一致性。[2] 在我国，现有的仲裁机构体系中，当事人与仲裁员之间没有直接的法律关系，仲裁员与仲裁机构之间没有上下级关系，仲裁员是否参加某一案件的仲裁，并非由仲裁委员会决定，而是取决于当事人直接或间接的指定，但当事人仅可选择仲裁机构聘任的仲裁员，仲裁当事人与仲裁员之间并无代理关系、委任关系等。仲裁员和仲裁机构也不存在从属关系，仲裁员在被指定参加仲裁案的审理后，始终以自己的名义行使职权，根据自己的专业知识进行审判和裁决。尽管在一些仲裁规则中，仲裁裁决必须经过仲裁机构的审查并公布，但这仅仅是仲裁机构对仲裁活动的一种监督，并不代表仲裁机构就一定要对仲裁员的工作承担全部责任。仲裁机构可以编制仲裁员名册，指定仲裁员，决定仲裁员的报酬，决定仲裁员的回避请求，审查仲裁员作出的仲裁决定等。在这种管理活

---

[1] 张圣翠．仲裁民事责任制度探析［J］．上海财经大学学报，2009，11（1）：32-39.

[2] 江伟．仲裁法［M］．北京：中国人民大学出版社，2009.

动中，仲裁机构与仲裁员之间的关系是一种相对独立的劳动关系。由于仲裁员并非仲裁机构的工作人员，而是其雇用的一名独立的劳务提供者，仲裁员在履行其职责时如果违反义务，应当承担个人责任，而不应将责任全部推到仲裁机构身上。[1] 当然，由于仲裁机构的过失而使双方遭受损害也是有可能的。如果仲裁机构在其职权范围内有过失，则有妨碍仲裁进程和损害各方利益的风险。基于民法的一般原理，在这种情况下，由仲裁机构承担侵权责任。总之，把仲裁责任全部归咎于仲裁机构显然是行不通的。但是，如果当事人以仲裁机构存在过失为由，提出诉讼请求损害赔偿，符合民法的公平合理原则，并且，仲裁机构对当事人的过错责任也不会使仲裁裁决失去其稳定性，可以有效地保障仲裁当事人的合法权利。

三、知识产权仲裁机构责任有限豁免论

仲裁机构责任有限豁免论是指在履行仲裁法和仲裁规则中所规定的义务时，仅对因故意或重大过失而导致的损害承担赔偿责任。即仲裁机构必须对当事人负有责任，但属于有限责任范畴，仅限于故意和严重过失两种情形。[2] 在此基础上，仲裁机构根据法律对当事人的知识产权争议行使仲裁职能，导致当事人遭受损害时，应根据仲裁机构的故意或重大过失来承担赔偿责任。

从世界范围内的仲裁立法来看，有些国家仅仅规定了当仲裁机构具有故意行为时，也有一些国家将其明确为故意或严重过失。虽然各国之间的法律规定有一定的差别，但是对于仲裁机构的责任限制，各国的认识是一致的。例如，《英国仲裁法》规定仲裁机

---

[1] 李凤琴．我国仲裁机构民事责任制度探析［J］．法治研究，2011（11）：62－67.

[2] 姜丽丽．论我国仲裁机构的法律属性及其改革方向［J］．比较法研究，2019（3）：142－156.

构对其委任或指定仲裁员的行为不负责任；[1] 对仲裁员履行仲裁职能的任何行为或疏忽都免责。[2] 但这种保护仅限于指定仲裁员的行为，并未将责任免除延伸到由于故意而导致的行为不当。《德国民法典》规定仲裁机构及仲裁员因故意行为而应当负的责任不得事先免除。[3] 按照该条款，仲裁规则中关于排除仲裁机构和仲裁员对其故意行为负有责任的条款将失效，而对过失行为的豁免则是有效的。《瑞士债法典》也对事先免除故意或重大疏忽的责任作出了限制。[4] 由此可以看出，瑞士仅免除仲裁机构和仲裁员因一般过失而应承担的责任，对其由于故意或重大疏忽所造成的后果不能予以豁免。

如果给予仲裁机构充分的豁免权，那么，当出现由于其不当行为而使仲裁当事人蒙受损害的情形时，实际上就等于剥夺了仲裁当事人寻求赔偿的救济途径，也不利于增强仲裁机构对仲裁当事人的服务意识。如果由仲裁机构对整个仲裁过程中的所有过失负责，又会导致仲裁机构在充当裁判机构角色的同时，还有可能成为民事赔偿的被告。这不仅会极大地损害仲裁机构的名誉，而且会极大地妨碍仲裁程序的正常进行，最终损害仲裁当事人的合法权益。而仲裁机构责任有限豁免论，不仅可以为当事人因仲裁机构的不当行为遭受损失时提供法律上的支持，保护当事人的最终利益，还可以保证仲裁机构的名誉。因此，在解决知识产权争议时，运用仲裁机构有限豁免的原则是比较合理有效的。当然，即使是在承担有限责任的情况下，也必须明确责任的界限，即在

---

[1] 《英国仲裁法》第 74 条规定，仲裁机构对其委任或指定仲裁员的行为不承担责任。

[2] 《英国仲裁法》第 74 条规定，对仲裁员履行仲裁职责的任何行为或疏忽免责。

[3] 《德国民法典》第 276 条规定，债务人因故意行为而应负的责任不得事先免除。

[4] 《瑞士债法典》第 100 条规定，预先免除故意或重大过失责任的合意无效。

行使职权的过程中，应当对其存在的所谓故意或者重大过失予以认定。根据我国目前的仲裁实践，仲裁机构按照仲裁协议进行仲裁，并对仲裁员及其有关工作人员进行的仲裁活动进行监督和管理。在仲裁程序中，如果仲裁机构因过错引起不适当仲裁行为，给当事人造成经济损失或其他不利影响，应在认定该仲裁机构确实有过失行为时，在规定的限度内承担有限责任；反之，若仲裁机构有明显的证据表明仲裁机构在仲裁活动中履行了适当的监督和管理职责，仲裁人员的不当行为并非由仲裁机构的疏忽或不作为引起的，仲裁机构可以免除民事赔偿和其他连带责任。

第二节　知识产权仲裁员的责任认定

我国《仲裁法》第 15 条规定，中国仲裁协会是仲裁委员会的自律性组织，根据章程对仲裁委员会及其组成人员、仲裁员的违纪行为进行监督。但是，迄今为止，我国尚未成立中国仲裁协会，对仲裁员的监督、约束以及惩戒就依赖于各仲裁委员会对其仲裁员的管理。笔者以中国仲裁网公布的各仲裁机构全称为关键词进行检索，截止日期为 2022 年 4 月 24 日，共检索到 107 家开设官网的仲裁机构。通过对这 107 家仲裁机构官网继续检索发现，共 49 家仲裁机构官网发布了针对仲裁员的规范文件，占比仅 46%，说明当前我国各仲裁委员会对仲裁员管理普遍缺乏规范文件。由于目前仲裁员的主流队伍是兼职而非专职，仲裁员中一部分是具有专业技能的人士，如建筑师和会计师，他们不一定理解和掌握法律职业的特殊要求，所以由仲裁委员会制定明确的规范文件为全体仲裁员提供指引十分必要。本研究所有结论均以这 49 份样本数据为基础。

以各仲裁机构针对仲裁员规范文件的命名角度分析，有 28 家仲裁机构命名为仲裁员守则，比如北京、上海、石家庄等仲裁机构；19 家仲裁机构命名为仲裁员管理办法，比如南京、长沙、台州等仲裁机构；而海南及衢州仲裁机构官网发布的仲裁员规范文件则分别命名为仲裁员办案操作规程及仲裁员工作守则。命名为仲裁员守则的规范文件在内容方面就侧重规定仲裁员应遵守的道德准则，规范仲裁员行为；而命名为仲裁员管理办法的文件在内容方面更侧重从管理与被管理的角度展开规定，注重仲裁员的考核及奖励管理；海南仲裁委员会将文件命名为仲裁员办案操作规程，文件内容在办案流程的规定与其他文件相比就更为详细；衢州仲裁委员会将文件命名为仲裁员工作守则，规定仲裁员工作流程的内容便占了较多篇幅。规范文件的命名是对文件内容的高度概括，不同的命名方式也体现了各自文件内容的侧重点。

对这 49 份仲裁员管理文件的主要内容进行分析，可将其归纳为仲裁员义务、仲裁员行为规范、仲裁员纪律要求及仲裁员惩戒规则等四个方面。

仲裁员义务方面，49 家仲裁机构在仲裁员的一般义务方面达成共识，共同规定了仲裁员的公正公平义务、披露义务及保密义务。仲裁员应当维护仲裁程序的诚信和公正，在任何时候以公平的方式对待仲裁参与人。仲裁员职业道德的最根本要求就是公平公正，在程序上公平对待当事人，在实体上作出公正的裁决。仲裁员在存在利益冲突的情况下进行回避，毫无疑问是消除偏袒和不公平的最根本原则，对于不构成回避事项，但是可能引起当事人对其公正性或独立性产生合理怀疑的情形，仲裁员应当予以披露。这 49 家仲裁机构虽然规定了仲裁员的披露义务，但是对于披露的时间及形式要求等方面尚未作出详细规定，需要在实践中继续深入研究。保密性是仲裁与诉讼相比较的重要优势之一，仲裁员首先应当维持仲裁过程及合议过程的保密性，并为此采取必要且适当的措施，不得利用保密信息为自己获取利益。

此外23家仲裁机构又分别规定了仲裁员的一些特殊义务。其中12家仲裁机构规定了仲裁员的业务学习培训义务，比如包头、宝鸡、南京、绍兴等仲裁委员会。绍兴仲裁委员会规定仲裁员教育培训的内容包括职业操守、仲裁理论与实务、仲裁文化等，教育培训采取讲座、研讨、调研、交流等方式进行，并将活动参与情况纳入仲裁员考核内容。南京及包头仲裁委员会不仅规定将培训情况纳入考核内容，还规定要将考核结果记入仲裁员档案，作为对仲裁员指定或奖惩的依据，与绍兴仲裁委员会的规定相比更为严格。北海及绵阳仲裁委员会则只规定仲裁员应当参加业务学习培训，对其他内容未作详细表述，显得较为简略。包头及石家庄仲裁委员会还规定仲裁员有宣传推行仲裁法律制度的义务，这也为当事人订立仲裁协议提供了便利条件。9家仲裁机构规定仲裁员需要以仲裁委员会的名义对外参加有关仲裁的会议或活动，发表文章或作讲演，必须事先得到仲裁委员会的同意，如北海、绵阳、南宁、攀枝花等仲裁委员会，且各仲裁委员会在该内容的具体规定方面的表达方式保持一致。仲裁员不得利用仲裁员身份不恰当地进行市场推广，以避免损害仲裁公平公正之形象。

仲裁员行为规范方面，各仲裁机构对仲裁员的行为规范可分为直接规范与间接规范。49家仲裁机构一致对仲裁员在庭前准备及开庭审理时的行为规范作出了要求。比如，开庭审查前应当详细审阅当事人提交的证据材料；开庭审理时要按时参加开庭、合议、现场调查及其他案件审理工作；客观、公正、耐心地听取当事人、代理人的陈述及辩论意见。各仲裁机构普遍规定庭前及庭审行为规范，也说明了其重要性。开庭前的准备程序，是整个仲裁程序的重要组成部分，是庭审顺利进行的重要基础，有利于明确争议焦点，有利于仲裁员正确判断和认定事实，有利于提高仲裁质量，对于公正、高效地解决纠纷具有重要意义。

此外，仅绵阳仲裁委员会规定仲裁员在开庭时，应注重仪容仪表，服装整洁，举止文明。大部分仲裁机构的行为规范内容只关注庭审本身，忽视了对仲裁来说同样重要的仪容仪表和行为举止，这可能会影响当事人对仲裁员的信任度，影响仲裁机构的形象，破坏仲裁的公信力、吸引力和生命力。仅衢州仲裁委员会规定仲裁员出现不熟悉相关业务等有可能影响案件审理的情况时，应主动说明情况并拒绝接受选定或指定，这也是对仲裁当事人权益的保护。如果仲裁争议事项明显超出仲裁员的知识或能力范畴时，仲裁员应当说明情况拒绝委任；在接受委任时，仲裁员应当保证有足够的时间来完成仲裁的各项程序；在仲裁案件的处理过程中，仲裁员应当以专业的方式推进，且勤勉行事、及时裁决。

仲裁员纪律要求方面，各仲裁机构共同规定了仲裁员在仲裁期间不得私自会见一方当事人、代理人；不得以任何直接或间接方式接受当事人或其代理人的请客、馈赠或提供的其他利益等要求，这是对仲裁员提出的廉洁仲裁要求，不能只重视专业能力的考核而忽略廉洁品质的鉴定。同时，这也是对仲裁员的警醒，要加强廉洁自律意识，公正办理仲裁案件，营造风清气正的绿色仲裁环境，保证仲裁队伍的纯洁性和廉洁性，为进一步提高仲裁的公信力而努力。

此外，太原和南通仲裁委员会还规定仲裁员不得向人民法院申请撤销或申请不予执行自己制作或参与制作的仲裁裁决。人民法院对仲裁程序进行监督，可以对程序上出现重大问题的仲裁裁决部分或全部撤销，可以不予执行从而否决裁决的效力，但这种监督同样需要符合程序规定，仲裁员不能代理当事人同法院接洽与仲裁相关的事宜，提出撤销仲裁裁决申请的主体必须是仲裁当事人。因为仲裁当事人与仲裁裁决的结果有直接的利害关系，仲裁裁决也决定着当事人的合法权益是否得到保护或者受到侵害。

仲裁员惩戒规则方面，这 49 家仲裁机构的惩戒规则分为予以除名、解聘和不予续聘直至解聘三种类型，但在情节严重程度、违规情节等方面的具体规定有所区别。首先，23 家仲裁机构将惩戒规则规定为除名。南宁、宁波、攀枝花等仲裁委员会将除名情形以列举方式呈现，规定仲裁员出现私自会见当事人、代理人，或者接受当事人、代理人的请客送礼，在仲裁案件时有索贿受贿，徇私舞弊，枉法裁决行为的，或者有重大泄密行为等情况的，仲裁委员会应当将其除名；丽水、湖州等仲裁机构则规定若仲裁员出现违反管理办法的规定，情节严重的，则将其除名。其次，19 家仲裁机构将惩戒规则规定为解聘。宝鸡、德州等仲裁委员会规定出现违反管理办法情形时直接解聘，并没有区分情节严重情况。南京仲裁委员会规定仲裁员出现违反仲裁员管理办法的情况，对于情节严重的，将予以解聘；而泰安仲裁委员会则规定仲裁员多次出现违反仲裁员守则的情况时将其解聘。最后，7 家仲裁机构将惩戒规则规定为不予续聘直至解聘。绵阳仲裁委员会规定仲裁员出现违反仲裁员条款规定的情况时将不予续聘直至解聘；北京、上海、泸州仲裁委员会规定仲裁员违反仲裁员条款规定的将根据情节轻重不予续聘直至解聘，与绵阳仲裁委员会的规定相比更能根据违规情节分别处理。

可以看出，各仲裁委员会的惩戒规则不仅在具体方式方面存在差别，个别仲裁委员会还对情节轻重或是否属于多次违规作出规定，不同违规情节对应不同程度的惩戒规则，更能达到因地制宜的效果，从而避免惩戒规则的泛化。

经过上述分析可知，有仲裁员管理规定的49家仲裁机构，涉及仲裁员责任承担的内容有将仲裁员予以除名、解聘和不予续聘三种纪律责任的情况，其他内容只是规定仲裁员义务、行为规范及纪律要求，对于仲裁员的法律责任方面完全没有涉及，我国关于仲裁员责任承担的法律条款只有《仲裁法》及《刑法》，而这两处法律规定也存在诸多漏洞。仲裁亦是司法制度的一个部分，仲裁员亦是法律职业共同体中的一员。仲裁员的责任问题，事关仲裁裁决的公平公正，事关仲裁的公信力，也事关社会公众对于国家司法制度的整体评价。仲裁的生命在于仲裁员，各仲裁委员会有必要建立严格且具有约束力的仲裁员管理办法，详细规定仲裁员的准入门槛或任职资格要求、设置仲裁员品格和专业水平的考量标准、对仲裁员的职业行为进行指引。

在知识产权仲裁中，知识产权仲裁员是对仲裁当事人提出的知识产权争议作出裁决的中间裁判者，是仲裁程序的主导。知识产权仲裁是否完整、是否合法，在很大程度上取决于知识产权仲裁员制度的健全以及仲裁员的独立性和公正性。关于仲裁员是否应该为其在仲裁活动中履行职责的行为承担责任的问题，目前大致存在三种相关理论，以下将予以详细阐述。

一、知识产权仲裁员责任豁免论

基于仲裁的司法属性，知识产权仲裁员责任豁免理论把仲裁作为一种准司法行为，突出了仲裁员的特殊地位，从而赋予了仲裁员的豁免权。这一观点认为，仲裁机构中行使仲裁职能的仲裁员在工作内容、性质等方面与司法机关中行使审判职能的法官有相似之处，均是依照法律的规定，作出了具有一定可信度的法律决定，由此形成对双方当事人之间的知识产权争议的强制执行机制。审判与仲裁的区别在于，法官是在公众场合行使审判权，而仲裁员是在私营领域实施裁决，因而可以把知识产权仲裁员的仲裁行为视为“准司法行为”。[1] 仲裁员在仲裁过程中因疏忽或其他原因造成的裁决不公及由此造成的损害，仲裁员不承担任何个人责任。[2] 由于仲裁的目标在于快速且低成本地解决纠纷，因此，如果允许当事人滥用诉讼权利，动辄将仲裁员告到法院，让仲裁员承担法律责任，那么，仲裁的上述优势就会荡然无存，仲裁也就失去了应有的作用，反而有可能为恶意仲裁者制造了机会，故意延迟仲裁进程。仲裁员的民事责任也会让仲裁员在仲裁程序上过于谨慎，从而造成仲裁员因为害怕可能存在的法律风险而不愿意被委派，缺乏仲裁员又会大大削弱仲裁的效率，从而无法及时、有效地解决知识产权纠纷。这不仅有悖于知识产权仲裁自身的发展，也有悖于社会稳定的需要。

美国、新西兰、印度等国家以及我国香港地区，无论是在立法上还是在实践上，都为仲裁员的仲裁责任豁免权提供了有利的条件和空间，以促进仲裁事业在本国及本地区的发展。例如，《美国统一仲裁法案》第 14 条规定，仲裁员和仲裁机构在执行其职责时，与本州法庭的法官一样，不承担民事责任。《国际商会仲裁规则》第 34 条规定，仲裁员、仲裁庭及其成员，国际商会及其雇员，国际商会国家委员会等不向任何人承担与仲裁行为有关的责任。这是一种绝对豁免责任。《奥地利联邦商会国际仲裁中心仲裁与调解规则》第 8 条规定，仲裁员、秘书长、董事会及其成员、奥地利商会及其雇员在仲裁期间的任何行为或过失，只要法律允许就可以免责。该规则规定了最大限度的豁免，但是它也认识到，该条款可能受到来自国内法律的挑战。因此，该仲裁规则并未直

---

[1] 郭楠．仲裁员责任制度探讨［J］．司法改革论评，2009，9（00）：71－86．

[2] 黄志勇．试论仲裁员的民事赔偿责任［J］．求索，2004（12）：92－94．

接规定责任豁免，而是援引国内法的规定，试图寻找最大限度豁免。

知识产权仲裁员责任豁免理论最大的功效就是保证仲裁员在解决知识产权纠纷时，不受当事人的不当影响和外界因素的干扰，更加公正、有效地作出仲裁结果，提高仲裁效率，防止因恶意诉讼影响对案情研判的准确度，降低仲裁的质量。然而，该理论未能对仲裁的公平进行有效保障。如果仲裁机构的执行者在不负责任的情况下实施某种故意的不当行为，这对当事方来说是不公正的；而广义的责任豁免则会导致行使仲裁职能的人忽视履行其防范义务，从而导致仲裁的不公。

二、知识产权仲裁员责任承担论

以仲裁的契约性为基础，知识产权仲裁员责任承担论认为，仲裁应建立在双方当事人同意的基础上，仲裁员裁决的权利来自仲裁协议，仲裁关系是根据双方当事人的意志和合意建立的，仲裁员与当事人之间存在一种特殊的契约关系。在此契约关系下，仲裁员应按照双方的预期，合理地向仲裁当事人提供符合双方合同约定质量的服务，提供专业的咨询意见，并在作出仲裁裁决后，从当事人处获得报酬；如仲裁员在履行工作期间对仲裁当事人存在不正当行为，则仲裁当事人可以按照合同要求向仲裁员提出赔偿。仲裁员不像法官，更多地是以个人或仲裁机构的名义作出仲裁决定，而非作为一个国家和人民的代言人。[1] 因为大部分的知识产权争议都涉及不同的专业领域，所以在选定一位具有丰富经验的仲裁员之后，就需要根据仲裁程序，为当事人提供专业性更强

---

[1] 刘晓红. 确定仲裁员责任制度的法理思考——兼评述中国仲裁员责任制度［J］. 华东政法大学学报，2007（5）：82－90.

的仲裁服务。在仲裁程序中，仲裁员应当独立、公正、熟练地履行仲裁职责，防止因故意或过失而导致当事人遭受损害，否则，仲裁员应当对其行使仲裁职责的不当行为负责或接受相应的惩罚，以维护公平、公正的仲裁秩序。❶

一些大陆法系国家中关于知识产权仲裁员责任的规定属于承担论。例如，《奥地利民事诉讼法》规定，如仲裁员未能按时完成或未能充分履行其被委派时的义务，应对因其不当拒绝或延迟履行而导致的损害承担责任。❷《秘鲁民事诉讼法》规定，如果仲裁员接受委任后未在规定的期限内作出裁决，则应对仲裁当事人造成的损害承担责任。❸

众所周知，仲裁是复杂的程序，作为仲裁员，难免会出现一些差错，即使是最优秀的仲裁员也会有失误的时候，而败诉当事人也不会放过任何一个机会来寻求司法庇护，甚至预期败诉的仲裁当事人很有可能会故意在仲裁程序中埋下一个陷阱，然后提出撤销裁决，或者直接起诉仲裁员和仲裁机构以求推翻裁决。❹ 因此，仲裁员在进行仲裁时，如果受责任承担的压力，有可能作出与双方当事人意愿背道而驰的裁决，阻碍知识产权仲裁制度的正常发展。

三、知识产权仲裁员责任有限豁免论

在对仲裁契约性与司法性双重考虑的基础上，知识产权仲裁

---

❶ 韩健．现代国际商事仲裁法的理论与实践［M］．北京：法律出版社，2000.

❷ 《奥地利民事诉讼法》第 584 条规定，如果仲裁员不及时履行或不完全履行其在接受任命时所承担的职责，则要对由于他的错误拒绝或迟延给仲裁当事人造成的损失承担责任。

❸ 《秘鲁民事诉讼法》第 577 条规定，仲裁员在接受任职后不在规定的期限内作出裁决的应对当事人遭受的损失负责。

❹ 杨良宜．国际商务仲裁［M］．北京：中国政法大学出版社，1997.

员责任有限豁免论在一定程度上有条件地确认了知识产权仲裁员的豁免权。但通常需要对程序上的错误、恶意的不作为、故意的不法行为、重大的故意或过错等行为负责。该理论认为，仲裁首要的、本质的属性是仲裁的契约性，但由于仲裁的特殊地位，仲裁的契约性虽然被重视，司法属性也难以否认。强调仲裁的契约性，是为了将仲裁员与法官区别开来。鉴于仲裁员具有准司法性质，因此，在仲裁程序中，除尊重当事人的意志外，还应执行国家强制法，维护社会公众利益。

在实践中，不同国家在特定的情况下，对仲裁员的具体豁免情形是不同的。例如，德国仲裁员不会因为过失而对仲裁活动中的违约或违反法律的行为负责，但是，有关程序上的失误不在免责范围内，应当承担责任。[1] 法国的仲裁员由于具有司法职能，所以对那些纯粹出于对仲裁裁决不满而提起的诉讼不承担任何责任。但是，仲裁员因重大故意或过失致使其不能履行其合同义务时，应承担合同法上的法律责任。[2]《美国仲裁协会仲裁规则》规定，仲裁庭的成员和协会行政管理人员不得对根据本条例而进行的仲裁有关作为或不作为承担责任，但是由于其故意的不当行为而导致的结果除外。[3]《澳大利亚仲裁法》也有相似的条款，仲裁员可以对仲裁程序中的一般性错误和瑕疵不承担责任，但是如果仲裁

---

[1] 《德国仲裁法》第45条规定，仲裁员可享有部分的法律免责，但有关程序错误的责任不在免责范围内，基于过失产生的所有合同责任和侵权责任，仲裁员都可以经与当事人协商在仲裁合同中予以免除。

[2] 《法国仲裁法》第22条规定，仲裁员对于完全出于对裁决不满的诉讼排除责任，但是，仲裁员对于严重过错或者其他使仲裁员未能履行其合同义务的重大、故意的过错，有合同法上的责任。

[3] 《美国仲裁协会仲裁规则》第36条规定，仲裁庭的成员和协会行政管理人员不应对任何当事人就与按照本规定所进行的仲裁有关的作为或不作为负责，但因其故意的不法行为对一方当事人所造成的后果应负责任。

员是出于主观恶意，比如欺诈，就必须承担相应的法律责任。[1]

有限仲裁责任豁免是对仲裁职能行使者的一种有条件的豁免，在绝对豁免与完全责任承担之间取得了良好的平衡。首先，作为普通公民的仲裁员确实不应该像法官一样享有完全的责任免除，当事人将仲裁视为独立的终局解决纠纷的方法，并不意味着毫无保留地把自己的利益交由仲裁者处理，这种机制的建立至少可以显示出一种态度，如果出现极端情形，当事人选择仲裁并不表示当然选择司法拒绝，而是有可能得到补救。其次，知识产权责任机制有助于行业的规范化并不断完善。我国目前尚无类似律师协会这样的仲裁员自律组织，因此，仲裁员违反职业道德的越轨行为亟须确立其他法律制度进行规范。对仲裁员进行恰当的问责，有助于净化仲裁市场，让那些冒名顶替的人知难而退，同时也能有效地监督仲裁员的仲裁活动。此外，虽然我国仲裁法对仲裁委员会的独立性作出规定，[2] 但它们或多或少地与地方政府有着密切的关系，所以，在仲裁机制中引入仲裁责任制度，可以增强仲裁活动的市场透明度，降低行政上的官僚主义。最后，根据仲裁关系的契约性，仲裁员和仲裁机构有义务全面恰当地履行合同的内容，一旦其不能履行或不恰当地履行合同，则必然要负起相应的合同责任。即便是双方同意的免责条款，如果由于故意或重大过失而导致另一方的重大人身或财产损失，也不能完全免除责任。[3]

---

[1] 《澳大利亚仲裁法》第12条规定，仲裁员对于仲裁过程中出现的一般的错误和瑕疵不承担责任，但如其行为出于主观的恶意，譬如欺诈，则需要承担法律责任。

[2] 《仲裁法》第14条："仲裁委员会独立于行政机关，与行政机关没有隶属关系。仲裁委员会之间也没有隶属关系。"

[3] 王利明．合同法［M］．北京：中国人民大学出版社，2003.

第三节 有关知识产权仲裁责任的承担

目前，我国已建立了较为完备的律师队伍和法官队伍的法律责任体系。《中华人民共和国律师法》（以下简称《律师法》）专门设立了第六章，明确了律师的法律责任，包括警告、停止执业、吊销执业资格、刑事追究等不同情形的责任承担方式。对于法官的责任承担规定则更为严格。《最高人民法院关于完善人民法院司法责任制的若干意见》（法发〔2015〕13 号）中对违法审判的具体情形、审判责任的承担方式、审判责任的追究程序等内容作了具体的规定。我国《仲裁法》虽然规定仲裁员应当承担法律责任，但并没有明确规定其责任承担的类型和具体承担方式。《仲裁法》也没有规定仲裁机构应负何种责任。在我国的仲裁实践中，仲裁机构享有绝对的豁免，这在一定程度上有悖于法理精神，甚至会对仲裁员作出仲裁裁决产生一定的影响。根据我国现行的仲裁制度，当事人只能根据仲裁机构提供的名单来选择仲裁员。在这种情形下，仲裁机构在选择或委任仲裁员时，必须履行必要的审慎责任，以保证所雇用的仲裁员和其他工作人员具有实际工作经验和职业背景，并具有优良的品德，具有从事仲裁工作的能力。如果仲裁员在履行其仲裁职责时，由于故意或疏忽而做出违法、违规的行为，则由仲裁机构承担相应的连带责任。另外，如果仲裁机构在知道没有管辖权的情况下擅自接案、没有正当理由不申请保全证据、没有及时通知仲裁员回避等，也应当失去完全豁免权。通过设立仲裁机构的有限豁免责任制，有利于仲裁机构进行有效的管理、监督和仲裁服务，体现仲裁的专业、公平和正义，提高仲裁的效率和公信力。本节将主要从民事责任、刑事责任和行政责任三个层面对我国知识产权仲裁员和仲裁机构责任承担的情形和具体方式进行探讨。

一、民事责任

从知识产权仲裁的运行历程来看，仲裁行为主要有仲裁裁决行为、仲裁机构对仲裁员的监督行为以及仲裁机构的组织、运行和管理等方面的行为。通过仲裁来解决知识产权争议，通常是由当事人自己决定的，仲裁机构根据当事人的约定履行仲裁的职责，对争议案件作出裁决，仲裁活动完成后当事人支付相应的费用，这是一种服务合同。但仲裁机构既不是司法机关，也不是监察部门，不具有自然的免除民事责任的权利。因此，按照《民法典》的有关规定，如果仲裁机构在履行该义务时，违反了仲裁协议或者法律法规，致使当事人遭受损害，应当承担相应的民事赔偿责任。[1] 仲裁机构能否切实履行自己的责任，取决于其对仲裁员和仲裁活动是否确实履行了监督责任。首先，仲裁机构应当按照法定程序审查仲裁员的资格，并对其行为进行监督。如果仲裁机构在仲裁过程中因未能履行监督职责而损害当事人的权益，则该仲裁机构就违反了其合同义务，应当承担违约责任。[2] 其次，仲裁费用由仲裁委员会收取，而且仲裁机构还必须在仲裁协议上签字以确定仲裁裁决的有效性。从这一点来看，仲裁机构在仲裁员进行仲裁裁决时不履行其监督义务的，也要承担相应的民事责任。最后，由于仲裁机构工作人员与当事人不存在合同关系，因此，因其故意或重大过失而使当事人的权益遭受损害的，如仲裁

[1] 《民法典》第186条："因当事人一方的违约行为，损害对方人身权益、财产权益的，受损害方有权选择请求其承担违约责任或者侵权责任。"

[2] 罗国强．中国仲裁责任制度的发展与完善［J］．中国发展，2010，10（6）：41－47．

秘书故意泄露当事人的资料、与仲裁员或当事人恶意串通损害另一方当事人的权益，无论是具有正式编制的工作人员还是实行合同制的工作人员，在这种情况下，他们都不应当单独作为民事责任的承担主体，当事人可以请求仲裁机构与其承担连带责任，但这属于不真正的连带。[1]

如果仲裁员对仲裁当事人的合法权益造成损害，或者其侵权行为轻微不构成犯罪，则仲裁员应当承担民事责任。[2] 仲裁员承担民事责任的主观要件，应为从其作为纠纷审理者到纠纷审理完毕的整个过程中，具有主观过失，比如仲裁员未按照仲裁规则主动回避、恶意拖延裁决期限等程序性过错，以及仲裁员泄露当事人商业机密、未对相关信息进行披露等契约性过错。准确地界定仲裁员承担仲裁责任的主观要件，可以防止仲裁员因承受不起责任承担的压力而陷入困境，从而使其在准司法领域保持稳定和权威。根据《民法典》相关规定，可以对仲裁员的民事责任承担方式作出明确的界定，包括停止损害、赔礼道歉、赔偿损失、消除影响等。设立仲裁员责任制的目的在于通过一种制约机制，让仲裁员接受仲裁机构和公众的监督，树立仲裁活动专业、公正的行业形象。在我国现行的司法实践中，仲裁员对于因自己的过失而导致的损害赔偿数额，一般都是以仲裁员所能得到的报酬为标准。这一做法虽然为当事人提供了一条途径，但由于仲裁员在处理一起案件中所支付的费用与争议的标的额相比通常较低，如果当事人在合同中选定了仲裁方法，又不能同时采取司法补救措施，很可能会使当事人蒙受的实际损失远大于其所能得到的赔偿，并不能有效地约束仲裁员在仲裁活动中的恶意行为，也无法弥补仲裁当

---

[1] 王琼妮．关于仲裁员行为规范的探讨［J］．仲裁研究，2005（2）：38-45．

[2] 倪静．知识产权仲裁研究［M］．厦门：厦门大学出版社，2013．

事人的损失。[1] 此外，由于知识产权争议具有很强的时效性，仲裁员若因自身利益或因偏向一方当事人而故意延误仲裁程序，将会使另一方当事人遭受重大损失。所以，可以参照法国等国家的仲裁惯例，即根据仲裁员对当事人的损害程度来决定仲裁员的赔偿额度。如果仲裁员的过失行为没有使纠纷当事人受到实质性的损害，则其民事赔偿责任仅限于案件的给付或服务费，而不承担任何额外的赔偿责任；如果仲裁员的过失行为给纠纷当事人造成了重大损失或严重后果，仲裁员除了不能取得或应当退还收取的仲裁费用之外，还应酌情计算当事人因裁决程序而支出的成本、因仲裁延误而导致的其他经济损失。应当指出，仲裁员的赔偿责任与国家赔偿相似，对当事人的救济方式多为补偿，而非对当事人的全部损害予以赔偿。在这种情况下，可以考虑以仲裁员处理案件所获报酬的倍数为标准，给予仲裁当事人经济补偿，避免仲裁员的恶意仲裁和其他不法行为，在维持仲裁公信力的同时，又不会妨碍仲裁事业的正常发展。[2]

二、刑事责任

仲裁员在仲裁过程中，故意违反事实、违反法定程序，做出不正当行为的，除承担民事责任、被仲裁委员会除名以外，还应根据《刑法》第 399 条的有关枉法仲裁的规定，对仲裁程序负有刑事责任。一些学者认为，如果设立了“枉法仲裁罪”，势必会给仲裁工作带来一系列不利的后果。例如，会扰乱仲裁的秩序，会对一裁终局的裁决规则造成一定的冲击，从而使仲裁工作的发展

[1] 朱榄叶，刘晓红．知识产权法律冲突与解决问题研究［M］．北京：法律出版社，2004.

[2] 徐妤．知识产权仲裁的理论与实践［J］．仲裁研究，2008（1）：57－67.

受阻。[1] 面对我国的法治环境和仲裁环境的不健全，仲裁行为确实会给仲裁人带来类似律师作伪证这样的难以预料的法律风险。在司法实践中，公检法机关对仲裁行为进行全面的审查，实际上与一裁终局的原则背道而驰。仲裁的不稳定性会影响知识产权当事人自愿选择仲裁的意愿，对仲裁这样的民间活动实行严厉的法律规制，又必然会对仲裁事业的发展造成不可忽视的消极影响。

既然枉法仲裁能够被定为犯罪，则证明它的存在是合理的。这一罪名的成立也得到了广泛的支持和响应，其原因也不容忽视。首先，可以从程序公正的角度将仲裁看作准司法行为。仲裁作为一种确定争议各方当事人权利与义务的纠纷解决机制，尽管采取非正式的方式，但其本质与诉讼类似，就是要求仲裁员公正、依法裁决。根据《仲裁法》规定，仲裁员必须根据事实，独立、公平地作出仲裁裁决。如果没有公平，仲裁就没有灵魂，也就失去了它的价值。虽然仲裁员的身份地位与法官的身份地位有所不同，但其仲裁行为也是由法律规定的、受国家强制保证的决定当事人的权利和义务的行为。其次，从仲裁裁决的法律效果角度看，可以把仲裁作为一种“准诉讼”。[2] 根据这一看法，仲裁裁决与法院判决的法律效果是一样的。尽管仲裁员并非法官，但它实际行使了国家赋予的部分司法职权。在这种情况下，仲裁员的行为可以被看作一种类似诉讼的行为。所以，对于当事人来说，仲裁员的不当仲裁和法官的渎职行为所带来的实际伤害并没有本质的差别，应当用刑法来规范。再次，枉法仲裁行为存在一定的社会危害，必须对其进行法律规范。仲裁作为一种诉讼外解决纠纷的主要方式，曾经被视为一片“净土”，然而，目前我国仲裁环境不够完

---

[1] 蔡虹，刘加良，邓晓静．仲裁法学［M］．北京：北京大学出版社，2009.

[2] 杨荣新．仲裁法理论与适用［M］．北京：中国经济出版社，1998.

善，仲裁体系不够健全，仲裁过程中仍然存在一些不足。但《仲裁法》对此情形下的仲裁责任承担却没有特别的、明确的规定。这种枉法仲裁行为给社会带来了巨大的危害，已经不能用一般的民事赔偿责任来解决，而要通过法律手段进行规范，才可以实现震慑恶意仲裁行为和保护仲裁的可信度的作用。最后，我国的枉法仲裁罪不损害一裁终局的原则。立法者认为仲裁裁决可能会受到司法的实体审查，推翻目前一裁终局的仲裁规则，从而导致裁决书不稳定、无法强制执行的担心是不必要的。我国现有的法律法规和实践并未排除当事人对不公平的仲裁裁决提出异议或拒绝执行的请求，以及对仲裁裁决的审查权，事实也证明，这一审查权并未阻碍仲裁的终局性；仲裁裁决一旦作出就会产生法律效果，不必经过法院审查，而且仲裁裁决的实施是由国家强制手段来保证的，枉法仲裁罪同样不会影响一裁终局的原则。

总之，对仲裁人员承担刑事责任作出明确规定是有必要的。首先，仲裁具有双重属性，为我国设立枉法仲裁罪提供了依据。❶虽然关于“枉法仲裁”的利弊争议颇多，但其利弊却并非核心所在。关于我国是否应设置枉法仲裁罪的争论，其核心问题是仲裁的本质。如仲裁为契约性时，仲裁员和仲裁机构工作人员仅负民事责任，但在仲裁为司法性时，仲裁员和仲裁机构工作人员须在一定条件下承担与法官相同的刑事责任。在《仲裁法》中，对仲裁的性质未作明确规定。但是，仲裁的本质是仲裁制度的基础，仲裁性质能否定位准确将直接关系到仲裁制度的建设和完善。目前主要有四种学说，即契约说、司法权说、混合说和自治说。被学术界广泛接受的是混合说，即仲裁是一种既有契约性质也有司法性质的观点。早期的仲裁只有契约性，到19世纪初期，各国开

---

❶ 单国军，睢素利，吕东．中国仲裁实务［M］．北京：中国发展出版社，1998.

始把仲裁纳入自己的法制轨道，由法律对仲裁进行监督，保障仲裁的实施，使仲裁具有司法性质，而今天的仲裁则毫无疑问地分享了原本属于诉讼的部分司法权。仲裁本质上是一种合同上解决纠纷的制度，而仲裁制度最基本的特征就是当事人的意思自治。因此，契约性是仲裁的根本特征，而司法性是仲裁的一个重要衍生属性，在司法性得到法律的正式承认之前，仲裁就已经依靠其契约性成为仲裁。仲裁是由国家司法体制所支撑的一种平等的民事主体间的诉讼行为。仲裁员利用自己的法律知识为当事人解决纠纷，实质上是当事人享有合同中的法律服务。仲裁员的裁决和律师的法律意见没有本质上的区别，但是，仲裁与普通的法律服务的不同之处在于，仲裁员提供的服务是纠纷的解决，而不是咨询和代理，而且，当事人通过仲裁员提供的服务来行使诉讼中的处分权。

尽管契约性是仲裁的根本，但是并不表示司法性就一定处于附属状态。如今，仲裁行为由司法支配的现象屡见不鲜，可以说，正是由于司法性的发展，仲裁才能在众多的非诉讼纠纷解决方式中脱颖而出，成就了其在今天的重要地位。要全面了解仲裁的契约与司法性质，必须对其进行全面具体的分析。仲裁关系包括从签订仲裁协议到作出仲裁裁决的一系列程序；仲裁的内部关系包括仲裁的形式、规则、适用、审理和裁决等方面的内容，主要体现其契约性；仲裁的外部关系包括仲裁监督、仲裁裁决的确认和执行、仲裁与第三人的关系等方面的内容。在解决特定问题时，应从区分内外关系入手。当一个问题被确定为一个内在的问题时，应当把重点放在它的契约性上；当它被确定为一个外在的问题时，应当把重点放在它的司法性上。因此，从仲裁责任的问题上，我们可以发现，仲裁责任实际上是一种对仲裁的司法监督，仲裁员既要对当事人负责，还有可能要面对司法程序的问责，因此可以得出结论：仲裁责任是一种外部关系，必须从司法层面来考虑，仲裁员应该与法官一样，在某些情况下，也要承担相应的刑事责任。

其次，在中国的社会文化背景下，设立枉法仲裁罪是必要的。[❶] 在一个以自给自足的自然经济为主的农业社会里，人们的生活仅限于以家庭为基础的基本单位，而家庭中的血缘是最根本的社会关系，社会成员之间的种种关系则是家庭关系的复制品，是一种典型的家庭关系的扩展。在中国这个根植于传统文化的国度里，私人关系、血缘关系对各种社会关系、社会活动产生的冲击与影响更为常见。其实，当人与人之间的关系牵涉纠纷的解决时，必然要受两个方面的限制：一是从制度的角度来考虑，要遵守社会关系的规范；二是要顾及亲情、友情、面子等人情。在仲裁活动中，仲裁员在作出裁决时，通常会在现实和人情之间进行权衡。仲裁员因其身份多元化，在仲裁过程中往往难以脱离人情因素的影响，其与当事人之间的关系往往要比法官与当事人之间的关系更为复杂，仲裁员可能是大学教授，可能是律师，也可能是商界人士。因此，仲裁员与其学生、仲裁员与其下属、仲裁员与其同行竞争者在同一案例中的情况都有可能发生。对此，仲裁制度也不可回避。面对情感和理性的双重价值，人们往往会倾向于情感的一方。在这种情形下，仲裁员不能仅凭民事责任就能使其公正地作出判决，而应根据《刑法》的规定，对仲裁员进行制约，以公平、公正的态度对待纠纷，作出仲裁裁决。

最后，仲裁员的刑事责任不会与仲裁的价值目标相冲突。[❷] 与诉讼相比，仲裁的优势在于简单、快捷、一裁终局，但设立了枉

---

❶ 杜新丽. 国际商事仲裁理论与实践专题研究 [M]. 北京：中国政法大学出版社，2009.

❷ 林一飞. 国际商事仲裁法律与实务 [M]. 北京：中信出版社，2005.

法仲裁罪后，又担心过度的司法介入会导致仲裁的不确定，从而无法发挥其特有的优势。事实上，从仲裁的价值角度来看，仲裁的迅速、终局并不具有绝对性，虽然它比诉讼更具优势，可以节省时间和成本，但终局性和速度也需要一定的代价。如果上述两种假定都是对的，那么终局性才是普遍正面的。一是仲裁员从来不会犯错，所以终局总是有利的，但是到现在还没有人敢这样说；二是仲裁的优势是独一无二的，以至于可以容忍任何失误，或者追求快速和终局性的欲望大于裁决错误所造成的风险。因此，速度和终局性固然是优势，但是仅当胜诉时，它的价值才会体现出来，一旦出现任何的失误，那么这一优势就会荡然无存。

虽然已经设置了枉法仲裁罪，但目前在我国的司法实践中仍存在“灰色空间”，亟待对我国的仲裁员刑事责任体系进行进一步的界定与完善。首先，必须对枉法仲裁犯罪的主体进行界定。《刑法修正案（六）》将刑事诉讼中的责任主体界定为依法承担仲裁职能的人员，但在法律上没有明确地规定是哪些人。可以肯定的是，仲裁员作为负责案件仲裁的主体也一定是本罪的犯罪主体。关于仲裁委员会主任、秘书长以及专家咨询委员会成员这些主体是否能够成为枉法仲裁罪的犯罪主体，有的学者认为，这些人可以作为共同犯罪主体，但不能单独构成该罪。[1] 其次，枉法仲裁罪的犯罪客观方面应当包含以下两点：第一，仲裁内容与法律和事实相违背；第二，因仲裁内容与法律和事实相违背，最终造成重大的裁判失误。可以具体包括下列行为：对能够达到或超出证据范围的证据未予以认定的情况；对证据不足的证据进行认定；隐瞒、毁灭、伪造或妨碍证人作证；对不合法或缺乏证明力的证据进行

[1] 周铭川．枉法仲裁罪主体问题探析［J］．北京理工大学学报（社会科学版），2010，12（6）：106-111.

认定；对当事人捏造的、采用胁迫、欺诈手段取得的或提供虚假的证据予以认定。再次，应将仲裁员因疏忽或自身能力不足而导致误判的主观方面认定为过失。由于仲裁员的过失、仲裁员自身的专业水平低、当事人和非当事人之外的第三者的原因等因素应当排除。❶ 但司法实际中判断当事人究竟因为何种原因导致误判比较困难，可以参考以下几个方面作出判断：第一，仲裁员的判决有无徇私舞弊之处；第二，仲裁员有无违反法定程序的不法判决；第三，仲裁员违反法律和事实的判决是否造成严重后果；第四，仲裁庭其他成员、仲裁委员会、当事人及其代理人及其他当事人的看法；第五，仲裁员是否知道当事人及其代理人伪造、隐藏、毁灭证据或妨碍证人作证。最后，要明确仲裁员刑事责任的承担方式及追诉程序。我国《刑法》将刑罚划分为“主刑”和“附加刑”。❷ 其中，主刑的刑种包括管制、拘役、有期徒刑、无期徒刑、死刑等。附加刑的刑种包括罚金、剥夺政治权利、没收财产等。对于犯罪情节轻微的情况，可以不追究刑事责任，但要根据具体情况，责令其改正、赔礼道歉、赔偿损失，或依法给予相应的行政处罚。❸ 在主刑方面，仲裁员的刑事责任可以包括管制、拘役和较轻的有期徒刑，也就是七年以下的有期徒刑。对附加刑而言，可以采用罚金刑，在情节特别严重的情况下，还可以附带适用没收财产。现行的枉法仲裁罪追诉方法具有一定的模糊和缺陷。在我国刑法体系中引入枉法仲裁罪后，应当将追诉方式作为一项重要内容来考虑，以实现我国刑法的立法精神和刑罚目标。可以对

---

❶ 余文权．枉法仲裁罪法律适用问题探析［J］．人民检察，2013（17）：61－63．

❷ 《中华人民共和国刑法》第32条：“刑罚分为主刑和附加刑。”

❸ 《中华人民共和国刑法》第37条：“对于犯罪情节轻微不需要判处刑罚的，可以免予刑事处罚，但是可以根据案件的不同情况，予以训诫或者责令具结悔过、赔礼道歉、赔偿损失，或者由主管部门予以行政处罚或者行政处分。”

枉法仲裁罪设立“自诉”与“公诉”相结合的诉讼模式，即以不纯粹的亲告罪为基础，对现有枉法仲裁罪的追诉方式进行重组。将枉法仲裁罪转变为非纯粹亲告罪，是与仲裁民间化的渊源一脉相承的，有利于维护仲裁的私密性，有利于补充或修改仲裁裁决，有利于维护仲裁当事人之间的关系，有利于撤销仲裁自诉案件等。

三、行政责任

由于仲裁法没有对仲裁机构的法律地位作出规定，我国的大部分仲裁机构都是以“参照事业单位”的形式存在，这也是造成仲裁机构行政色彩很浓的一个主要原因。[1] 立法机关还认为，《仲裁法》对仲裁机构的性质和组织结构的界定不够清晰，这对仲裁组织以及整个行业的改革发展都是不利的。[2] 我国目前绝大多数的仲裁机构都是以事业单位的形式存在的。如果把仲裁委员会定性为事业单位，仲裁机构就可以享受国家的财政补贴，尤其是对一些中小型的仲裁机构而言，由于业务规模的限制，在没有政府资金的支撑下，这些仲裁机构难以生存。《重新组建仲裁机构方案》中有明确的规定，仲裁机构要逐步实现自收自支。但是，这项法规在很大程度上没有被严格执行，国务院甚至还出台了“收支两条线”的仲裁收费制度。关于仲裁“民间化”的性质和定位，目前学术界意见尚不统一。有学者认为，仲裁机构不能完全脱离行政，应尽量争取政府的支持，而把仲裁机构作为一个事业单位，无疑是获得政府支持的最合理的方式。[3]

---

[1] 姜丽丽．论我国仲裁机构的法律属性及其改革方向［J］．比较法研究，2019（3）：142－156．

[2] 司法部2021年7月30日发布的《关于〈中华人民共和国仲裁法（修订）（征求意见稿）〉的说明》。

[3] 王红松．铸造公信力——王红松文集［M］．北京：法律出版社，2010．

"参照"的意思，表明仲裁机构终究不是事业单位。《仲裁法》实施以来，仲裁机构一直在寻求改变其合法地位的途径。2018 年 12 月 31 日，中共中央、国务院发布《完善仲裁意见》，明确了仲裁机构的非营利性。司法部还表示，要加强对仲裁机构的整体管理体制改革，确定市场化、法治化的方向，使仲裁组织真正成为一个以市场为导向的非营利组织。[1]《仲裁法（修订）（征求意见稿）》第 13 条也对仲裁机构的非营利性法人的法律地位作出了规定。令人担心的是，该法规将会面对标准依据不足的问题。首先，民法缺乏对非营利性法人的总体性规定；《民法典·总则编》第 3 章第 3 节，虽然立法机关将非营利法人作为一节，但除了第 87 条对其界定和类别作出了规定之外，本节的其他条款都是针对特定的非营利法人。换句话说，《民法典》第 3 章"非营利法人"部分缺乏关于非营利法人的一般条款。尽管《民法典》第 3 章第 1 款的规定原则上适用于各种法人，但是，这一节的条款中有许多与《公司法》有关条款的引用，对其没有任何指导作用，而在民法以外，目前我国还没有对非营利组织进行统一的法律规定，如果把仲裁机构定为其他公益性非营利法人，则缺少对其进行规制的规范。对于非营利法人的设立、运作等问题，国内并没有明确的法律规定。因此，尽管可以将仲裁组织定位为其他公益性非营利法人，但由于我国现行的非营利法人法律制度尚不完善，因此，在《民法典》所列的各类非营利法人中，应当尽可能地找到与之相适应的类型，而非营利组织则只能充当"兜底"的角色。

在各方对仲裁法修正案的观点中，去除仲裁机构的行政化，

---

[1] 司法部：真正使仲裁机构成为面向市场提供仲裁服务的非营利法人［EB/OL］.（2020－12－23）［2020－06－15］. http：//www.ce.cn/xwzx/gnsz/gdxw/202012/23/t20201223_36150507.shtml.

保障其民间性和独立性，是目前争议最大的提案。本书认为，应将我国的仲裁机构定位为社会服务机构。

首先，从历史形成的观点来看，事业单位和社会服务机构具有同样的社会职能，从事业单位到社会服务机构的转变，具有一定的合理性。社会服务机构的前身为民办非企业单位，实质上是一个以民间性为主的公益组织。有观点认为，社会服务机构实质上就是从事公益事业，只是为了管理的规范，目前统一称为社会服务机构。[1] 仲裁机构的性质从事业单位转为社会服务机构，仅仅是从公营转为私营，这不仅满足了去行政化的需要，而且避免了因大改革而产生的转向过度问题，相对来说比较温和，不会有太多的阻力。

其次，就事物的性质来说，社会服务机构他律性的性质也与仲裁机构的职能性质相吻合。法人概念的建立是基于“物之本性”，而捐赠法人的性质是“受法律允许的捐赠目的的他律”，其经营所得之收益必须用于捐赠的范围之内，这与完全实行个人自治原则的社团法人有着本质的不同。[2] 仲裁机构的主要职能是居中裁量权，它与传统的私法人所承担的功能和活动有很大的不同。学者们从不同角度证明了仲裁组织的民间性，并不像普通的司法人那样具有完全的自主权，它的本质应该是“去行政化”。[3] 因此，作为民事主体的仲裁机关，其民事行为的范围应当被限定，它所从事的民事行为只能是为它的裁判权服务。捐赠法人的宗旨是根据捐赠人的行为决定的，不能任意改变。将其定位为捐赠法人，其核心内容包括设立目的、业务范围、组织架构等已经固定，且捐赠法人没有任何权力，因此在其存续的过程中难以改

[1] 王利明．中华人民共和国民法典释评·总则编［M］．北京：法律出版社，2020.
[2] 谭启平，黄家镇．民法总则中的法人分类［J］．法学家，2016（5）：34－48，176.
[3] 陈华彬．民法总则［M］．北京：中国政法大学出版社，2017.

变。这一点社团法人难以实现，是目前我国仲裁制度改革的必然要求。

最后，将仲裁机构的定位从事业单位向社会服务机构过渡是当前最有效的方式。捐赠法人的设立与存在的依据是捐赠财产，捐赠财产来自捐赠行为。截至2022年2月26日，全国共有270家仲裁委员会，其中绝大部分都是按照《仲裁法》第10条由各市人民政府的相关部门组织成立的。现行的仲裁机构是以国家出资的资产为依据，在仲裁机构的行政管理改革中，可以借鉴我国香港地区的经验，将其作为对仲裁机构的贡献。同时，在建立的基本层次上，也符合社会服务机构捐助法人的性质。

总之，如果把仲裁机构作为一个独立于行政机关的社会服务机构来看待，那么，仲裁机构并不是国家机关，仲裁员也不是国家工作人员，即使仲裁员存在违法行为，也不能对其追究行政责任。❶ 但是，仲裁机构有权要求仲裁员遵守仲裁行业的内部规则。在我国的实践中，仲裁员的纪律责任主要有两种。一种是“除名惩罚”，即《仲裁法》所规定的仲裁员违反《仲裁法》第34条第4项或者第58条第6项，情节严重的，应当被除名。另一种是“行业禁止”，仲裁员被所属仲裁委开除，如果仲裁员仍在其他仲裁委工作，那么仲裁机构在接到通知后，也要将仲裁员从仲裁委名单中除名。❷ 目前，尽管各国仲裁委员会都在探讨建立自身的内部规则和纪律，并对其他诸如警告、解雇等纪律责任的承担方法进行了规定，但是，除名处罚和行业禁令仍然是我国法律中对仲裁员负有纪律责任的主要形式。❸

---

❶ 冷晖．行政法律责任、行政制裁和民事制裁［J］．人民之声，2004（5）：45.

❷ 邓瑞平，易艳．商事仲裁责任制度简论［J］．重庆大学学报（社会科学版），2005（1）：115－122.

❸ 林一飞．国标商事仲裁法律与实务［M］．北京：中信出版社，2005.

»» 第五章

知识产权纠纷网上仲裁问题研究

随着科学技术的飞速前进，尤其是信息技术与互联网技术的发展，一种灵活、高效的新的仲裁方式即网上仲裁开创了仲裁的新时代。早在 2001 年，中国贸仲委就公布《域名争议解决程序规则（试行）》并开始采用网上仲裁的方式解决中文网络域名争议。[1] 近两年来，新冠疫情全球肆虐，在一定程度上推动了网上仲裁的发展。[2] 司法部于 2021 年 7 月 30 日发布的《征求意见稿》中明确规定仲裁程序可以通过网络程序进行，[3] 为网上仲裁提供了

---

[1] 黄良友．互联网环境下的仲裁制度研究［M］．北京：法律出版社，2011.

[2] 2020 年 2 月 14 日，最高人民法院发布《关于新冠肺炎疫情防控期间加强和规范在线诉讼工作的通知》；2020 年 3 月 3 日，司法部发布《疫情防控与企业复工复产公共法律服务工作指引》，第 16 条“加快推进互联网仲裁系统建设”；2020 年 4 月 28 日，中国贸仲委发布《关于新冠疫情期间积极稳妥推进仲裁程序指引（试行）》；2020 年 5 月 9 日，北京市仲裁委发布《关于网上开庭的工作指引（试行）》；2020 年 5 月 9 日，中国海事仲裁委发布《中国海事仲裁委员会网上视频庭审规范（试行）》；2020 年 5 月 14 日，香港国际仲裁中心发布《香港国际仲裁中心在线庭审指南》。

[3] 《中华人民共和国仲裁法（修订）（征求意见稿）》第 30 条第 3 款：“仲裁程序可以通过网络方式进行。”

必要的司法协助，拓宽了网上仲裁发展的空间。不过在探索网上仲裁的出现原因和发展趋势时，必然先要明确其存在的必要性。一是网上仲裁的出现有其物质基础。一方面，区块链技术与人工智能等高新技术的应用为网上仲裁搭建平台。[1] 借由互联网提供的多项功能，仲裁程序可顺利开展。例如，5G 互联网切片技术可供仲裁中电子证据的交换与存储；即时视频会议保障了网上开庭的顺利开展；电子签名技术增强了网上仲裁的安全性。另一方面，网络的便捷性和灵活性契合了仲裁当事人自治原则。当事人有更多的选择权与决定权，可以对网上仲裁的活动做出自主安排，使各方利益得到最大体现，避免诉讼带来的风险和不可预测性。二是网上仲裁的出现与发展有其现实需求。随着全球电子商务蓬勃发展，国际知识产权纠纷层出不穷。[2] 因知识产权具有地域性特点，传统仲裁的地点和方式受到很大限制。网上仲裁具备传统仲裁的特点，又融合了网络的快速、便捷，打破了地区和国界的壁垒。因此，无论是从整体上减轻法院知识产权诉讼的负担，还是从个体上满足当事人对效率的追求；无论是从整体上保障社会的和谐稳定，还是从个体上维护当事人的合法权益，网上仲裁的发展和广泛应用都十分必要。总之，知识产权纠纷网上仲裁将成为网上仲裁发展的重要内容。

---

[1] 青岛仲裁委员会区块链电子证据平台接入和使用须知［EB/OL］.［2022-06-25］. http://www.qdac.org/hlwzc/hlwzcyjj/?page=12.

[2] 在中国裁判文书网上，以“国际知识产权”为关键词全文检索可知，案例数量呈逐年上升趋势，具体为：2007 年 1 件、2008—2012 年均为 0 件、2013 年 10 件、2014 年 70 件、2015 年 86 件、2016 年 75 件、2017 年 99 件、2018 年 97 件、2019 年 104 件、2020 年 99 件、2021 年 76 件、2022 年 52 件。

第一节　知识产权纠纷与网上仲裁的契合性

通过网上仲裁的方式解决知识产权纠纷具有显著的优越性。首先，网上仲裁突出的高效性能够满足主体解决知识产权纠纷的紧迫性；其次，网上仲裁的经济性正是知识产权纠纷主体摒弃高昂费用的诉讼方式的重要原因；最后，网上仲裁可召集全球兼具法律知识和知识产权相关专业知识的仲裁人员来应对知识产权纠纷的内容复杂性。可见，知识产权网上仲裁具有巨大的发展潜力。

一、知识产权纠纷解决的紧迫性和网上仲裁的高效性

随着知识产权申请量和授权量急剧增加，知识产权纠纷也随之急剧增加。[1] 法定时效限制、智力成果不断更新换代以及漫长的诉讼周期不仅让争议长期得不到解决，处于悬而未决的状态，而且不能及时维护当事人的合法权益。网上仲裁是将仲裁嵌入便捷高效的网络之中，它的出现与发展极大地迎合了当事人诉求，为解决知识产权纠纷开辟了新思路。

知识产权纠纷解决的紧迫性主要来源于以下几个方面。一是知识产权有法定的存续期间。知识产权是一种类似垄断的权利，是国家通过立法的方式鼓励创新，补偿权利人的投入而赋予其一种暂时性的权利。[2] 既要鼓励创新，又要促进智力成果商业化的转化。同时，知识产权的设立还有利于提高知识的传播速度和范围，

---

[1] 截至2022年6月25日，笔者在中国裁判文书网共检索到知识产权纠纷案件共523 637件，其中2019年共审理102 940件，2020年共审理119 008件，2021年共审理80 604件。

[2] 倪静．知识产权争议多元化解决机制研究［M］．北京：法律出版社，2015.

保障智力成果创造者的合法权益。保护知识产权必须平衡好知识产权垄断性与智力成果社会性的关系，以社会发展与人类进步为最终落脚点。因此，根据不同类型知识产权的特征、性质与应用，法律赋予了不同的保护期限。权利人仅在保护期限内享有对智力成果的独占使用权，超过保护期限，独占使用权消灭，智力成果进入公众领域，社会公众可以自由使用。二是知识产品具有明显的周期淘汰性质。智力成果虽然是无形的，但是知识产品是有形的，一般表现形式为工业技术、发明、外观设计、植物新品种、商标、集成电路布图设计等。随着科学技术的飞速发展，知识更新的速度越来越快，知识产权尤其是专利这种涉及技术的知识产权与技术的更新换代密不可分。技术加速更新换代导致产品的生命周期越来越短。[1] 这意味着权利人对于知识产权的有效使用期也越来越短。因此，与其他类型的纠纷相比，对解决知识产权纠纷的高效性要求更高。[2] 三是知识产权诉讼周期漫长。一方面，由于知识产权的特殊性，以商标权和专利权为代表的权利取得是由国家行政机关授予，因此，知识产权纠纷提交诉讼后，往往涉及诉讼中止的情形，需要由授予部门对权利的效力与归属作出判断，形成民事与行政的争议交叉。[3] 对知识产权的有效性提出质疑往往是被告用来延长诉讼时间的手段。民事争议审理不得不中止，等待行政部门对知识产权权利确认的结果再由法院进行侵权构成要件的认定并作出最终的判决。而行政确权的过程同样要经历冗长的程序才能完结，耗时长久。这时，被侵权方往往已经遭受了无

---

[1] 龚佳慧．知识产权问题的国际商事仲裁发展［J］．商业时代，2014（20）：105－106.

[2] 吴友明．论知识产权仲裁［J］．法学评论，1999（4）：54－62.

[3] 刘友华．我国知识产权纠纷诉讼解决的现状及评析［J］．知识产权，2010，20（1）：52－59.

法弥补的重大损失或者错过了最佳商机。以著作权的保护为例，一旦“盗版”书籍流入市场，权利人想要通过“回收”来消除不利影响几乎是不可能的，只能依赖侵权纠纷的早日解决获得赔偿。另一方面，由于知识产权纠纷具有高度的复杂性与专业性，不论是将争议提交法院通过诉讼的方式解决，还是采用仲裁或调解等非诉讼方式解决，对于法官、仲裁员和调解员的专业背景和能力均有较高的要求。[1] 这就需要具备相关专业知识的法官或者委托给特定专家来考察认定。整个程序的完成自然会耗费较长时间，延长审判周期。网络时代必须进一步提高仲裁制度的效率，以较短的时间和较低的成本来解决纠纷，否则，仲裁制度就会因不能适应网络时代的要求而逐渐被抛弃。

如果时间成本是当事人解决知识产权争议最大的诉求，那么最具吸引力的选择必然是网上仲裁。[2] 当事人可以通过网上仲裁协议商定纠纷解决的方式与时间，这种高度灵活性使当事人能更好地掌控争议解决的过程，做好充足的准备。知识产权网上仲裁具有诉讼与传统仲裁无法比拟的高效性。首先，网络技术的应用推进仲裁流程的高效完成。一方面，在网上仲裁中，无论是采用书面审理方式还是开庭审理的方式，对于参与人来说只需要一台连接网络的电脑设备即可在任何地点、任何时间参与案件审理，打破了传统仲裁中当事人、代理人、仲裁员必须集中在某个具体的地点、特定的时间来解决争议的惯例。采用书面的审理方式，则可通过电子邮件、专门的证据收集交换平台完成。采用网上开庭审理方式，则可利用视频会议、网络聊天室等软件完成，从而使当事人避免了立案、提交证据、参与庭审等反复长途奔波，节约

---

[1] 赵春兰．知识产权纠纷行政调解服务机制的建构［J］．甘肃社会科学，2013（2）：166－169．

[2] 高兰英．网上仲裁的若干法律问题［J］．学术论坛，2008（1）：143－148．

了大量的时间成本与财务成本。而且，在传统仲裁中，当事人可能因为其他事务无法前往现场参加审理，在借助网上仲裁的远程开庭方式，当事人更便于参与庭审，直接表达自己的意见。另一方面，网上仲裁的便捷性与经济性还体现在仲裁文书的送达。以文件在线传输的方式代替了传统仲裁中专人送达或者邮件送达的方式，有效地节省了时间与费用。以中国贸仲委为例，实现了仲裁程序全部在线化处理，案件的处理程序均支持网络进行。从提交仲裁申请、当事人答辩、变更申请到证据的提交、开庭审理、举证质证均可通过网络开展。同时对证据、电子签名、书面形式作出了与传统仲裁相衔接的解释，使网上仲裁程序更具弹性和效率，仲裁程序的可利用性大大提高。其次，与传统仲裁机构相比，网上仲裁的仲裁机构可以针对解决某一特定的知识产权争议而发展相应的仲裁机制以发挥其专业优势。例如，网上仲裁机构可以通过聘请全球范围内特定专业领域专家来担任仲裁员以解决特定知识产权纠纷。这在某种程度上也有利于促进网上仲裁的高效性。最后，网上仲裁机构对仲裁案件实施管理可以更快地推进仲裁程序的顺利进行。为提高解决纠纷的效率，充分发挥网上仲裁的优势，仲裁机构对网上仲裁裁决时限作出具体规定。在实务中，强调效率同样成为网上仲裁程序的最显著特征。以重庆仲裁委员会发布的普通仲裁程序与网上仲裁程序为例。首先，网上仲裁基本包含普通仲裁的所有程序，包括文书送达与答辩、书面审理与开庭审理的选择、调解和解的衔接等。其次，网上仲裁程序对答辩、管辖异议、反请求、开庭及作出裁决各个程序的时间作出具体的规定，最大限度地发挥网上仲裁的高效性。例如，《广州仲裁委员会网络仲裁规则》规定，仲裁庭应当自组成之日起 30 日内作出裁决。[1]

---

[1] 《广州仲裁委员会网络仲裁规则》(2015 年版) 第 26 条第 1 款。

《中国国际经济贸易仲裁委员会网上仲裁规则》规定适用简易程序时仲裁庭应当在成立之日起2个月内作出裁决书，[1] 适用快速程序时仲裁庭应当在成立之日起15日内作出裁决书。[2] 仲裁机构的相关规定保证了网上仲裁能够依法、高效地解决民商事纠纷。最后，线上线下仲裁程序的转换能够满足复杂多变的现实需求，成为仲裁委员会的共同选择。《中国国际经济贸易仲裁委员会网上仲裁规则》第33条规定，根据案件的具体情况，仲裁庭也可以决定采用常规的现场开庭方式。《中国海事仲裁委员会网上仲裁规则》第三章第六节程序转换，规定了四种情况下仲裁庭或仲裁委员会仲裁院有权将仲裁程序变更为线下方式，按照网上仲裁规则的规定继续进行仲裁程序，并对此产生的额外费用的支付及仲裁委员会与仲裁庭的职责转换作出规定。《长沙仲裁委员会网络仲裁规则》第24条对案件线上或线下审理的互相转换以及费用问题作出规定。这种程序转换一方面尊重当事人的意思自治，另一方面能灵活应对具体案件的需要，但同时对仲裁机构的专业性与网上仲裁平台的技术搭建提出更高的要求。

二、知识产权纠纷主体的利益性和网上仲裁的经济性

知识产权作为一种垄断性权利，在商业竞争中发挥的作用越发重要，而且已经融入社会经济发展的方方面面。组建强大的研发团队或者通过授权拥有知识产权成为抢占市场的重要优势。由于知识产权法律关系复杂，涉及多方主体，且各主体所追求的利益具有多元化，传统诉讼的解决机制具有明显的缺陷。网上仲裁不仅在实现主体多元的利益需求方面具有独特优势，而且因其在

---

[1] 《中国国际经济贸易仲裁委员会网上仲裁规则》第44条。

[2] 《中国国际经济贸易仲裁委员会网上仲裁规则》第50条。

解决纠纷中文件电子化、资源整合技术以及很强的对话性等优势使其具有明显的经济性。[1]

知识产权纠纷主体的利益性涉及两个方面。一是知识产权纠纷主体具有广泛性。一般而言，伴随知识产权的产生、传播与应用，知识产权主体包括知识产权创造者、传播者、使用者和社会公众。知识产权权能划分的整个框架中涉及一次又一次的利益分配，则存在多种利益形态与多重的利益主体。例如，网络空间中侵犯知识产权最突出的现象是网页抄袭。[2] 该类案件中仅仅网络服务提供者就包括提供网络接入服务人员、构建网络平台人员、提供内容与服务人员等。二是知识产权纠纷主体的利益目标具有多元性。在知识经济时代，知识产权对于权利人而言，困难的不是获得知识产权的使用权利，而是如何将知识产权完整地渗透产品，更快地获取商业利润以及利用知识产权对未来的市场作出规划和布局。因此，原告不仅要考虑如何更快地解决纠纷，获得侵权损害赔偿，还要对不同纠纷解决结果对未来市场的影响作出预判，以便尽早作出部署安排，尽可能减少损失。同样，被告不仅要考虑如何减少其侵权行为要承担的损害赔偿金额，也要考虑停止使用会给其市场带来多大的损失。[3] 在传统争议解决中，诉讼的结果往往是非黑即白，法官将争议双方置于侵权构成要件中进行权利义务判断。[4] 诉讼具有强烈的对抗性，而知识产权争议一般会涉及

---

[1] 朱昕昱，卢正敏. P2P 网贷纠纷解决的新路径——以在线仲裁为视角 [J]. 中国注册会计师，2017 (4)：103 - 107.

[2] 李正华. 电子商务中知识产权纠纷的可仲裁性 [J]. 仲裁研究，2008 (3)：33 - 41.

[3] 刘友华. 我国知识产权纠纷诉讼解决的现状及评析 [J]. 知识产权，2010，20 (1)：52 - 59.

[4] 倪静. 仲裁解决知识产权争议之利弊探析——从仲裁的基本特征出发 [J]. 知识产权，2012 (3)：29 - 34.

多重主体，一次诉讼就可能造成多个合作关系僵化。无论是哪一方胜诉，都有可能使各方错失长久的交易机会。事实上，当事人需要的可能并非一个法律是非的结果，而是一个有利于长远利益发展的各方协商的结果，比如进行权利共享或技术交换以实现利益最大化。

网上仲裁的经济性能够很大程度上帮助知识产权纠纷主体表达并满足其多元的利益诉求。网上仲裁的突出优点在于能够快捷、经济地解决纠纷，便于当事人参与争议解决的全过程。[1] 首先，费用较低是在线争议解决的一个显著优势。这主要是指利用网络技术解决争议相比传统的诉讼和仲裁费用更为低廉，如节省大量的差旅、食宿等费用。此外，在网络上可获取海量的免费资源供当事人使用，如法律咨询、文件翻译等，这可为当事人减少一部分费用。[2] 通过随时随地的在线交流，网上仲裁减少了当事人长途旅行与日程安排的成本。[3] 这在一定程度上缓解了司法解决机制维权成本高的问题。同时，网上仲裁也精简了仲裁机构的相关工作。广州仲裁委员会的官方网站推出智慧仲裁服务平台，实现在线立案、网上缴费、庭审笔录查询、文书下载等八大功能。当事人与其代理人也可以通过案件进度查询功能远程跟踪案件办理进度。广州仲裁委员会成立了专门的知识产权仲裁院。通过五年多的经验积累，2020 年 9 月 10 日，广州仲裁委员会发布互联网仲裁推荐标准（广州标准），获得 114 家内地仲裁机构以及来自 26 个国家和地区境外机构的共同认可和推广。[4] 其次，知识产权纠

---

[1] 钟丽．在线仲裁的界定及其仲裁地问题探讨［J］．社会科学，2002（3）：42－46．

[2] 刘满达．论争议的在线解决［J］．法学，2002（8）：44－51．

[3] 魏沁怡．互联网背景下在线仲裁的适用机制研究［J］．河南社会科学，2020，28（7）：79－86．

[4] 广州仲裁委员会．互联网仲裁推荐标准（广州标准）［EB/OL］．（2020－09－10）［2022－06－21］．https：//www.gzac.org/gzxw/63533.jhtml．

纷仲裁具有很强的对话性，从而更有利于维持纠纷主体之间正常的贸易关系。[1] 无疑，网上仲裁加强了这种对话性。一方面，在网上仲裁中，当事人的意志得到了尊重。纠纷当事人以平等自愿为基础，以对话协商的方式来确定纠纷是否提交仲裁，可在全球范围内选择网上仲裁机构、仲裁庭的组成、使用的仲裁规则等。当事人就以上问题通过对话协商达成一致的过程本身就能够增加后续案件争议解决的可能。它一定程度上缓解了冲突主体的对抗情绪。另一方面，网上仲裁使知识产权纠纷当事人能够“面对面”即时进行沟通交流，信息的传达与反馈都是零时差。这种较小的对抗性和强大的对话性对知识产权纠纷解决具有重要的意义。纠纷主体能够避免一个单一的法律是非的结果，而通过这种高效率的协商对话来寻求一个符合自身长远利益的方案，通过专业的仲裁员来协调，尽可能达到一个满足各方利益维系长期合作的结果，有助于维持纠纷主体之间正常的交易关系，“仲裁程序所具有的友谊性，不至于使当事人因诉讼而反目成仇而阻碍今后之继续合作”，[2] 这极大地满足了知识产权纠纷主体的利益性诉求。最后，网上仲裁机构在仲裁程序中一般会采用自动生成笔录、文件自动接收与回执，仲裁委员会利用网上仲裁平台随案同步生成电子卷宗，形成电子档案等功能，这种自动化程序必然会降低仲裁机构解决纠纷的成本，从而节省当事人的仲裁费用。

三、知识产权纠纷内容的复杂性与网上仲裁的专业性

知识产权是所有领域中专业性最强的，其纠纷所涉及的专业

---

[1] 卢青峰．论知识产权纠纷的仲裁解决［J］．特区经济，2010（5）：252－253.

[2] 曾陈明汝．两岸暨欧美专利法［M］．北京：中国人民大学出版社，2007.

知识极其广泛与深入。[1] 一是知识产权内容极具包容性和丰富性，各种权能之间相互独立。[2] 二是知识产权的每一项权利甚至每一个权能与主体并不是完全一一对应的。每一个权能都可以由不同的主体拥有。这些主体围绕知识产权发生利益纠纷。知识产权纠纷除与科学技术领域关系密切之外，还可能牵扯艺术、文学等社会科学领域，甚至多个领域的交叉。对于很多知识产权纠纷而言，争议的焦点也许不是法律层面的问题，而是专业知识层面的纠纷。因此，聘任知识产权仲裁员时设立相关专业技术背景的门槛十分必要。与传统仲裁机构相比，网上仲裁的仲裁机构可以针对解决某一特定的知识产权争议而形成相应的仲裁机制以发挥其专业优势。比如，网上仲裁机构可以通过聘请全球范围内的特定专业领域专家来担任仲裁员，在满足网络技术的要求下，还可以请求全球范围内的证人出席网上庭审。

知识产权纠纷具有复杂性。首先，知识产权纠纷涉及权利主体较多、利益关系复杂。每项知识产权从其被创造到权利消灭，同一项权能可能从不同的主体中继受，同一个主体可能拥有不同的权能。知识产权产品从被创造到被消费，经历多个环节不同主体。[3] 随着网络技术的迅猛发展与广泛应用，数据与资源的传递与共享不仅更加高效便捷，而且传播质量大幅提高，涉及的领域也越来越广。多个利益主体可以通过各种渠道获取同一知识产品，增加了知识产权利益的复杂性。[4] 其次，知识产权客体的内容越来

---

[1] 杨涛，杨斌．知识产权仲裁制度的困境与出路［J］．电子知识产权，2011（12）：80－83.

[2] 倪静．知识产权争议多元化解决机制研究［M］．北京：法律出版社，2015.

[3] 梁平，陈焘．论我国知识产权纠纷解决机制的多元构建［J］．知识产权，2013（2）：54－58，88.

[4] 何莉．网络知识产权保护问题的研究——评《网络知识产权保护热点疑难问题解析》［J］．新闻与写作，2017（4）：114.

越丰富，权能也不断增加。随着科技的不断创新，知识产权与新兴领域结合不断深化，诉讼的专业性越来越强。[1] 商标权的客体不再拘泥于传统的文字、图形，立体商标、声音商标纳入法律；著作权纠纷不再仅围绕"盗版"，出现了大量的软件著作权纠纷。中国裁判文书网公布的 2021 年最高人民法院审理著作权案件的 180 篇法律文书中，软件著作权共 46 篇，占比达 25% 。因此，就法律层面而言，无形的智力成果与有形财产不同，传统认定有形财产侵权的方式对于知识产权无法适用。纠纷解决依赖于法官对知识产权法律规则的深刻理解和长期的司法经验积累，而后者往往因为我国知识产权法的历史短暂还存在很大的欠缺。[2]就技术层面而言，知识产权法是以鼓励创新为宗旨的，其调整范围涉及各种新兴的技术领域，如信息技术、生物医药和网络通信技术。这些技术的变革与发展从整体上给知识产权制度提出了新的挑战。提高司法效率是解决知识产权纠纷的根本要求，但要实现这一目标，对法官来说，不仅需要熟练掌握现有的成文法律，而且需要法官具备充盈的知识产权专业知识，正确地演绎、解释和适用法律，及时作出公正的判决。[3] 随着知识产权纠纷内容的不断复杂化，如若缺乏专业知识，对法官作出公正判决可能会产生一定的影响。最后，知识产权保护客体的不断扩大造成涉及的法律关系复杂。随着公众知识产权保护意识的增强以及知识产权种类的增加，知识产权保护的客体范围不断扩大。每一具体类型的客体的覆盖面也不断扩大。[4] 一方面，过去知识产权纠纷主要是技术合同

---

[1][2] 李宗辉．论知识产权案件的替代性纠纷解决机制［J］．暨南学报（哲学社会科学版），2015，37（2）：84－91．

[3] 陈刚．遴选法官：学历和专业孰重要——基于提高司法效率角度的研究［J］．广东财经大学学报，2019，34（3）：88－101．

[4] 关永红．论知识产权控制效力作用范围的扩张与限制［J］．学术研究，2013（3）：41－45．

争议、著作权争议、专利权争议等，近年来，出现了许多高新领域纠纷。根据上海知识产权法院《知识产权司法保护状况》(2020) 中提到，受理的一审技术类案件涵盖新一代信息技术、生物医药、植物新品种、高端装备制造、新材料、数字创意等高新技术领域。例如，涉手机芯片发明专利权权属纠纷案、涉存储技术标准必要专利侵权纠纷案、涉计算机软件方法专利侵权纠纷案、涉“云游戏”计算机软件著作权侵权纠纷案等。[1] 这些新类型纠纷或者因为目前法律没有明确规定或是有法律规定但缺乏可操作性而迟迟得不到有效解决。另一方面，由于知识产权客体的无形性，知识产权纠纷被告人的使用行为是否属于知识产权保护的范围成为争议焦点。对于知识产权纠纷的解决，往往要先判断被告人的行为所针对的客体是否属于知识产权权利所保护的范围，然后才考虑是否满足构成侵权的要件。[2] 因此，随着知识产权内容的重大变化，保护范围的不断扩大，新权益的出现，解决知识产权纠纷的方式和手段也应该更加灵活、丰富，以适应纠纷解决的需要。及时妥善处理各种利益纠纷，维护当事人的合法权益，才能促进知识产权的发展。

相比传统的诉讼解决知识产权纠纷的法官，具有法律知识与专业知识的仲裁员在专业性上具有明显优势。一方面，网络打破了地域限制，可以在全球范围内聘请知识产权领域的专家来担任仲裁员，实现专业案件由专业人士审理。网上仲裁专家办案的优势是对纠纷本质的把握与判断比普通的法官更加准确、专业，仲裁结果更容易获得当事人的认可与执行。以中国贸仲委为例，在

---

[1] 上海知识产权法院. 知识产权司法保护状况（2020）[EB/OL]. [2022-06-25]. http://www.shzcfy.gov.cn/detail.jhtml?id=10015089.

[2] 刘友华. 我国知识产权纠纷诉讼解决的现状及评析 [J]. 知识产权，2010，20(1)：52-59.

其官方网站上公布的仲裁员名单中，通过检索专业领域为“知识产权”的共有219名仲裁员，包含中国大陆、中国香港、中国台湾、美国、加拿大、澳大利亚、日本、泰国、墨西哥等在内的23个国家和地区的仲裁员。其专业划分也非常细致，例如，中国籍仲裁员何俊辉的专长为投融资与国际贸易，能源、环境、房地产与建设工程项目，健康、教育、科技、信息网络与知识产权保护，商事仲裁及强制执行。中国香港地区的仲裁员谭允芝的专长为知识产权、特许经营、技术转让、商事纠纷。美国籍仲裁员托马斯（Thomas R.）其专长为知识产权、专利许可、制药和生物技术、商业秘密和盗用。[1] 网上仲裁平台使全球具有专业知识及仲裁经验的国际仲裁员汇集在一起成为可能，专业技术的细致划分使专家在复杂的纠纷中作出公正的裁决，有利于高效公正地解决纠纷。另一方面，在传统的知识产权诉讼中，法官必须依据现行有效的法律审理案件，作出判决，但是在仲裁中，仲裁员可以根据法律、习惯、惯例甚至可能是公平原则等，[2] 这就增强了仲裁的柔性，一定程度上弥补了法律滞后性的缺憾，使仲裁裁决更能获得当事人的理解与执行。另外，网上仲裁加强了纠纷当事人的自主性，当事人可以根据争议解决的需要，有目的性地选择合适的仲裁员与仲裁机构，使自身的利益最大化。

综上，本节从三个方面论证了知识产权纠纷与网上仲裁的契合性，先分析了知识产权纠纷解决的紧迫性、主体利益性、内容复杂性及原因，再通过讨论网上仲裁具有的高效、经济与专业性的优势，从而表明通过网上仲裁来解决知识产权纠纷具有重要的意义与必要性。

---

[1] 中国国际经济贸易仲裁委员会官网．仲裁员名册［EB/OL］．［2022－06－25］．http：//www. cietac. org/index. php? m＝Page&a＝index&id＝17.

[2] 付智勇．论我国知识产权纠纷的仲裁［J］．知识经济，2009（5）：20－21.

第二节 知识产权纠纷网上仲裁存在的主要问题及原因分析

网上仲裁是由传统仲裁逐渐演变而来的一种非诉纠纷解决方式，但与传统仲裁最根本的区别主要在于仲裁程序中传输信息的载体和方式不同。❶ 互联网在给传统仲裁带来相关法律问题的同时，也势必从根本上变革现行知识产权仲裁的格局和方式。相比传统仲裁，网上仲裁既带来了便捷快速高效的正面影响，也导致了一些潜在的问题和挑战。例如，网上仲裁在社会面接受度较小，究其根本是因为网上仲裁的公正性和权威性受到大众质疑。网上仲裁缺乏法律的支撑，虽然各个仲裁机构相继出台《网上仲裁规则》，但是其法律位阶低，不得不受到上位法《仲裁法》的约束。另外，科技是把"双刃剑"，网络技术促进了网上仲裁的发展与知识产权纠纷多元化的解决机制，同样也因很多程序上的技术原因造成障碍。因此，为更好地解决知识产权纠纷，充分利用网上仲裁的优势，必须厘清其发展的障碍和困扰，分析其存在的主要问题和原因。

一、知识产权网上仲裁程序运行不公正

公正是仲裁制度得以存在的前提和基础，是仲裁制度的生命和灵魂。仲裁程序缺乏公正性，往往会导致仲裁结果丧失公正性。❷ 网上仲裁通过网络送达仲裁文书和进行审理，从根本上改变

---

❶ 吴清昊．在线仲裁法律问题初探［D］．北京：中国政法大学，2006.

❷ 黄良友．网上仲裁程序与正当程序［J］．河北法学，2011，29（10）：156－161.

了仲裁程序的运行方式，这也使人们不可避免地质疑网上仲裁程序是否具有正当性。网络的虚拟性则更是加深了当事人的不信任。例如，网上仲裁的管理和运行不规范，网上仲裁机构不合法，当事人对网上仲裁规则的了解程度不同，仲裁员的不公平选任，收费标准差异过大，资金来源不明导致的不公正问题等。知识产权网上仲裁除面临传统仲裁存在的程序不公正问题之外，还有一些特有的程序问题，本节将重点论述知识产权网上仲裁面临的程序不公正问题。

第一，技术风险使知识产权纠纷网上仲裁面临证据以及其他数据的真实性问题，从而影响裁决的公正性。传统的仲裁中，主要通过信件、电话、传真的方式来交换信息。网上仲裁依赖网络平台与技术，证据的生成、存储、传输、保存等环节都离不开电子设备。电子证据是人类无法直接感知的机读数据，且知识产权纠纷复杂性的特征决定了其涉及的证据具有技术依赖性、形式复合型、易破坏性等具体特点。[1] 因此，有学者认为是否拥有强大的信息处理功能的软件在很大程度上决定了网上仲裁的成功与否。[2]《中国海事仲裁委员会网上仲裁规则》第 2 条第 6 款规定，电子数据指技术手段形成的客观资料。体现的形式包括但不限于通过电子邮件、电子数据交换、博客、微博、手机短信等形成或存储在电子介质中的信息。

首先，互联网是开放性的系统，电子数据相比实体证据易泄露、伪造和篡改，仲裁员在这时获取的证据可能不完整、不真实。电子证据对计算机硬件与软件具有很大的依赖性。网上信息是使用流动的信号并且依靠信息载体，一旦信息载体或网络系统受到

[1] 黄良友．互联网环境下的仲裁制度研究［M］．北京：法律出版社，2011.

[2] 李虎．网上仲裁总论（上）［J］．仲裁研究，2005（3）：78－83.

人为因素的破坏，其所携带的证据极容易被破坏，且被伪造、篡改后不留痕迹。此外，网上仲裁还未建立统一规范的系统，目前仲裁机构推出的《网上仲裁规则》中也均未提到配备专门的申诉系统。在仲裁过程中，电子证据由当事人从不同的移动终端传输到指定的系统中，网络系统硬件设备与系统软件直接影响系统接收到的信息的完整性和真实性，给仲裁员认定证据的有效性带来影响。为避免对个人名誉与企业声誉带来负面影响，保密性是吸引当事人选择仲裁解决纠纷的重要原因，尤其对涉及商业秘密的知识产权纠纷而言，仲裁的保密性是绝对优势。网上仲裁不仅要面临计算机技术漏洞，而且存在很大的人为泄露商业秘密的风险。例如，参与人私自进行录音录屏导致仲裁过程泄露。《中国海事仲裁委员会网上仲裁规则》第 8 条第 2 款中同样规定了因不可抗力、计算机病毒、黑客攻击、系统不稳定、网络故障等非由仲裁委员会或仲裁员故意情形导致损失的，仲裁员、仲裁委员会及其相关人员不承担责任。中国贸仲委的《网上仲裁规则》第 16 条中也有类似规定。可见，在网上仲裁中，当事人在很大程度上承担了数据泄露的风险。

其次，知识产权纠纷内容复杂，所涉及的证据具有复合型，对设备的稳定性与软件的专业性要求较高。由于网络已经深入生产生活方方面面，传统意义上与新兴的知识产权纠纷类型均有可能出现在网络环境中，如涉及信息网络传播侵权纠纷、涉及网络计算机程序的著作权纠纷，以及涉及网络服务的商标权纠纷等。以杭州互联网法院发布的“杭州互联网法院 2020 年度知识产权司法保护十大案例”之一的“深圳市腾讯计算机系统有限公司等诉浙江搜道网络技术有限公司等不正当竞争纠纷案”为例，作为全国首例涉及 5G 云游戏著作权及不正当竞争案件，其中的争议焦点之一为涉案三款游戏内容是否构成著作权法保护的客体，涉及的证据包含游戏开发者对场景、角色外观、游戏剧情独创性证据，游戏素材能否有形复制以及通过一定的储存介质进行传播❶。一是网络知识产权纠纷证据收集困难。知识产权是专有性权利，而网络上的信息大都是公开且能够无限复制的，权利人很难控制信息的传播范围。以谷歌、百度、夸克等搜索引擎为典型，它们相继推出了“无痕浏览”模式，加剧了侵权证据的追踪困难。二是知识产权纠纷所涉及的证据具有形式复合型，通常不限于文字、图片、视频等常规形态。以专利权为例，无论是发明、实用新型和外观设计，通常涉及大量复杂的数据、符号和模型图。这些材料通常以各种格式储存，在网上传输的过程中受到数据传送软件的限制，在兼并的过程中极有可能出现乱码的情况。另外，庞大且复杂的资料在上传与下载过程中需要耗费大量的数据流量且对设备的稳定性要求比较高，需要尽可能去避免数据传送中断。在这个过程中，仲裁员最终接收到双方的证据材料可能出现偏差，不同的设备对证据的呈现也可能出现差别，仲裁员对证据的理解与判断有可能不同，对最终的裁决具有重大的影响。因此，通过电子屏幕全面、客观地审核电子数据，熟练运用知识产权相关专业知识，对电子数据进行综合认定对仲裁员具有巨大的挑战。如果在证据上犯错，将有可能作出不公正的判决，当事人若向法院提起撤销裁决后，法院可能以程序不合法作出撤销裁决的判决。

第二，知识产权纠纷主体差异会影响仲裁裁决的公正性。由于不同地区、不同行业发展水平的差异，导致纠纷当事人所能获得的信息资源也不同，对知识产权网上仲裁的了解程度也不同。一方面，技术设备的差异。如上文所示，知识产权纠纷所涉及的

❶ 杭州互联网法院2020年度知识产权司法保护十大案例［EB/OL］.（2021-04-26）［2022-06-25］. https：//mp. weixin. qq. com/s/xAjVykTmZJ46awEps1L7HQ?.

数据资料庞大且复杂，其无论是储存与传输都依赖特定的软件和设备的稳定以确保网上证据不会发生任何变化。同时，仲裁具有显著的意思自治原则，依赖于当事人的陈述与质证。如果一方当事人拥有最先进的计算机硬件和软件设施，配备最好的网速，而另一方当事人只具有使用普通的甚至是落后的设备的条件，可能对仲裁结果产生影响。例如，在线上开庭的过程中，由于一方当事人的设备问题，导致其无法准确、及时作出陈述；在提交证据时可能由于其软件版本陈旧无法兼容证据格式；数据资料传输过程中由于网络信号问题导致数据传送中断等。例如，《中国国际经济贸易仲裁委员会视频庭审规范（试行）》中规定“庭审中未经仲裁庭许可故意脱离庭审视频画面，视为中途退庭。申请人无正当理由开庭时不到庭或中途退庭的，可以视为撤回仲裁申请”。如果由于设备的问题造成以上情况出现，又给当事人带来了证明其不属于“故意脱离庭审”的责任。另一方面，纠纷双方当事人对知识产权网上仲裁的了解程度以及熟练操作程度同样会带来影响。以仲裁员的选择为例，知识产权涉及多个领域，每位仲裁员均有其擅长的领域，当事人可能只了解其纠纷所涉及的内容甚至对于知识产权纠纷全然不知，选择不同专业背景的仲裁员对仲裁结果也会产生影响。尽管告知当事人详细的仲裁流程，协助当事人依照流程指引参与仲裁是仲裁机构的义务，但是当事人可能由于对计算机操作的不熟练而错过相应的时间，导致被动地放弃自有的权利。对知识产权网上仲裁的了解程度越深，对机构所制定的网上仲裁规则越熟悉，则越有利于将自身利益最大化。在知识产权纠纷中，当事人的差距十分明显。以专利许可合同纠纷为例，往往市场占有率较大、科技含量较高的企业作为许可一方，被许可一方往往是中小企业，对具有强大研发能力的大型企业具有依赖性。大型企业一般都设立了专门的法务部门，聘请具有专业知识与丰富经验的知名律师来规避企业风险，解决企业的法律问题。掌握国内外知识产权仲裁发展历程，熟练掌握并利用网上仲裁规则对这些企业来说很容易实现。中小企业则往往不具备实现以上条件的实力。双方的实力差距导致在网上仲裁过程中，中小企业往往是十分被动的一方。同理，在国际知识产权纠纷网上仲裁中，国外企业相对于国内企业来说，具有更明显的优势。另外，大企业往往经历过各种各样的法律纠纷，新型知识产权客体往往也是由大企业研发而出，对于网上仲裁必然交由具备专业知识产权知识与熟练的计算机操作能力的人员。对于规则的适用、仲裁员的选择、证据的收集都处于明显的优势地位。相反，中小企业只能被动接受仲裁庭的安排，机械性地完成所有的仲裁流程。这样的巨大差异对仲裁结果的影响十分巨大。

第三，网络天然虚拟性与仲裁挥之不去的行政化色彩对知识产权网上仲裁的影响。知识产权网上仲裁同时受到网络特性与仲裁相关规定的双重限制。一方面，传统的仲裁程序是由当事人处于一个特定的物理环境中，通过面对面的交流来实现的，而网络的虚拟性决定了网上仲裁程序的虚拟性。❶ 这种虚拟性使当事人有理由怀疑虚拟环境中的网上仲裁机制的专业性与权威性、仲裁员的中立性以及网上仲裁程序的公平性。首先，仲裁员的选任缺乏明确的标准。知识产权纠纷内容复杂，涉及的领域广泛，而且各个权利之间差别较大。因此，仲裁员的专业知识要求很高且针对性较强。例如，专业从事专利许可合同纠纷的仲裁员对反垄断案件往往不能兼顾。因此，公布仲裁员名单与选拔标准对纠纷当事

---

❶ 高兰英．网上仲裁的若干法律问题［J］．学术论坛，2008（1）：143－148.

人选择合适的仲裁员而言是重要的参考资料。目前，世界范围内提供网上仲裁服务者主要包括传统仲裁机构提供的网上仲裁服务和由私人网站来提供网上仲裁服务两种。[1] 传统仲裁机构一般会在其官方网站上公布选任的仲裁员名单，但却未公开其选拔标准以及选任仲裁员的过程。由私人建立或者资助的网上仲裁机构其公正性总是会受到一定的质疑，网站自身的工作人员更容易利用内部关系获得参与纠纷解决的机会。另外，仲裁员应当具有披露义务，由此表明其与任何一方都没有利害关系。网络的虚拟性使判断仲裁员是否履行披露义务成为难题，这可能导致仲裁员作出有违事实的裁决。其次，采用书面审理的方式很难保证当事人不受他人的干扰。如果采用书面审理的方式，则要求当事人陈述申辩、证人作证、询问与仲裁员合议庭均通过文字或语音的方式来进行。但是，采取这种方式审理时也存在一些弊端。一是难以确定参加审理的主体的真实身份，二是仲裁庭无法有效地控制他人对当事人或证人进行诱导与威胁，影响当事人的真实意思表达，从而影响庭审的公正性。例如，规则缺失、仲裁机构信息提供不充分以及机制设计不透明是目前对 ODR 公正性的重要阻碍。[2]另一方面，《仲裁法》中规定了仲裁委员会由设区的市的人民政府牵头组建。这种行政化倾向导致权利异化，使知识产权纠纷当事人有理由怀疑网上仲裁机构作出的仲裁裁决的公正性。在实践中，目前我国国内出台的网上仲裁规则均是出自各地区的仲裁委员会。例如，青岛仲裁委员会的《青岛仲裁委员会互联网仲裁规则》、深圳仲裁委员会的《深圳仲裁委员会网上仲裁规则》。仲裁委员会是行政事业单位，部分经费由国家拨付。在一定程度上，仲裁机构工作人

---

[1][2] 高薇．论在线仲裁的机制［J］．上海交通大学学报（哲学社会科学版），2014，22（6）：18－25．

员的权力并非当事人的授权，而是来源于国家授权，架空了当事人的意思自治原则。仲裁机构行政化不可避免地产生官僚主义，导致权力异化，滋生腐败，当事人的权利难以得到切实有效的保护。

二、知识产权纠纷网上仲裁程序运行不畅

由于知识产权纠纷网上仲裁受到知识产权纠纷复杂性和网上仲裁时效性的双重影响，其运行程序面临诸多问题。网上仲裁的本质是将传统仲裁放置于网络环境中运行，所以各个环节的开展仍然符合仲裁的基本要求。[1] 对于网上仲裁的运行而言，《仲裁法》的适用存在如“书面”“签名”“仲裁地”概念模糊问题，仲裁地的确定及网上仲裁程序法与实体法的选择，网上仲裁与传统诉讼与仲裁的衔接问题等。对于知识产权而言，因其具有专业性、时效性与保密性，因此必须扭转知识产权仲裁诉讼化倾向。

（一）知识产权纠纷网上仲裁协议与法律制度难以融合

启动仲裁程序首要的前提是双方存在合法有效的仲裁协议，这是国内外立法中无争议的事实。仲裁协议是指双方当事人自愿协商将已发生或可能发生的可仲裁事项提交仲裁的书面协议。仲裁协议可以是合同中相关的仲裁条款，也可以是其他书面方式达成的仲裁协议。[2] 我国《仲裁法》第 4 条规定，没有仲裁协议，一方申请仲裁的，仲裁委员会不予受理。除此以外，《仲裁法》以仲裁协议单独列为一章，这充分体现了仲裁协议是仲裁制度的基石。同样，知识产权纠纷网上仲裁也不例外，也要具备合法有

---

[1] 高延艳．在线仲裁中《仲裁法》的适用问题研究［J］．金融理论与教学，2014（5）：76－77，90．

[2] 侯丽艳．经济法概论［M］．北京：中国政法大学出版社，2012．

效的网上仲裁协议。网上仲裁协议是指通过互联网所达成的涉及争议将提交仲裁的协议或者是当事人所达成的电子合同中所载明的仲裁条款。[1] 首先，要使知识产权纠纷网上仲裁协议有效，需要当事人在知识产权纠纷产生之前或者之后达成合法有效的网上仲裁协议，或者在纠纷发生后选择网上仲裁的方式。其次，网上仲裁协议在具备当事人共同合意、明确的仲裁事项、协议内容合法等与传统仲裁一致的要求之外，其面临显著的形式法律问题。因此，要顺利启动知识产权纠纷网上仲裁程序将面临两方面的障碍。一是知识产权纠纷当事人成立合法有效的仲裁协议比较困难；二是网上仲裁协议存在形式与实质两方面的法律障碍。

一方面，知识产权纠纷当事人成立合法有效的仲裁协议较为困难。本书第三章第一节中已将知识产权纠纷分为知识产权权属纠纷、知识产权合同关系纠纷以及知识产权侵权行为纠纷三种类型的可仲裁性进行论证，这里不再赘述。首先，对于知识产权权属纠纷来讲，本质上就是确定知识产权权利人。著作权不需要国家行政部门的授予可自动取得，可以提交仲裁。我国现行《著作权法》第 60 条中则明确规定著作权纠纷可以调解，也可以向仲裁机构申请仲裁。因此，对于著作权权属纠纷，当事人可以通过达成仲裁协议，提交仲裁机构来解决争议。对于专利权与商标权，其权利的产生本身就依赖于行政机关的审查与授予。出现纠纷时，通过行政机关进行权利的确认是第一选择，不需要也不能依据仲裁来改变真正的权利归属。其次，对于知识产权合同关系纠纷来讲，当事人当然可以在纠纷发生之前达成仲裁协议或者在纠纷发生后补充协议。最后，对于知识产权侵权行为纠纷而言，很大一

[1] 李虎．在线仲裁初探［J］．仲裁与法律，2001（2）：16.

部分属于恶意侵权行为。例如，侵犯著作权的出售盗版行为；未经商标权人许可，在相同商品上使用相同或者类似商标，将商业秘密披露给不特定的第三人等。对于这些恶意侵权来讲，第一，很难确定侵权人。第二，纠纷当事人本身没有合同基础，不存在事前达成仲裁协议的可能。第三，纠纷当事人之间若没有商业合作关系，不涉及商业利益，这种恶意侵权带来的矛盾导致在纠纷发生后也很难达成仲裁条款。即使双方达成了仲裁协议，也要符合明确性、合法性要求。知识产权纠纷内容复杂，双方对未来可能发生的纠纷情况无法完全预料，完全可能作出不合理不合法的仲裁条款。因此，对于知识产权纠纷来讲，达成仲裁协议或仲裁条款困难重重。

另一方面，网上仲裁协议面临形式要件和实质要件的双重障碍，进而影响网上仲裁程序的顺利启动。第一，网上仲裁协议面临的形式要件条款主要包括书面形式要求和签名要求。即采用电子形式订立的网上仲裁协议是否具有传统纸质仲裁协议相同的法律效果以及电子签名是否能获得与传统签名一致的认可。一是将仲裁协议的形式明确规定为书面形式是各国立法与国际公约的普遍要求。[1]《纽约公约》中规定的“书面形式”包括当事人签订或者往来的书信、电报中所包含的仲裁协议和仲裁条款。我国《仲裁法》第16条规定，“仲裁协议包括合同中订立的仲裁条款和以其他书面方式在纠纷发生前或者纠纷发生后达成的请求仲裁的协议”。“书面形式”能否包含电子化的网上仲裁协议，对“书面”一词该作何种解释在学界已经引起广泛讨论。尽管大部分学者主张《纽约公约》对“书面”的定义过于狭窄，应作扩大解释，将

---

[1] 徐伟功，李子牧．论我国国际商事在线仲裁制度的完善［J］．天津商业大学学报，2021，41（4）：66－73.

电子数据交换形式纳入“书面”的范畴。[1] 而且随着国际贸易的发展与网络技术的发展，出现了大量的电子合同、电子订单、电子协议。为顺应时代的发展，1996 年《联合国电子商务示范法》中采用“数据电文”这一概念以及我国法律将电子数据明确纳入“书面形式”，承认电子仲裁协议的“书面”效力已是大势所趋。但是《仲裁法》中并未明确界定“书面形式”。对于网上仲裁协议效力的认定仍然是一大障碍。二是在实践中，一份有效的仲裁协议需要符合“书面”与并经双方“签名”的形式要求。签名代表了双方对网上仲裁协议条款的承认。随着电子商务的蓬勃发展，仲裁协议无法以传统手写的方式签订，因此电子签名应运而生。二者虽然在签订方式、存在形式以及认定方式上不同，但是其拥有相同的基本功能，即确定当事人的身份以及双方对法律文件的认可。我国《电子签名法》第 14 条规定，“可靠的电子签名与手写签名或者盖章具有同等的法律效力”。该法直接针对电子商务和电子合同赋予了电子签名与传统纸质手写签名的同等法律效力。[2] 虽然并未直接针对仲裁协议，但是仲裁协议本身就可以被视为合同，而且仲裁条款一般也是存在于合同之中，这样似乎解决了网上仲裁协议的签名问题。但是，在网络环境之下，法律应该如何着手来保证仲裁协议中电子签名的有效性，电子签名如何认定，包含电子签名的仲裁裁决如何被承认与执行成为网上仲裁的重要问题。第二，网上仲裁协议面临的实质问题包括当事人行为能力与意思表示的真实问题。《仲裁法》第 17 条规定，无民事行为能

---

[1] 黄韬，陈儒丹．网上仲裁法律问题研究［J］．仲裁研究，2005（2）：66－74；高兰英．网上仲裁的若干法律问题［J］．学术论坛，2008（1）：143－148；邓瑞平，唐海涛．电子商务时代网上仲裁：困境与出路［J］．河北法学，2013，31（12）：19－25；贺旭红．国际间网络仲裁裁决的承认与执行［J］．甘肃政法学院学报，2006（5）：133－138.

[2] 黄良友．互联网环境下的仲裁制度研究［M］．北京：法律出版社，2011.

力人与限制民事行为能力人订立的仲裁协议无效。在传统的仲裁协议签名过程中，双方可以通过各种方式来判断对方的民事行为能力，但是在网络空间这种匿名与虚拟的环境中，当事人通过文字、图片等数据交换来交流，难以确定对方真实身份和行为能力，况且协商与最终签订仲裁协议的可能不是同一个人。以专利权合同纠纷为例，在被广泛使用的电商平台“淘宝”搜索窗口输入“专利”检索会发现从事专利申请、专利转让、商标转让等相关业务店铺，在名为中国众邦知识产权的店铺中，最高销量达1000件以上。可见，线上知识产权交易已普遍存在。假设双方在某电商平台达成专利权转让合同并且受让一方提交订单并完成付款，双方针对合同内容存在分歧并通过电商平台的留言窗口达成仲裁协议并提交网上仲裁机构。在此过程中，虚拟账号之间通过计算机键盘输入与相关软件的操作进行交流，一是难以确定签订仲裁协议的双方都属于完全民事行为能力人，二是双方确定的协议内容是否代表了当事人的真实意思。这进而影响知识产权纠纷网上仲裁协议的有效性，影响网上仲裁的程序。

（二）知识产权纠纷网上仲裁地的选择障碍

随着全球电子商务蓬勃发展，国际知识产权纠纷层出不穷。仲裁地的确定对网上仲裁裁决结果具有重要的影响。网上仲裁处于虚拟的网络空间，当事人、仲裁员、仲裁机构可能处于不同的国家和地区。这就导致在网上仲裁中传统的仲裁规则难以适用。而且，知识产权纠纷具有明显的地域性特征。“仲裁地的缺失”作为重要问题之一，这里将重点讨论。仲裁地的确定在传统仲裁中具有十分重要的地位，直接影响仲裁协议的有效性、适用的实体法和程序法、仲裁的承认与执行。网上仲裁中，如何确定仲裁地成为学者讨论的重点，主要形成仲裁员所在地说、服务器所在地说、仲裁员接收电子信件所在地说、网上机构所在地说等。但是都存在不同程度的缺陷。网上仲裁地的落空与知识产权显著的地域性特征的交织，为纠纷的解决带来了重要的影响。

第一，我国法律法规中有关网上仲裁地的规定比较模糊且难以衔接。一方面，仲裁地对于网上仲裁地具有重要的影响。例如，仲裁程序如果违反了仲裁地的强制性规定，可能面临撤销，导致裁决无法执行，并且仲裁地在很大程度上决定仲裁裁决的国籍，从而影响相关国家的承认与执行。[1] 国内目前公布的网上仲裁规则中有仲裁地的相关规定，例如，中国贸仲委《网上仲裁规则》第8条规定，“当事人约定仲裁地的，从其约定。当事人未作约定的，以仲裁委员会所在地为仲裁地。仲裁裁决视为在仲裁地作出”。这与国际上通行的“当事人意思自治原则”与“最密切原则”一致。但是我国《仲裁法》仍然没有关于仲裁地的具体规定，这就导致不同地区法院在行使监督权的过程中发生权利冲突，影响仲裁裁决的执行与当事人正当地行使救济权。

第二，知识产权的地域性特征增加了选择网上仲裁地的难度。不同的国家对知识产权保护的程度不同，体现在知识产权保护的客体范围、权利的期限、权利限制等方面。同一种使用某产品的行为在国内外可能有完全不同的结果，在国内可能属于完全合法行为，但是在国外可能属于严重侵犯知识产权的行为。知识产权侵权纠纷在我国不断增多，在实践中，我国法院对所有知识产权案件采取了专属管辖，对知识产权地域性要求十分苛刻，现实中，审理外国知识产权案件选择适用外国法律十分罕见。[2] 选择不同的

---

[1] 黄韬，陈儒丹. 网上仲裁法律问题研究 [J]. 仲裁研究，2005 (2): 66-74.

[2] 阮开欣. 论知识产权的地域性和域外效力 [J]. 河北法学，2018, 36 (3): 81-97.

仲裁地影响到实体法与程序法的应用，对于国际知识产权纠纷网上仲裁而言，当事人在选择仲裁地时需要考虑纠纷涉及的知识产权产生的地域及不同地区对于知识产权保护的程度，从而选择对自己有利的仲裁地。因此，对于知识产权纠纷而言，网上仲裁地的缺失无疑是程序推进中的一大障碍。

三、知识产权网上仲裁公信力障碍

网上仲裁作为非诉讼权利救济方式越来越受到人们的重视。目前，制约网上仲裁发展的瓶颈问题是缺乏公信力。仲裁公信力建设作为推动仲裁工作持续健康发展的最关键因素，同时也是仲裁意思自治的最本质要求。[1] 首先，我国对知识产权纠纷网上仲裁的宣传推广远远不够。目前我国正处于关键的社会转型期，缺乏支持网上仲裁发展的必要条件，存在很多制约提升网上仲裁公信力的因素，社会公众还未充分了解网上仲裁制度的优越性，网上仲裁公信力还有很大的提升空间。其次，公众对我国知识产权非诉纠纷解决机构的认可度不高，一个重要的原因是包括仲裁在内的非诉纠纷解决机构不具有完全意义上的独立性。[2] 且机构设置过于零散，未形成体系化的制度与规范化的模式。因此，涉及重大利益的知识产权纠纷更愿意选择诉讼方式来解决。最后，我国知识产权仲裁机构在专业水平、权威性、影响力以及服务品质等方面与国际知名仲裁机构还存在一定差距。由于知识产权网上仲裁的特殊性，其他导致其缺乏公信力的原因还有很多，包括缺乏法院的协助、监督与支持，缺乏对知识产权纠纷

[1] 杨玲．基于法治视角下仲裁公信力的提升［J］．教育现代化，2016，3（40）：351－353.

[2] 詹映，邱亦寒．我国知识产权替代性纠纷解决机制的发展与完善［J］．西北大学学报（哲学社会科学版），2018，48（5）：75－83.

第三人的约束，无法产生具有借鉴意义的经验模式，等等。基于此，本书将探讨法治视角下网上仲裁公信力存在的障碍以及背后的原因。

第一，我国知识产权网上仲裁推广力度不够，公众的认可度不高。在我国，不论是知识产权仲裁还是单一的网上仲裁，都还处于初步发展阶段。首先，目前在我国受理知识产权纠纷仲裁的机构除了各地区仲裁委员会之外，陆续建立了一些专门的知识产权仲裁机构。如 2007 年厦门建立了我国第一家知识产权仲裁机构、2013 年为解决版权争议建立的西安影视版权仲裁中心以及 2021 年 4 月 20 日揭牌成立的中国（深圳）知识产权仲裁中心。但是从整体来看，不论是各地区仲裁委员会还是专门的知识产权仲裁机构，受理知识产权案件数量都未达到理想的目标，没有充分实现缓解诉讼压力的作用。[1] 以中国贸仲委近三年受理的知识产权合同纠纷为例，2019 年受理 18 件，占全年受理案件的 0.54%，2020 年受理 22 件，占全年受理案件的 0.61%，2021 年受理 23 件，占全年受理案件的 0.56%。[2] 其次，我国对知识产权网上仲裁的宣传推广力度不够，笔者通过搜索引擎百度进行“知识产权仲裁”检索发现，相关信息基本只出现在各大新闻门户中，且报道的内容基本雷同，公众能直接获得的信息很少。就搜索到的上海仲裁委员会官方网站为例，其网页最新的动态还停留在 2017 年。这对引导公众了解并选择知识产权仲裁来讲无疑是不利的。而且，大部分知识产权仲裁机构是由政府部门牵头组建，以适应地区的经济发展需求。笔者在检索“网上仲裁”时，发现公众的问题大多集中在“什么

---

[1] 詹映，邱亦寒．我国知识产权替代性纠纷解决机制的发展与完善［J］．西北大学学报（哲学社会科学版），2018，48（5）：75－83．

[2] 中国国际经济贸易仲裁委员会年度工作报告［EB/OL］．［2022－06－25］http：//www.cietac.org.cn/index.php？m＝Article&a＝index&id＝23．

是网上仲裁”“网上仲裁有用吗”“网上仲裁有法律效力吗”上。可见，大多数公众还未真正了解知识产权仲裁，对知识产权网上仲裁更是陌生。最后，我国网上仲裁制度目前整体还处于探索阶段，仅仅在域名争议与电子商务纠纷方面有相关的经验。一方面，正如前文所述，目前网上仲裁主要集中解决标的额较小、证据形式比较单一、案情比较简单的网上纠纷。如小额的电子商务纠纷，在用户进入平台时出现的“若出现纠纷由第三方平台进行仲裁”的相关格式条款，甚至在不知情的情况下选择“我愿意”，以此作为仲裁协议。另外，一些地方仲裁委员会出台的《网上仲裁规则》中对网上仲裁的立案、收费标准、收费平台、证据的传送方式和平台、线上开庭的方式与平台都没有统一的规范，其制度化与规范化尚未实现。对于知识产权案件纠纷当事人来讲，没有可供参考的案例，贸然选择网上仲裁存在风险，尤其是在一裁终局的限定之下。此外，由于知识产权纠纷的特殊性，知识产权仲裁的受案范围还存在很大争议，因此，这些网上仲裁规则缺乏广泛的适用性与强制执行力。网络空间天然的虚拟性带来的无限可能与人民法院的权威性相比，在涉及重大利益的知识产权纠纷时，公众的选择显而易见。

第二，我国知识产权网上仲裁机构的专业水平参差不齐，整体还有待提高，同时配套服务设施还需进一步完善。本书对 93 家仲裁委员会网上仲裁发展阶段的基本情况进行统计[1]，将其划分为“仅开通网上仲裁平台”“仅发布网上仲裁规则或指引”“既有平

---

[1] 进入中国仲裁网官方网站首页，点击“仲裁机构”一栏所呈现的所有仲裁机构，检索日期截至 2022 年 4 月 18 日，共计得到 106 个样本，去除中国国际经济贸易仲裁委员会 11 个分会以及广州仲裁委员会 2 个分会，共得 93 家仲裁委员会为研究样本，再以“百度”为搜索引擎进入各个仲裁委员会官网，以下数据均通过收集官方网站信息获得。

台又有规则”“仅开通网上立案”“未找到官网或网页错误”“官网无相关内容”六种情况。“仅开通网上仲裁平台”的标准为网页上仅提供网上仲裁的指引性信息且根据信息能够进入该平台。“仅发布网上仲裁规则或指引”的标准为官网上无专门的“网上仲裁”板块，但发布的仲裁规则中有单独的网上仲裁规则、网上仲裁的指引或者操作指引。“既有平台又有规则”为同时满足以上两个标准。“仅开通网上立案”的标准为当事人可以通过在网页上的操作申请立案。“未找到官网或网页错误”的标准为在“百度”上搜索，未发现官方网站或者查询到网站但是点击后显示“网页错误无法打开”。“官网无相关内容”的标准为未发现与网上仲裁平台、网上仲裁规则以及在线立案等有关的功能或板块。通过以上标准划分的结果如表5－1所示，各个标准下的特殊情况在备注栏中予以说明。

表5－1 网上仲裁情况统计

网上仲裁发展阶段	仲裁机构	总计（家）	备注
仅开通网上仲裁平台	武汉仲裁委员会、深圳国际仲裁院、常州仲裁委员会、淮安仲裁委员会、盐城仲裁委员会、厦门仲裁委员会、潍坊仲裁委员会、广州仲裁委员会	8	
仅发布网上仲裁规则或指引	上海国际经济贸易仲裁委员会、湖州仲裁委员会、贵阳仲裁委员会	3	

续表

网上仲裁发展阶段	仲裁机构	总计（家）	备注
既有平台又有规则	中国国际经济贸易仲裁委员会、上海仲裁委员会、重庆仲裁委员会、石家庄仲裁委员会、南京仲裁委员会、宁波仲裁委员会、舟山仲裁委员会、温州仲裁委员会、衢州仲裁委员会、青岛仲裁委员会、郑州仲裁委员会、哈尔滨仲裁委员会、长沙仲裁委员会、珠海仲裁委员会、中国海事仲裁委员会	15	1. 珠海仲裁委员会开通的为互联网金融仲裁平台； 2. 重庆仲裁委员会、珠海仲裁委员会发布的均为《互联网金融仲裁规则》
仅开通网上立案	北京仲裁委员会、天津仲裁委员会、沈阳仲裁委员会、南通仲裁委员会、苏州仲裁委员会、镇江仲裁委员会、合肥仲裁委员会、威海仲裁委员会、淄博仲裁委员会、北海仲裁委员会、南宁仲裁委员会、海南仲裁委员会、绵阳仲裁委员会、西宁仲裁委员会、宜昌仲裁委员会	15	1. 镇江仲裁委员会没有独立网站，属于司法局下； 2. 北海仲裁委员会网页中有两个“在线立案”标签，一个正在完善中，另一个仅限机构注册； 3. 西宁仲裁委员会通过微信公众号立案
未找到官网或网页错误	运城仲裁委员会、连云港仲裁委员会、泰州仲裁委员会、金华仲裁委员会、莱芜仲裁委员会、东营仲裁委员会、安阳仲裁委员会、平顶山仲裁委员会、乌海仲裁委员会、呼和浩特仲裁委员会、清远仲裁委员会、柳州仲裁委员会、西安仲裁委员会	13	

续表

网上仲裁发展阶段	仲裁机构	总计（家）	备注
官网无相关内容	邯郸仲裁委员会、长治仲裁委员会、晋城仲裁委员会、太原仲裁委员会、阳泉仲裁委员会、大同仲裁委员会、大连仲裁委员会、杭州仲裁委员会、台州仲裁委员会、绍兴仲裁委员会、铜陵仲裁委员会、滨州仲裁委员会、济宁仲裁委员会、临沂仲裁委员会、烟台仲裁委员会、枣庄仲裁委员会、德州仲裁委员会、泰安仲裁委员会、聊城仲裁委员会、济南仲裁委员会、包头仲裁委员会、荆门仲裁委员会、十堰仲裁委员会、株洲仲裁委员会、岳阳仲裁委员会、廊坊仲裁委员会、肇庆仲裁委员会、佛山仲裁委员会、汕头仲裁委员会、攀枝花仲裁委员会、成都仲裁委员会、德阳仲裁委员会、泸州仲裁委员会、宝鸡仲裁委员会、渭南仲裁委员会、咸阳仲裁委员会、汉中仲裁委员会、天水仲裁委员会、保定仲裁委员会、丽水仲裁委员会	40	1. 保定仲裁委员会网上仲裁平台仅开通调解业务； 2. 大连仲裁委员会网上立案显示正在建设中； 3. 杭州仲裁委员会官网点击“我要立案”却跳转到律师事务所； 4. 丽水仲裁委员会点击“互联网仲裁服务标签”网页无法打开； 5. 泰安仲裁委员会官网的“在线立案”是将相关资料扫描件发送至固定邮箱； 6. 烟台仲裁委员会、十堰仲裁委员会、株洲仲裁委员会网页均显示“网络仲裁通道”标签，但点击之后无任何内容； 7. 聊城仲裁委员会官网中点击“网上立案与进度查询”标签没有反应

首先，如表5－1所示，某些仲裁机构的网上仲裁可操作性差且未完全利用网络的便捷性。主要体现在要么仅发布网上仲裁规则，网站未发现开启网上仲裁的通道，要么有网上仲裁平台但未

发布网上仲裁规则或者相关指引。有些仲裁机构未完全凸显网络的便捷性，例如，威海仲裁委员会仅提供网上预立案，还需要邮寄材料之后经审查正式立案；泰安仲裁委员会可以在线立案的方法是将相关资料扫描件发送到固定邮箱；北京仲裁委员会网站首页只有在线立案，后面的程序与线下仲裁并无区别；北海仲裁委员会网页中有两个“在线立案”标签，一个正在完善中，另一个仅限机构注册；西宁仲裁委员会通过微信公众号立案。其次，与国际知名仲裁机构相比，我国知识产权仲裁机构在专业性与影响力上存在较大差距，当事人更愿意选择其他国家或地区的仲裁机构来解决纠纷。从我国香港国际仲裁中心发布的2019—2021年统计数据来看，每一年度中，当事人的来源地为中国内地的仅次于香港地区排名第二，尤其是在网络域名争议案件中，受理的仲裁案件数量排名第一的均为中国内地。[1] 可见，当事人并不排斥仲裁，而是对内地仲裁机构缺乏信任。再次，知识产权具有强烈的地域特征，除著作权外，其他知识产权均受到授予权利部门地理因素的影响，而作为一种私权又需要获得普遍的承认。网上仲裁缺少一个真正的物理仲裁场所，又缺乏立法机构统一的顶层设计，无法有效地指引当事人选择仲裁机构、仲裁地与仲裁规则，而这些是影响仲裁裁决的重要因素。这对知识产权纠纷当事人来说无疑是额外的负担。最后，从反映的内容而言，仲裁机构之间程序专业化差距较大。差距主要表现在配备功能、指引能力、信息的整合程度以及操作的便捷性上。一方面，多家仲裁机构体现了专业性与关怀性。上海仲裁委员会与上海国际经济贸易仲裁委员会专门发布了网上仲裁指引与网上仲裁操作流程，且操作流程还细化为电脑操作与手机操作两种方案。从登录、上传证据材料、上

---

[1] 香港国际仲裁中心发布2021年统计数据［EB/OL］.（2022-02-09）［2022-06-25］. https：//www.hkiac.org/news/hkiac-releases-statistics-2021.

传签名文件到签名、全屏或关闭全屏、退出均作出具体的演示并在每一步上配有图片说明。青岛仲裁委员会与宁波仲裁委员会的官方网站中，具有明确的指引，信息全面且集中，为用户提供了极大的便利。哈尔滨仲裁委员会除了发布《网络仲裁规则》中文版之外，在其官网上还能看到英语、日语、韩语、俄语四种外文文件。然而，另一方面也存在较为明显的问题。一些仲裁机构的网站功能错位。例如，保定仲裁委员会官网显示为网上仲裁平台，实为调解业务；杭州仲裁委员会官网点击“我要立案”却跳转到律师事务所一栏；丽水仲裁委员会点击“互联网仲裁服务标签”网页无法打开；烟台仲裁委员会、十堰仲裁委员会、株洲仲裁委员会网页均显示“网络仲裁通道”标签，但点击之后无任何内容；渭南仲裁委员会网上并未发现与网上仲裁有关的指引性信息或者功能，但是在动态中发现一条咨询中提到“利用网络平台在线远程审理了一起保险合同纠纷案”。

第三，知识产权网上仲裁缺乏法院协助与监督。被承认和执行则是整个仲裁的价值体现。由于知识产权的特殊性，一定程度上涉及公权力的行使，而在实践中，法院在诸多领域是不支持知识产权仲裁的。[1]《仲裁法》中并未禁止网上仲裁，但是也未明确承认网上仲裁与传统仲裁具有同等位置，网上仲裁机构的性质定位不明确。对于当事人来说，网上仲裁裁决作出之后，最理想的当然是双方按照仲裁结果来履行。但是在实践中，难免遭遇履行不畅的情况，网上仲裁裁决的承认与执行无疑成为最重要的问题。是采用传统仲裁的执行与裁决方式，还是创造网上仲裁特有的自治性方式仍悬而未决。法院在网上仲裁的程序中还未发挥权威性的作用。因此，纠纷当事人尤其是涉及利益重大的知识产权当事

---

[1] 孙移芳．关于我国知识产权仲裁的几点思考［J］．经济研究参考，2010（41）：69－72.

人很难选择去承担裁决无法履行的风险。因此，法院和纠纷当事人之间存在障碍。一方面，法院对网上仲裁无法有效地监督，由于网络的无形性与知识产权纠纷的保密性，裁决如果违背社会公共利益，法院很难起到监督的作用。另一方面，网上仲裁当事人面临救济难的问题。网上仲裁没有确定的仲裁地，当事人需要申请强制执行或者申请撤销裁决时，选择哪个法院来提交申请，法院能否承认网上仲裁的效力成为最大的问题。总之，网上仲裁裁决作出后，仲裁机构没有权力强制执行，而司法机构缺乏对网上仲裁程序的监督，这样不利于网上仲裁裁决的合法性，也无法保障当事人的合法权益。

综上，本节分析了知识产权网上仲裁存在的主要问题及背后的原因。通过分析，将具有显著特性的知识产权纠纷放置在特殊的网络环境中总结出了程序不公正、程序衔接不畅以及缺乏公信力三个主要问题，进而探讨这三个问题产生的原因，为后续推进并完善知识产权网上仲裁指明了路径。

第三节　知识产权纠纷网上仲裁的完善

发展知识产权纠纷网上仲裁是构建我国知识产权保护格局的重要部分。从理论上说，网上仲裁在保护知识产权方面具有无法比拟的优势。与此同时，知识产权领域也存在非诉讼纠纷解决的现实需求。由于网上仲裁存在的程序问题和缺乏公信力问题，使知识产权网上仲裁的优势没有完全发挥。要推动和发展知识产权网上仲裁，无疑应积极寻求网上仲裁裁决执行机制的构建和完善。一方面，需要有效突破适用传统司法解决知识产权纠纷的强制执行机制的法律障碍；另一方面，应需不断引入更多更具体的网上仲裁符合其特性的自治执行机制。[1] 具体做法是加强法院对网上仲裁的支持，将网上仲裁嵌入线上线下社会的整体制度安排中。确定网上仲裁裁决的有效性和权威性，充分发挥司法机关的监督和协助作用，为知识产权网上仲裁打通发展的道路。

一、加强知识产权纠纷网上仲裁的司法监督

仲裁的一裁终局性一方面有利于纠纷解决的效率，另一方面也排除了司法审判的道路。本质上，仲裁是与诉讼共存的纠纷解决方法，它具有独自解决纠纷的职能，但是也需要司法权的支持与协助。然而，与司法监督和审查仲裁裁决的公正性相比，保护仲裁系统的独立存在和发展无疑更为重要。网上仲裁作为传统仲裁演化而来的争议解决方法，对其进行监督要适度，一方面不能过于放任，否则会导致仲裁权利的滥用；另一方面不能过于苛刻，作为一种新兴的纠纷解决方式，应该给予其发展的必要空间。

第一，尽快完善有关网上仲裁的法律依据，确认网上仲裁的合法性，具体规定网上审理的程序，法律应当承认网上仲裁协议以及仲裁裁决的合法性。我国现行《仲裁法》对于网上仲裁并无明确的规定。但司法部于2021年7月30日发布《仲裁法（征求意见稿)》第30条第3款明确规定，仲裁程序可以通过网络程序进行，为网上仲裁奠定了法律基础。近年来，我国网上仲裁业务积累了一些经验，主要集中于域名争议纠纷与电子商务纠纷中。但是相关法律法规显然落后于网上仲裁的实践发展。因此，需要进一步完善法律法规。首先，应该确认网上仲裁协议的合法性。当事人明确在仲裁协议中约定通过网上仲裁的方式解决争议，包括

---

[1] 邓杰．论在线仲裁裁决的执行机制［J］．武汉大学学报（哲学社会科学版），2008（6）：841－845.

在线仲裁、互联网仲裁、线上仲裁等字眼，视为选择网上仲裁。有关“书面”的争议，各国的要求有不断宽松的趋势。尽管电子邮件的网络技术不属于《纽约公约》中所包含的“书面”范围，但是1958年制定的《纽约公约》显然不可能预见今天的发展现状，从立法角度讲，仲裁协议是为了保障当事人的意思自治与仲裁程序的正当性。随着科学技术的发展，应扩大对书面形式的理解。《联合国电子商务示范法》第6条第1款规定中，对书面协议的最基本要求为信息可以随时调取阅读即可。承认网上仲裁的效力是仲裁立法的大趋势。最高人民法院在《关于适用〈中华人民共和国仲裁法〉若干问题的解释》中指出“其他书面形式”包含数据电文。因此，将数据电文形式上升至法律应提上日程。其次，因没有足够的法律依据，仲裁机构只能依靠自身力量来制定仲裁规则，开发仲裁平台，从而引发了仲裁程序不公正的问题。因此，应当出台网上仲裁程序规则，促进各个仲裁机构程序统一，促进仲裁裁决的公正性。再次，对于网上仲裁地的选择应当首先按照当事人意思自治原则，由当事人约定，当事人没有约定，则应该由网上仲裁机构按照最密切联系原则，充分考虑裁决执行的便利来确定仲裁地。最后，应该打破网上仲裁与传统仲裁的鸿沟，赋予网上仲裁裁决与传统仲裁裁决同等的法律地位，使当事人灵活选择线上、线下或者线上线下相结合的方式。对于传统仲裁中当事人能够行使请求撤销或者不予执行的救济权利，网上仲裁的当事人也应该拥有该权利。另外，我国目前知识产权单行法中对于非诉解决争议没有明确规定。由于知识产权的特殊性，法院对知识产权纠纷采取严格的专属管辖，为促进知识产权网上仲裁的发展，解决涉外知识产权纠纷，应当明确知识产权纠纷可仲裁范围，法院也应当放宽对知识产权纠纷的专属管辖，使知识产权立法与网上仲裁规则能够衔接。可以考虑通过知识产权单行立法以及行政法规对知识产权争议通过仲裁方式解决作出原则性规定，加强实体法与程序法的相融，并且通过行政法规、规章、制度形成完整的体系。网上仲裁弱化了国际地区之间的边界感，立法与执法的国际协调原则在网络空间中显得更为重要。[1] 因此，在立法过程中，应当融入“国际协调原则”。

第二，法院要加强司法监督，避免网上仲裁权利的滥用。仲裁的一裁终局性排除了法院对案件审理的可能性，也断绝了当事人其他的申诉路径。仲裁以不公开为原则，而且网上仲裁发生在虚拟的互联网空间，仲裁过程几乎是一个密闭的系统。如果缺乏必要的司法监督，仲裁庭或者仲裁员极有可能滥用权力，牟取不正当利益。因此，要对网上仲裁进行监督，对错误进行补救，保证仲裁的公正性，维护当事人的合法权益。首先要确定司法确认制度，肯定知识产权纠纷网上仲裁协议具有民事合同的性质，当事人可对其申请司法确认，经法院审查后赋予其强制执行力。对仲裁协议的效力作出裁决是人民法院司法监督权的一个重要体现。《仲裁法》第6条赋予了人民法院审查仲裁协议有效性的权利。仲裁协议是仲裁的依据，其有效或无效直接关系着仲裁能否进行的问题。对于知识产权纠纷网上仲裁而言，人民法院在作出协议无效时要保持最谨慎的态度，充分考虑网上仲裁的特殊性，必要时可请求行政部门的协助。

二、建立知识产权网上仲裁配套措施

在工业制造企业管理中，常常强调的影响产品质量的五个要素为人、机、料、法、环，即人员、机器、物料、法则、环境。同

---

[1] 朱国华，张春燕．网上仲裁法律问题研究［J］．上海大学学报（社会科学版），2001（4）：88－94.

样，要推进知识产权纠纷网上仲裁的发展，仅依靠上文提到的涉及的法律规定与制度建设的“法则问题”是远远不够的。一种纠纷解决机制的建立，要受各方面因素的影响与制约。只有做到相互配合，才能更好地发挥网上仲裁的优势。因此需要建立或完善一系列的配套措施来推动知识产权网上仲裁的发展。

第一，推动建立统一的网上仲裁平台，设立专门的知识产权板块，加强技术方面的支持，开发实现全流程在线化功能。该平台应包括自动提示仲裁流程功能、电子支付功能、文书证据在线交换功能、信息查询功能、笔录自动生成功能等。首先，目前国内还未建立统一的仲裁平台，网上仲裁专职人员、相关信息与案件资源都比较分散。中国贸仲委的“智慧庭审平台”已经投入使用，该平台具有人脸识别、文件提交、证据交换与笔录的签署等功能，但一般只适用于境内的纠纷。青岛仲裁委员会的人工智能与区块链技术搭建网上仲裁平台同样引起较大关注。但是大部分仲裁机构还是依靠公众平台，例如，北京仲裁委员会使用腾讯会议平台进行网上开庭；香港仲裁委员会提倡意思自治原则，由当事人商定选择，同时也为当事人提供了 Zoom、Cisco Webex 等可供选择平台。通过整合资源，建立统一的网上仲裁平台不仅能够推动司法部门、各地仲裁委员会、律师与高校研究所、企业法务部门等法律职业共同体成员尽快熟悉网上仲裁流程，熟练掌握操作方法，而且能够吸收借鉴国内外具有权威性的仲裁机构线上开庭平台功能或者通过购买或聘请专业人士实现这些功能。其次，加强技术方面的支持，完善视频会议、数字加密系统、电子签名技术、证据传送与接收等基本功能。应从弥补技术漏洞与加强人为干预两方面来应对数据泄露的威胁。对于技术问题，广泛应用数字加密技术，自动生成送达记录并发送回执，最大限度防止仲裁书与证据资料在传输的过程中丢失、篡改或被泄露。另外，权限分配也十分必要。仲裁员、当事人、代理人、证人等不同的参与人拥有不同的账号密码或者口令，通过不同的方式进入平台系统。仲裁员拥有最大的权限，能够通过系统查看参与人的身份信息、查看证据、控制仲裁进程等；当事人根据仲裁员的提示进行陈述辩论、证据的传输；证人只能经过仲裁员的批准进入系统，作出陈述辩论后退出系统的同时注销其账号。另外，在线上开庭中可引入香港仲裁委员会“虚拟休息室”功能与“庭审经理”制度。“虚拟休息室”是指当事人与代理人在庭审的过程中如果需要单独进行补充交流或私密讨论，只需要向仲裁员示意，仲裁员会将双方当事人与其代理人分别拖入不同的虚拟房间，这个虚拟房间对人数与进出作出严格限制，以便于仲裁庭合议、当事人与其代理人进行充分的秘密讨论。“庭审经理”一般是由IT技术人员充当，该人员参与庭审的全过程，以便应对随时出现的技术问题或者远程解答当事人所遇到的系统操作问题。禁止录屏的技术目前已经出现在一些常用的手机应用中。网上仲裁系统可引入该功能，参与人进入系统后自动开启该功能，防止参与人随意截屏录屏泄露信息。关于参与人身份核查的问题，一些仲裁机构在其《网上仲裁指引》中作出的应对可供借鉴。中国贸仲委规定当事人必须使用专用的账号密码并且通过人脸识别进入庭审；北京仲裁委员会要求参与人在进入庭审后展示身份证件与所在环境；HKIAC在庭审之前会公布参与庭审的人员名单，使各方清楚参与庭审的具体人员。另外，全程开启摄像功能也是必要的，且需要能覆盖参与人所处空间。这样既便于核查参与人的真实身份，也有利于排除来自外界的干扰，以确保参与人不受他人的诱导与协助。在实践中，仲裁庭可根据案件的复杂程度灵活安排，对视频设备的摆放位置、高度作出具体的规定。当然，对于知识产权纠纷的特殊性，在该板块下应具有针对性的功能，例如，解决专利权纠纷中十分重要的三维立体模型演示功能。在线下的开庭中，纠纷涉及的实物可以真实地出现在庭审中，参与人获取的是视觉直观感受，必要时还可以触摸。网络庭审中，若仅仅是开庭前用文件的方式将相关发明创造以图片加标注的格式交于仲裁机构是远远不够的，只有尽可能将实物的形态还原，经过各方的质证才能真正体现证据的价值。另外，不论是专利侵权还是商标侵权，图纸作为证据出现具有很大的可能性。如何使图片的下载与浏览能够确保设计图纸在经过多倍放大后清晰度不受影响也是需要解决的问题。这不仅对仲裁员认定证据的真实性、有效性十分重要，而且能够排除举证质证环节中对方当事人故意以模糊或者有瑕疵的理由来否定证据的有效性。

第二，推行统一的知识产权网上仲裁规则，鼓励私人建立专门的知识产权纠纷网上仲裁机构，明确审查标准，纳入评价体系。近年来，我国陆续建立了一些知识产权仲裁机构，但是还未有专门的知识产权网上仲裁规则。因此，结合各个仲裁机构的网上仲裁规则与知识产权纠纷的特征，制定知识产权纠纷网上仲裁规则，这不仅能够促进网上仲裁机构的建立，而且能够减轻纠纷当事人选择仲裁机构的负担。目前，在我国提供网上仲裁服务的机构大多是各地的综合的仲裁委员会或者由地方政府牵头设立的知识产权仲裁委员会。这种行政化倾向很容易导致低效率，滋生腐败。应鼓励私人机构或者有能力的大型网络服务公司和行业协会开展网上仲裁业务。首先，资本能更快地转化为完备的仲裁系统、专业权威的仲裁员，对于知识产权纠纷当事人的保密性诉求更有保障。并且经受市场竞争，倒逼其不断地优化完善。为确保官方与非官方的机构裁决的公正性，应确定统一的知识产权纠纷网上仲裁的程序标准。当然，采取全面放开的政策过于冒险，可以试点先行，选择知识产权纠纷案源较为充足的深圳、上海等地区，经过试验再逐步市场化。其次，要树立私人网上仲裁机构的市场准入标准，采取许可批准的方式，对其进行全面细致的评估。行政机构也应发挥作用，定期对网上仲裁机构进行考察，建立与司法监督体系对应的市场评价体系，并开通投诉或举报通道，向行业协会或法院举报。

第三，建立综合性网上服务平台，加大知识产权网上仲裁宣传力度，强化网上仲裁理念。在美国、加拿大等发达国家，网上仲裁已经得到较为广泛的认可和适用。然而，我国网上仲裁缺乏公信力，公众受传统诉讼观念的影响，知识产权网上仲裁的认可度不高。这种屏对屏的交流方式使公众难免产生顾虑。担心信息泄露，担心不能充分阐述自己的观点，担心对方当事人与仲裁员私下交易，担心仲裁裁决无法执行等。要打消当事人的疑虑，尽快转变当事人的观念，必须加大宣传力度，强化知识产权网上仲裁的理念。首先，统一开展知识产权网上仲裁相关培训，鼓励法律从业人员积极参与。知识产权网上仲裁的发展需要同时具备专业知识与计算机系统操作能力的专业人员。无论是仲裁员还是代理人都需要参与到网上仲裁程序中。一方面，要从观念上接受网上仲裁解决纠纷的方式，熟练利用电子设备与网上仲裁系统进行审理活动。另一方面，随着越来越多的国际知识产权纠纷出现，具有良好的英语水平也成为必然要求。因此，要加快对法律职业相关人员的培训，使其尽快掌握知识产权纠纷、网上仲裁程序等相关知识。同时，要鼓励企业法务人员或者派遣专门人员参加培训，尤其是中小型企业，提高企业对知识产权的保护意识，提升应对知识产权纠纷的处理能力，缩小企业之间的差距。其次，应该提供的信息应包括国内外提供知识产权网上仲裁的机构信息，包括地址（网址）、发展状况、案件受理情况、仲裁员的名单与选拔标准、收费标准、年度工作报告等，并提供可直接进入仲裁机构的官方网站；推送国内外知识产权有关的新闻动态。经当事人同意可公布仲裁案件文书，尽快整理一批具有代表性的知识产权仲裁案件供纠纷当事人参考。另外，应单独设立答疑区，及时解决公众的疑虑，积累总结热点问题，利用置顶功能提高工作效率。最后，利用新媒体资源，使公众了解知识产权纠纷网上仲裁的途径更加全面。如开设微博账号、短视频账号、创建微信公众号推送相关信息，利用这些媒介庞大的受众群体与无限的流量以达到广泛传播的效果。

三、加强法院对知识产权纠纷网上仲裁的支持

由于知识产权在一定程度上涉及公权力的行使，法院应采取措施尽可能地推动知识产权纠纷网上仲裁的发展，应贯彻司法确认制度、适度审查原则、支持仲裁原则这三项基本原则。更好地提高网上仲裁的效率，使网上仲裁发挥最大的优势，真正实现分流的作用，减轻法院的审判压力。

首先，法院应践行司法确认制度，明确知识产权纠纷网上仲裁协议具有民事合同的性质，赋予网上仲裁裁决强制执行力。有效衔接网上仲裁程序与传统仲裁程序，在工作中，扭转意识，将网上仲裁提升至与传统仲裁同样的重要位置，有利于分流知识产权纠纷和纠纷实质性解决，缓解审判压力，顺应知识产权保护格局。其次，对知识产权纠纷网上仲裁坚持适度审查原则。适度审查原则是实现仲裁价值目标的需要，也是国际社会的通行做法。应当赋予网上仲裁机构更多的自主权，完善网上仲裁的财产保全措施的程序，放宽对网上仲裁协议额的审查标准，统一国内外知识产权纠纷仲裁的司法审查模式，健全撤销网上仲裁裁决的程序规则。坚持适度审查原则，一是尊重当事人的意思自治原则。二是仲裁庭人员具有更为丰富的专业知识，对实体争议的调查和审

理更有优势。三是过度干预会加重人民法院的负担，也使仲裁失去独立性，而且与网上仲裁的高效便捷相违背。最后，支持仲裁原则既能缓解法院审理案件的压力，节约司法资源，又能鼓励案源流向仲裁，进而促进仲裁产业的繁荣发展。对于当事人来说，有了法院的保障与支持，既能节省时间和费用，又可以减少仲裁裁决难以执行的担忧。该原则的确立使法院对仲裁进行干预、监督的时间被推迟。一方面，仲裁机构能提高仲裁结案效率。另一方面，当事人避免了既要将精力集中在仲裁上据理力争，又要做好随时应对法院获得法院支持的压力。

综上，在网络时代的知识产权纠纷解决中，诉讼自身的问题日益尖锐，替代性纠纷解决方式的作用越来越显著。仲裁拥有良好的国际声誉，而网上仲裁的出现更是体现了仲裁的快捷与成本优势，这与知识产权纠纷解决的需求不谋而合。同时，知识产权纠纷网上仲裁也有很多问题，如在国内法与国际法框架下的网上仲裁协议的有效性问题、网上仲裁的设备与安全问题、知识产权的地域性与网上仲裁仲裁地缺失的问题、网上仲裁程序与仲裁规则的不规范问题都成为阻碍网上仲裁发展的障碍。但是，这些问题都是可以解决的。从立法部门、法院、网上仲裁机构到知识产权相关的国家行政部门采取相应的措施，确保知识产权网上仲裁发挥最大的效用，真正实现为知识产权诉讼分流的作用。

第六章

与我国有关的知识产权投资仲裁问题研究

为了强化与国际社会的经济联系，各国往往通过国际投资来完成生产要素的跨国转移与重新配置，从而实现与世界经济共同发展。[1] 其中，将知识产权作为资产进行运营活动的投资活动被称为知识产权投资。[2] 随着技术持续进步，知识产权的发展突飞猛进。据统计，2020 年我国专利授予数较2019 年增长 18.57%，PCT 国际专利申请受理量同比增长 18.61%[3]，与之对应的是知识产权投资纠纷大幅上升。有学者统计，我国企业涉外投资纠纷中，知识产权纠纷比重超过 50%，2010—2019 年，与我国企业在海外投资经营中的知识产权调查及相关的诉讼

[1] 贾丽娜．国际“投资”定义中的知识产权范畴探究［J］．私法，2018，29（1）：160－176.

[2] 冯晓青．我国企业知识产权资本运营策略探讨［J］．上海财经大学学报，2012，14（6）：45－52.

[3] 国家知识产权局．专利统计简报（2021）［EB/OL］．（2021－04－27）［2022－06－25］．https：//www. cnipa. gov. cn/tjxx/jianbao.

案件数量持续增加。[1] 一般而言，涉外知识产权投资纠纷具有以下特点。一是跨国性。知识产权投资涉及的是两个或者两个以上国家之间的利益，因此知识产权投资纠纷往往牵扯多国主体，产生跨国效应。[2] 二是纠纷内容的无形性和非物质性。与传统的投资纠纷不同，知识产权投资纠纷的投资客体是知识产权，它属于无形资产，在发生纠纷时举证质证具有一定难度，涉及跨国背景时更甚于此。[3] 三是纠纷的主体法律地位不对等。知识产权投资纠纷是签订了投资条约的两国或多国对各自国民以知识产权为投资客体进行跨境投资发生的纠纷。虽然签订条约的主体是国家，但在现实中往往条约的直接利益方是投资者与东道国。[4] 上述特点表明，涉外知识产权投资的解纷机制需要更加灵活务实、快捷安全高效的方式，而仲裁的特点刚好契合这一要求。本章通过分析涉外知识产权投资的发展现状及特点，探讨与我国有关的知识产权投资纠纷及仲裁裁决，以及国际商事仲裁是否及如何适用知识产权投资纠纷，最后从我国涉外知识产权投资纠纷仲裁的现状和问题出发，提出对策和建议，增强相关裁决的权威性和可执行性。

---

[1] 杨咏婕．中国企业海外投资纠纷的类型、成因及对策［J］．对外经贸实务，2020（12）：80－83.

[2] 徐树．国际投资条约下知识产权保护的困境及其应对［J］．法学，2019（5）：88－102.

[3] 高兰英，宋志国．试论国际商事仲裁制度与中国—东盟知识产权争议解决的契合［J］．法学杂志，2012，33（4）：110－114.

[4] 张建邦．国际投资条约知识产权保护制度的现代转型研究［J］．中国法学，2013（4）：63－73.

第一节　与我国有关的知识产权投资纠纷与实践

据统计，2016—2021 年，我国国际投资资产从 48 938 亿 SDR 增长到 66 622 亿 SDR，增长比达 36.1%。❶ 此外，我国对外投资的结构也在不断优化，在新发展理念指导下，我国持续推动经济高质量发展。随着产业结构的优化和在全球价值链地位的提升，“走出去”的市场主体创新能力和内生动力得以增强，其中新兴服务业如软件、信息技术和信息传输等年均增速达 19.4%，高技术产业增加值快速扩大。2020 年我国对外直接投资净额为 15 371 亿美元，同比增长 12.3%。2021 年 1 月至 11 月，我国对外全行业直接投资 8384.4 亿元，同比增长 1.8%。2021 年 3 月，我国政府提出完善金融支持创新体系，鼓励金融机构发展知识产权质押融资科技保险等科技金融产品，体现出对知识产权投资的支持。❷ 可以预见，随着我国对外投资结构持续优化，与知识产权紧密相关的科技领域投资规模会不断扩大。另有数据表明，2013—2020 年，我国国际经济贸易委员会共计受理 4036 件涉外纠纷仲裁，年均增长 10%。❸ 总之，上述数据显示，我国对外知识产权投资力度不断加大，相应的涉外仲裁的数量也在逐步增加。

---

❶ 国家外汇管理局官网．中国国际投资头寸表［EB/OL］．(2022-06-24)［2022-06-25］．https://www.safe.gov.cn/safe/zggjtztcb/index.html.

❷ 中华人民共和国国民经济和社会发展第十四个五年规划和 2035 年远景目标纲要［EB/OL］．(2021-03-13)［2022-06-25］．http://www.gov.cn/xinwen/2021-03/13/content_5592681.htm?pc.

❸ 中国国际经济贸易仲裁委员会．贸仲委受案数量［EB/OL］．［2022-06-25］．http://www.cietac.org/index.php?m=Page&a=index&id=24.

众所周知，自2013年我国提出“一带一路”建设以来，我国日益加强与丝绸之路经济带周边国家的经济合作。如今，“一带一路”建设已取得显著成效，“一带一路”融资项目已形成诸多成果。“一带一路”区域经贸合作机制已初步建立。为进一步拓展国际贸易多边体制，2020年11月15日我国与东盟十国、日本、韩国、新西兰和澳大利亚签署《区域全面经济伙伴关系协定》(Regional Comprehensive Economic Partnership，RCEP)，有效巩固了我国与其他国家间的经济合作关系。RCEP目前已有15个成员，我国在其中扮演的角色和影响力不可小觑。我国一直坚持多边自由贸易政策，倡导世界各国共同参与全球新格局建设，在此过程中WTO作为重要的经济贸易国际组织，协调各国经贸往来，解决其中涉及的贸易纠纷。因此，随着我国对外投资步伐加快，无论是新兴的“一带一路”和RCEP等区域合作方式，还是传统的WTO全球交流渠道，解决与我国相关的知识产权投资纠纷都将成为其中的重要内容。

一、“一带一路”知识产权中心的构想

“一带一路”是“丝绸之路经济带”和“21世纪海上丝绸之路”的简称。据统计，2022年1月至4月，我国企业对“一带一路”沿线中57个国家的非金融类直接投资达440.1亿元，这些投资主要集中在东盟十国、巴基斯坦、哈萨克斯坦、沙特阿拉伯和孟加拉国等国。[1] 可见，我国与“一带一路”沿线国家的经济往来日益频繁，对其他国家的投资力度不断增强。与之相对应，涉外

---

[1] 中华人民共和国商务部.2022年1—4月我国对“一带一路”沿线国家投资情况[EB/OL].(2022-05-31)[2022-06-25]. http://fec.mofcom.gov.cn/article/fwydyl/tjsj/202205/20220503315280.shtml.

投资纠纷逐渐增加，表现为案件类型多样化以及新兴领域案件数量增长。根据中国国际经济贸易仲裁委员会的统计，2021 年中国贸仲委受理了 21 种不同争议类型的案件，各类受理案件中货物买卖、机电设备、服务合同、股权转让等传统类型案件占比较大，金融创新类案件增幅达 50% 以上，建筑工程案件增幅达 36%，特许经营、文娱产业等类型纠纷增幅达一倍以上，知识产权、能源资源、中外合资、房屋土地及房地产、委托合同类纠纷均有增加，其中涉“一带一路”的案件达 136 件。[1]

目前，“一带一路”沿线国家和地区已经达到 65 个，但据现有国际协定或国内立法来看，尚无统一的知识产权解纷机制。首先，WTO 争端解决机制并不能完全处理“一带一路”国家之间的知识产权投资纠纷。这是因为“一带一路”沿线国家中有 13 个国家并非 WTO 成员，导致这 13 个国家[2]与其他加入 WTO 的“一带一路”沿线国家间的投资纠纷无法适用 WTO 争端解决机制。[3] 其次，专门用于解决投资者与东道国之间投资纠纷的解决投资争议国际中心（The International Center for Settlement of Investment Disputes，ICSID），在解决“一带一路”沿线国家与投资者间的纠纷也存在“水土不服”的问题。一是作为 ICSID 基础的《华盛顿公约》成员方并未完全覆盖“一带一路”沿线国家，[4] 二是 ICSID

---

[1] 中国国际经济贸易仲裁委员会．中国国际经济贸易仲裁委员会 2021 年工作报告与 2022 年工作计划［EB/OL］．［2022－06－25］．http：//www.cietac.org/index.php? m＝Article&a＝show&id＝18232.

[2] 这 13 个国家是不丹、伊朗、伊拉克、黎巴嫩、叙利亚、巴勒斯坦、塞尔维亚、波黑、乌兹别克斯坦、土库曼斯坦、吉尔吉斯斯坦、白俄罗斯和阿塞拜疆。

[3] 张超，张晓明．“一带一路”战略的国际争端解决机制研究［J］．南洋问题研究，2017（2）：24－34.

[4] 未覆盖到的国家有越南、老挝、缅甸、印度、马尔代夫、不丹、阿联酋、伊朗、巴勒斯坦、波兰、塔吉克斯坦、俄罗斯、泰国和吉尔吉斯斯坦。

在价值选择上对投资者利益的保护重于对东道国主权利益的维护，并且ICSID实施的是追溯赔偿制，其适用“及时、有效、充分”的赔偿标准。“一带一路”沿线的投资地即东道国多为发展中国家，其中不乏最不发达国家。慑于巨大的赔偿金额带来的沉重财政负担，这些国家对ICSID机制普遍存在抵触。❶ 最后，截至2022年2月6日，中国已经同148个国家和32个国际组织签署200余份共建“一带一路”合作文件。❷ 虽然在现有区域纠纷解决机制上，中国与“一带一路”的大多数沿线国家都确立了双边纠纷解决机制（Bilateral Investment Treaty，BIT）和区域贸易协定（Regional Trade Agreement，RTA），但只有少数RTA具有类似司法效果的解决争议的条款，而BIT则普遍对东道国规定了较多义务，并且大部分RTA的争端解决条款比较简单，普遍选择将协商作为解决争议的手段，即便规定了仲裁等争议解决方式，也缺乏明确细致的安排。❸ 因此，为更好地解决“一带一路”沿线国家之间的知识产权投资纠纷，维护我国企业合法权益，促进区域协调发展，建立知识产权纠纷处理中心尤为紧迫。

（一）“一带一路”国家知识产权保护的现状

全球创新指数（Global Innovation Index，GII）是由WIPO等组织和研究机构共同创立的，通过7个重要指标❹衡量全球120多个经济体的创新能力的排名，是能够为全球政策制定、企业管理执

---

❶ 黄世席. 国际投资仲裁裁决执行中的国家豁免问题［J］. 清华法学，2012，6（6）：95－106.

❷ 已同中国签订共建“一带一路”合作文件的国家一览［EB/OL］.（2022－02－07）［2022－06－25］. https：//www. yidaiyilu. gov. cn/xwzx/roll/77298. htm.

❸ 张超，张晓明. “一带一路”战略的国际争端解决机制研究［J］. 南洋问题研究，2017（2）：24－34.

❹ 这7个指标分别是制度、人力资本与研究、基础设施、市场成熟度、商业成熟度、知识与技术产出和创意产出。

行等活动提供参考的主要基准工具。❶ 众所周知，一个经济体创新能力的提升离不开完善的知识产权保护制度，高效完备的知识产权保护制度具有鼓励企业研发投入和创新产出的激励效应，❷ 因此，经济体的 GII 排名能够较好地反映该国的知识产权保护水平。表 6－1 是从 WIPO 2021 年发布的《全球创新指数报告》中整理的 65 个"一带一路"沿线国家创新指数排名，其中中国排名为 12 名，较 2020 年上升了两个位次。需要说明的是，因为各种原因，该报告只统计了 132 个国家和地区的排名，因此表 6－1 中有 9 个国家（叙利亚、巴勒斯坦、阿富汗、马尔代夫、不丹、爱沙尼亚、土库曼斯坦、马其顿和伊拉克）没有排名。这些国家因政策或经济等原因尚未加入 WIPO，或是因常年战争和政局不稳（如阿富汗、叙利亚和伊拉克）等原因，相关数据严重匮乏，因此表 6－1 仅就公开数据进行整理而成。

表 6－1　2021 年"一带一路"沿线国家创新指数排名（数据来源：WIPO）

国家	GII 排名	国家	GII 排名	国家	GII 排名	国家	GII 排名	国家	GII 排名
蒙古	58	约旦	81	塞浦路斯	28	吉尔吉斯斯坦	98	斯洛伐克	37
新加坡	8	叙利亚	—	埃及	94	俄罗斯	45	斯洛文尼亚	32
马来西亚	36	黎巴嫩	92	印度	46	乌克兰	49	克罗地亚	42

❶ 桂黄宝．基于 GII 的全球主要经济体创新能力国际比较及启示［J］．科学学与科学技术管理，2014，35（2）：143－153．

❷ 尹志锋，叶静怡，黄阳华，秦雪征．知识产权保护与企业创新：传导机制及其检验［J］．世界经济，2013，36（12）：111－129．

续表

国家	GII 排名	国家	GII 排名	国家	GII 排名	国家	GII 排名	国家	GII 排名
印度尼西亚	87	以色列	15	巴基斯坦	99	白俄罗斯	62	波黑	75
缅甸	127	巴勒斯坦	—	孟加拉	116	格鲁吉亚	63	黑山	50
泰国	43	沙特阿拉伯	66	阿富汗	—	阿塞拜疆	80	塞尔维亚	54
老挝	117	也门	131	斯里兰卡	95	亚美尼亚	69	阿尔巴尼亚	84
文莱	82	阿曼	76	马尔代夫	—	摩尔多瓦	64	保加利亚	35
柬埔寨	109	阿联酋	33	尼泊尔	111	波兰	40	罗马尼亚	48
菲律宾	51	卡塔尔	68	不丹	—	立陶宛	39	马其顿	—
伊朗	60	科威特	72	哈萨克斯坦	79	爱沙尼亚	—	塔吉克斯坦	103
伊拉克	—	巴林	78	土库曼斯坦	—	拉脱维亚	38	匈牙利	34
土耳其	41	希腊	47	乌兹别克斯坦	86	捷克	24	越南	44

表 6 - 1 反映出的“一带一路”沿线国家知识产权保护现状有以下特点。首先，总体排名较低。“一带一路”沿线国家横跨亚、非、欧三大板块，共有包括中国在内的 66 个成员，但其中除去中国和 9 个没有排名的国家，平均创新指数排名位次仅在 65.02，接

近于总排名的中位位次 66。但是如果算上所有“一带一路”国家的排名，这个名次会更低。其次，知识产权保护力度的地域差异较为明显。表现为在“一带一路”沿线国家中，靠近欧洲的国家保护水准普遍较高且排名较为接近。亚洲国家的排名差异较大且总体水平较低。亚洲平均位次在 75.6（其中东盟十国平均位次 70.4），低于中位位次，9 个没有排名的国家中有 7 个位于亚洲，因此实际上亚洲平均创新指数会更低。最后，发达国家与发展中国家、最不发达国家之间的知识产权保护力度差距较大。其中排名第 8 的新加坡作为发达国家，不仅国内有一系列完善的知识产权立法，还加入了 WIPO 等众多与知识产权有关的公约和国际组织，以及十余项国际条约，如《巴黎公约》等，[1] 因此，新加坡知识产权保护力度远远超过老挝、缅甸、柬埔寨等最不发达国家。

基于上述“一带一路”沿线国家之间存在知识产权保护力度的差距和“一带一路”范围内尚未建立统一的知识产权纠纷解决机制的现实，无不凸显出构建“一带一路”知识产权中心的必要性。“一带一路”知识产权中心的建立不仅可以快速、高效地解决东道国之间、东道国与投资者之间的知识产权投资纠纷，促进区域内知识产权投资力度加大，推动沿线各国经济发展，而且有利于我国和沿线国家知识产权保护水平共同进步，缩小各国间的差距，也能增强我国在国际知识产权保护领域的话语权。

（二）构建“一带一路”知识产权中心的基础

首先，完备的物质基础。对于“一带一路”知识产权中心的构建，沿线各国已具备相应的物质基础。2021 年，我国企业在“一带一路”沿线区域对 57 个国家非金融类直接投资 203 亿美元，

---

[1] 《伯尔尼公约》《马德里协议》《专利合作条约》《布达佩斯条约》《与贸易有关的知识产权协定》等。

同比增长 14.1%，占同期总额的 17.9%，较上年同期上升 1.7 个百分点，这些资金主要投向东盟十国和其他沿线国家。我国有超过 1.1 万家境外企业设立于沿线国家，2020 年当年实现直接投资 225.4 亿美元，同比增长 20.6%，占存量总额的 7.8%。2013—2020 年我国对沿线国家累计直接投资 1398.5 亿美元。[1] 此外，“一带一路”沿线国家间的知识产权交流力度不断加强。以专利为例，截至 2019 年我国申请人在境外发明专利申请量达 83 548 件，其中在“一带一路”沿线国家的申请量总计达到 10 238 件，占境外发明专利申请总量的 12.3%，我国权利人在境外发明专利授权量中“一带一路”沿线国家授权量达到总数的 8.1%[2]，在这些申请和授予专利中所涉及的“一带一路”沿线国家已经多达 30 个。2020 年，我国在“一带一路”沿线国家公开的专利申请量达 6198 件，同比增长 17.1%，专利授权量达 4245 件，同比增长 19.3%。[3] 可以看出，我国在“一带一路”沿线国家的知识产权投资力度较大。国内企业纷纷在“一带一路”沿线国家申请专利，企业跨境知识产权投资更加频繁，为“一带一路”知识产权中心的建立提供了广泛的物质基础。

其次，良好的制度基础。在“一带一路”沿线的 65 个国家和地区中，有 58 个国家是 WTO 的成员、53 个是 WIPO 的成员。一般而言，适用 WTO 和 WIPO 纠纷解决机制解决沿线国家之间的纠

---

[1] 商务部.2021 年我国对“一带一路”沿线国家投资情况［EB/OL］.（2022-01-24）［2022-06-25］. http://fec.mofcom.gov.cn/article/fwydyl/tjsj/202201/20220103239004.shtml.

[2] 国家知识产权局.专利统计简报［EB/OL］.（2021-04-27）［2022-06-25］. https://www.cnipa.gov.cn/tjxx/jianbao.

[3] 国家知识产权局.2020 年中国在“一带一路”沿线国家专利布局呈现逆势增长势头［EB/OL］.（2021-04-19）［2022-06-25］. https://www.cnipa.gov.cn/module/download/down.jsp?i_ID=169839&colID=88.

纷已有传统，[1] 这是由于 WTO 和 WIPO 规定有关商事纠纷和投资纠纷，成员方必须采用 WTO 和 WIPO 自身的解决规则。正是因为成员方对这些规则的遵守和解决纠纷机制的利用，形成了国家间处理知识产权纠纷的共同机制，这也就为“一带一路”知识产权中心的构建奠定了基础制度。与此同时，在“一带一路”覆盖的东亚地区，平均每个国家加入了 5 个自由贸易协定（Free Trade Agreement，FTA），而中东欧地区国家则加入了51 个，西亚北非地区加入了47 个，南亚地区加入了 11 个 FTA。[2] 在这些双边协定中也规定了适用于与贸易有关的知识产权纠纷的争议解决机制，它们在处理国家间知识产权纠纷方面发挥着重要的作用，同时也为“一带一路”知识产权保护中心的构建储备了必要的操作规则。

最后，互融的文化基础。古丝绸之路绵亘万里，延续千年。以丝绸之路为媒介的中国与沿线国家的千年交流史已然积淀了和平交往、互利合作、交流借鉴、共同进步等丝路精神。尤其是近代以来，沿线国家和地区大多数为发展中国家和新兴经济体，都渴望发展本国经济，改善民生，并且沿线国家和地区在反对霸权主义、强权政治，主张世界平等分享发展机会上有共同的追求，加之近年来我国综合国力增强，国际影响力扩大，我国的文化在他国所产生的影响也随之扩大，在“一带一路”沿线国家越来越融合的文化背景下[3]，“一带一路”知识产权中心的建立有了互融的文化基础。

---

[1] 刘敬东．构建公正合理的“一带一路”争端解决机制［J］．太平洋学报，2017，25（5）：13－22.

[2] 俞风雷．“一带一路”沿线国家知识产权纠纷的解决机制［J］．天津法学，2020，36（1）：85－90.

[3] 王海迪．“一带一路”背景下中国—东盟旅游的跨文化传播［J］．传媒论坛，2021，4（10）：119－121.

（三）构建“一带一路”知识产权中心的设想

我国“十四五”规划指出，到2025年我国知识产权在国际协调方面应更加有力，推动“一带一路”各国在知识产权方面的合作，进一步提升海外知识产权获权维权方面的能力，需要加强知识产权国际合作机制建设。[1] 因此，构建“一带一路”知识产权中心符合“十四五”规划的要求。此外，在主要自由贸易区域或地区内，大都组建了各区域的知识产权中心。例如，国际范围内的知识产权中心——世界知识产权组织（WIPO），欧盟地区的知识产权中心——欧洲法院[2]，东盟地区的知识产权中心——东盟知识产权合作组织，等等。因此，加强构建“一带一路”沿线国家之间良好有序的知识产权投资合作[3]，应该将“一带一路”知识产权中心的建设提上日程。体制创新必须深入贯彻“一带一路”倡议，促进国际区域经济知识产权一体化的发展推进体制创新建设和协调经济发展，进一步完善区域经济知识产权制度、健全区域经济知识产权体系和保护贸易秩序、构建区域经济知识产权的一体化。

第一，“一带一路”知识产权保护中心应设立在我国厦门。这是由于“一带一路”由我国首倡发起，并且我国也是“一带一路”沿线国家中经济体量最大，对外投资最为活跃的国家。因此，该知识产权中心设置在我国更为合理。首先，厦门知识产权保护基础好、力度强。作为“一带一路”协同创新知识产权经济体系的重要参与者，厦门从三个方面承接了国家赋予的改革使命：一是

---

[1] 国务院关于印发“十四五”国家知识产权保护和运用规划的通知［EB/OL］.（2021－10－09）［2022－06－25］. http：//www. gov. cn/gongbao/content/2021/content_5651725. htm.

[2] 俞风雷.“一带一路”沿线国家知识产权纠纷的解决机制［J］. 天津法学，2020，36（1）：85－90.

[3] 黄巧香，陈俭. 新形势下“一带一路”沿线发展环境的PEST分析［J］. 商展经济，2021（22）：23－28.

综改试点，二是创建国家知识产权强市，三是国家赋予的全国唯一的两岸知识产权经济发展试点。厦门市结合两岸知识产权经济发展试点和“一带一路”海上建设支点城市地位，根据综改试点和强市建设的要求，提出了开展“一带一路”知识产权经济试点，主动担负起“一带一路”建设支点城市的引领示范与辐射带动作用。❶ 其次，在地理上，厦门也有得天独厚的优势。作为沿海城市，与我国“一带一路”主要贸易国的地理距离都比较近，这为及时快速地处理涉外知识产权纠纷提供了内地城市不可比拟的便利。最后，厦门是海外华侨最多祖籍来源地之一。众所周知，我国有规模庞大、实力雄厚的海外华侨华人群体。据统计，全球华商企业资产总规模约 5 万亿美元。❷ 其中有超过六成分布在“一带一路”覆盖区，有超过三成的 500 强华商企业分布在东盟国家，华商集中的许多行业已经成为当地经济的重要支柱。海外华人华侨群体经过在外的多年商业积累，建立起四通八达的生产营销网络，他们扎根国外又心系国内的特点为我国与“一带一路”沿线国家的合作搭建起天然的血脉桥梁。充分运用海外华侨华人群体的政商人脉优势力量能有力促进我国与“一带一路”沿线国家的联系。❸ 福建华侨是我国华侨中最为庞大的一支力量，这也为知识产权中心的设立提供了历史乃至血脉渊源的基础。此外，厦门大学知识产权研究院作为我国前沿的知识产权研究机构，也能为知识产权中心的建设提供学术理论上的支持和源源不断的人才。将

---

❶ 卢琳兵．先行探索中国特色知识产权经济发展之路［N/OL］．（2017－05－07）［2022－06－25］．http：//m.cnr.cn/news/20170517/t20170517_523760214.shtml.

❷ 贾益民，许培源，周兴泰，何光强．21 世纪海上丝绸之路研究（2017 年第一辑）［M］．北京：社会科学文献出版社，2017.

❸ 邓江年．海外华侨华人经济与“一带一路”战略的互动机制［J］．华南师范大学学报（社会科学版），2016（3）：18－22，191.

"一带一路"知识产权中心设立在厦门可谓天时地利人和。

总之,"一带一路"知识产权中心一旦建成,对"一带一路"沿线国家经济和科技实力的增长将产生巨大的影响力。如前所述,"一带一路"沿线各国间经济发展模式和水平差异较大,发展资源上各有优劣,经济上的高度互补给"一带一路"国家之间创造出很大的合作空间。"一带一路"建设致力于打造一个"利益共同体、命运共同体和责任共同体",具体表现为政治上相互信任、经济上彼此融合和文化上包容理解。正是由于"一带一路"有着包容而宽广的合作空间,越来越多的国家都有机会参与"一带一路"合作平台的建设中,因此"一带一路"知识产权中心的构建,并非简单地设置一处法院或者仲裁庭,而是要建立与"一带一路"知识产权投资纠纷特征相适应的一系列争议解决机制。此外,由于知识产权的性质,在投资协定中对知识产权保护具有隐蔽性,不适宜将知识产权公之于众,因此当纠纷发生时,各方当事人均不愿对纠纷提起诉讼,以保护知识产权使其免于泄露,而仲裁所具有的保密性、自治性等特点,使当事人更青睐于以此种方式作为解纷途径。[1] 因此,在机制建立上,应当以仲裁制度为核心,充分参考借鉴目前较为成熟的各种争议解决机制的程序设置,结合"一带一路"沿线国家知识产权纠纷的特征,取长补短,有所扬弃。

第二,"一带一路"知识产权保护中心可借鉴 WTO 争端解决机制设计运行。WTO 争端解决机制被称为"皇冠上的明珠",是当前适用最为广泛、机制最为成熟的国际商事争端解决机制。[2] 目

[1] 俞风雷."一带一路"沿线国家知识产权纠纷的解决机制[J].天津法学,2020,36(1):85-90.

[2] 张乃根.论 WTO 争端解决机制的几个主要国际法问题[J].法学评论,2001(5):51-58.

前国际上以 WTO 为代表影响力较大的贸易争端解决机制[1]通常包含磋商程序、斡旋、调解和调停程序、专家小组程序、上诉审查程序、仲裁程序和裁决执行程序。磋商程序可以秉持共商共建共享的理念，参照 CAFTA《争端解决机制协议》第 4 条规定的磋商程序建立，因为 CAFTA 是我国与东盟签订，因此在我国建立的“一带一路”知识产权中心适用相关条款更加方便；WTO 规定了选择性的斡旋、调解和调停程序，作为 ICSID 基础的《华盛顿公约》的相关规定主要包含请求调解、调解委员会的组成以及调解程序，NAFTA 第 20 章规定贸易委员会的斡旋、调停、调解或其他方法，CAFTA 则规定争端方本身具有随时进行调解、调停的基本权力。笔者认为“一带一路”知识产权中心的斡旋调停机制可以综合各种争端解决机制的特点。首先，规定争端各方申请调解、调停的权利，在程序设计上借鉴 WTO 的相关规定。另外，可以设立专门的知识产权纠纷调解委员会，如果遇到各方难以达成共识的情况，任何一方可以申请知识产权纠纷调解委员会组成专家小组介入协助调解。其次，在“一带一路”知识产权中心的争端解决机制构想中，面对无法通过调解协商解决的争端，应适用仲裁手段来解决。WTO 虽然规定了对专家组建议的上诉机制，即上诉机构应受理对应用专家组程序案件的上诉，但仲裁的一个重要特征就是终局性，裁决一旦作出当事人不得上诉，因此“一带一路”知识产权中心程序上可以借鉴 ICSID、NAFTA 和 CAFTA 的做法，不需要设立专门的上诉审查程序，例如，参照 ICSID 的做法，虽然没有上诉机制，但当事人可以对仲裁庭的严重违反程序问题申请废止裁定；在仲裁方面，WTO 规定，根据当事各方的相互同意来

---

[1] 主要比较了 WTO、ICSID 、北美自由贸易协议（North American Free Trade Agreement, NAFTA）和中国—东盟自由贸易区（China - ASEAN Free Trade Agreement, CAFTA）的争端解决机制。

决定采取仲裁程序的具体安排。ICSID 也规定了申请仲裁、仲裁庭组成方式、仲裁庭的权力和职能等，但这些环节都是当事人不能任意约定的，具有一定的强制性，还有裁决、裁决的解释、修改和撤销以及裁决的承认和执行等相关规定。NAFTA 也规定了仲裁的相关程序。CAFTA 还规定了如果当事方在获取磋商请求的期限内无法解决问题，申诉方具有要求建立仲裁庭的权利。笔者认为，“一带一路”知识产权中心的仲裁程序应当以规定最为详细的 WTO 仲裁规则为基础，此外在仲裁庭人员组成方面可以参考 RCEP 专家组成员组成的程序，更好衔接“一带一路”国家与 RCEP 成员方的纠纷解决机制，降低解决争议的成本。最后，“一带一路”知识产权中心的仲裁程序应迈向国际化。“一带一路”知识产权中心的仲裁程序可以参照我国最新的《仲裁法（征求意见稿）》中第八章涉外仲裁的特别规定并综合借鉴 WTO 和 ICSID 的规定，坚持平等协商，在双方相互尊重、相互同意的前提下开展仲裁，并对仲裁庭的组成及其权限、裁决的解释、修改、撤销作出清晰的规定；在仲裁的执行方面，WTO 规定了执行裁决的多边监督、合理期限、执行裁决异议的复审等程序。《华盛顿公约规定》第 54 条规定，所有缔约方均需要承认并履行裁决。NAFTA 和 CAFTA 分别规定了不同裁决适用不同执行程序、执行裁决的意向和对应的合理程序等。“一带一路”知识产权中心在仲裁执行上可以参考 WTO 的规定，因为 WTO 对此规定最为细致，且据学者统计，相比于较少用到的 NAFTA 和 CAFTA 的争端机制，通过 WTO 的争端机制解决的案件数量最多，实践中的运行效果更好。[1]

总而言之，“一带一路”知识产权中心的建立必要且可行，它

[1] 廖丽．“一带一路”争端解决机制创新研究——国际法与比较法的视角［J］．法学评论，2018，36（2）：166－173.

不仅能弥补目前“一带一路”沿线国家缺乏统一知识产权投资争端解决机制的不足，更好更方便地解决因知识产权投资产生的纠纷，增进经济效率，从而有利于“一带一路”沿线国家通过贸易往来促进经济发展、传播多元文化和扩大“朋友圈”。需要注意的是，因为“一带一路”沿线国家以发展中国家为主，在跨国经济活动中容易处于劣势地位，因此在具体仲裁规则上，要充分照顾发展中国家的利益，对于最不发达国家被指控的赔偿金额可以适当调整，程序正义和实质正义的平衡问题还需要在实践中不断完善，这也对“一带一路”知识产权中心提出了新的要求。

二、WTO 知识产权投资纠纷仲裁典型案例分析

作为处理国际贸易规则的权威性国际组织，WTO 以世贸组织协议为核心，由世界上大多数贸易国谈判和签署，并在其立法机构中获得批准，最大限度地保证世界上的自由贸易活动的快速、便捷和可预测开展。为顺利实现上述目的，解决贸易争端成为 WTO 的重要任务之一。当一个成员方政府认为另一个成员方政府违反了它在 WTO 中作出的协议或承诺时，就会产生争端。WTO 拥有世界上最活跃的国际争端解决机制之一。

自 2001 年加入 WTO，我国充分发挥自身经济贸易上的比较优势，深刻改变了我国与世界经济体系的关系，深入参与了国际分工体系，从而发展成为世界上最重要的贸易投资大国。这为我国参与全球经济治理提供了更好的条件，提升了我国在全球经济格局中的地位。20 多年来，我国已是世界第二大经济体，对外投资从世界第 26 位上升到第 1 位。[1] 加入 WTO 后，我国既从多边贸易

[1] 隆国强．加入世界贸易组织 20 年回顾与展望［EB/OL］．(2021－12－10)［2022－06－25］．https：//mp. weixin. qq. com/s/ADRWshPtbx0aebOMn29UhQ.

体制中受益良多，也为多边贸易体制的良好发展作出了重大贡献。我国致力于促进全球化和贸易的自由化，但国际贸易给各国带来的不仅有经济发展，伴随贸易产生的摩擦与纠纷也不可避免地增多，有学者统计，自1995年到2015年，我国参与WTO争端解决机制的案件共176件，其中作为原告的有13件，作为被告的有34件，作为第三方参与的有129件。[1]

分析我国加入WTO以来参与的知识产权投资纠纷仲裁典型案例，总结经验教训，不仅体现了我国坚决维护世界贸易组织机制的态度和立场，也有利于我国在今后的涉外知识产权纠纷中更好地遵守规则，运用规则，维护我国利益。

（一）WTO争端解决机制中的仲裁规则

1995年1月1日，随着《WTO协定》内容的正式运作，WTO的各项贸易组织制度被确立下来。作为其中最核心的部分——争端解决机制被规定于《WTO协定》的附件二《关于争端解决规则与程序的谅解》（The Dispute Settlement Understanding，DSU）之中。

DSU共有三种不同的争端解决方法，分别为调解程序、专家组程序和仲裁程序。其中调解程序比较自由，完全取决于当事人的意愿。具体包括斡旋、调解和调停三种方法，当事人可以随时开始或者选择结束，调解程序亦可与专家组程序一并进行。虽然磋商程序并非必不可少，但从收到磋商通知后需要一段时间才能得到调解，如果双方都同意无法通过调解促成双方都满意的结果，也可以在收到磋商通知的60天内提起设立专家组的申请。专家组程序是常规的争端解决程序，一旦专家组被申诉方启动后即具有强制性，争端双方需要依据DSU中的专家组程序申诉和答辩，秘

[1] Alexandr Svetlicinii，张娟娟．金砖国家参与WTO争端解决机制研究［J］．南亚研究，2017（1）：22－40，155－156．

书长负责指定专家组成员。根据 DSU 第 8.6 条，反对专家组成员人选必须提出有信服力的理由。专家组成员有三类：GATT 和 WTO 官员、贸易方向的专家和律师，以及政府官员（包括前任政府官员）。总干事可以在各方不能就专家组成员达成一致时应任意争端方的要求来经过特定程序决定专家组人选。专家组职权重大，根据 DSU 的规定，专家组按照争端各方所引用的协定中的相关规定为范围，审查各方提交至争端解决机构的各种事项，在审查后给出调查结果，这些结果是争端解决机构提出建议或作出裁决的重要依据，不同于国际仲裁中仲裁庭职权范围仅限于当事人协商约定范围的惯例，WTO 专家组的职权范围不仅十分广泛，而且常有争议。❶

作为专家组程序的替代程序，DSU 规则允许争端方单方面寻求通过仲裁解决特定争议。适用仲裁解决争议一般情况下需要争端各方的同意，仲裁按照各方协商一致的仲裁程序进行，DSU 规定就仲裁达成的一致意见需要在仲裁程序开始前尽快通知 WTO 各成员。不同于专家组程序，仲裁程序的可协商性更体现当事各方的自主意志。仲裁裁决产生后不需要争端解决机构通过，只需告知争端解决机构即可进入实施程序，裁决结果对争议双方产生约束力。❷

DSU 规定了仲裁员的管辖权并对其进行了限制，❸ 按照规定，仲裁员有权裁定各方是否遵循了适用于中止的原则和程序。例如，中止 TRIPS 协定下的减让或其他义务就影响到成员方对列入 TRIPS 协定的国际知识产权条约的正常遵守的可能，然而仲裁员如果遵

---

❶ 黄东黎，杨国华．世界贸易组织法［M］．北京：社会科学文献出版社，2008．

❷ 韩立余．既往不咎——WTO 争端解决机制研究［M］．北京：北京大学出版社，2009．

❸ DSU 第 22.7 条规定，仲裁员不得审查拟予中止的减让或其他义务的性质。

循 DSU 第 22.6 条的授权，就无权对中止 WTO 义务是否会影响成员方对知识产权条约的遵守进行裁定，这点也被学者认为是一个明显的问题。[1]

仲裁期限问题明确规定于 DSU 第 22.6 条，仲裁应在合理期限结束之日起 60 日内完成。这个期限虽然理论上是有可能的，但在现实中因各种情况很难被遵守，合理期限结束后，起诉方任何在请求授权中止上的延迟都可能消耗这短暂的 60 日期限。例如，在欧共体—香蕉案Ⅲ（美国）中，仲裁员在强调 60 日期限的紧迫性后更指出，由于裁决不能上诉，所以为了避免当事各方对裁决结果的分歧，仲裁员所作裁决必须尽可能达到最大限度的明确性。当然想要达到这个效果就必须当事方提交更多信息，进而需要更长时间的审查与分析，原本应在 1999 年 1 月 1 日到期的合理期限，但实际上该案的裁决直到 1999 年 4 月 9 日才作出。

仲裁的举证责任问题属于形式上的问题，与其他 WTO 争端解决程序中的举证责任相同，DSU 第 22.6 条对仲裁中的举证责任的规定也是推定成员方遵照其 WTO 义务采取行动，主张对方没有遵守 WTO 义务的成员方需要负举证责任。当然出于裁判的考虑，仲裁员主张所有当事方都有义务出示证据和向仲裁员提交证据。实际上，由于 DSU 第 22.6 条下的仲裁中固有的法律性僵化的结果，如果成员方寻求某种授权或者对对方所请求的授权程度有异议都必须各自证明己方主张，否则有败诉的风险。尽管没有明确用到“举证责任”这个词，“提交证据方面的合作义务”这个表述事实上将举证的义务也施加给了被质疑的成员方。[2]当然，最终的仲裁结果按照 DSU 第 22.7 条应当立刻通知争端解决机构以实现裁决结

[1][2] 戴维·帕尔米特，佩特罗斯·C. 马弗鲁第斯. WTO 中的争端解决：实践与程序［M］. 罗培新，李春林，译. 北京：北京大学出版社，2005.

果后续的具体实施，不过除此之外，如果非应请求，争端解决机构不会主动采取行动。

因美国阻挠新成员的任命，WTO 争端解决机制上诉机构陷入停摆的困局，2020 年 4 月，为保障 WTO 争端解决机制的正常运营以及上诉机制的早日恢复，中国、欧盟等 WTO 的 16 个成员同意设立多方临时上诉仲裁安排（Multi – Party Interim Appeal Arbitration Arrangement，MPIA）作为解决贸易争端的临时机制。仲裁在争端解决方面一裁终局，往往不牵涉上诉问题，而上诉程序属于诉讼范畴，与仲裁之间也没有直接的联系，两种争端解决方式的选择通常是二选一的排他关系。MPIA 根据规则安排诞生于 DSU 第 25 条“仲裁”的条款，通过参照或移植上述程序和上诉审议程序及相关制度，创造性地将仲裁要素嫁接于上诉程序之中，形成基于仲裁，包含仲裁要素，但以代替性的临时上诉机制为其任务的特点，即依托仲裁，替代上诉。[1] 这些特点使其既不同于传统的商事仲裁规则，也不同于 WTO 的上诉机制，而是一个用于解决上诉机制停摆的紧迫现实问题而诞生的临时机制。MPIA 包含许多用以提高仲裁上诉效率的新规则，例如对上诉仲裁庭审查范围问题，规定争端各方达成一致同意的仲裁庭的管辖权，审查范围方面，与 DSU 第 17 条对上诉审议的要求和上诉机构权限别无二致，均为专家组报告所涵盖的法律问题和专家组所作的法律解释。在此基础上，还增加两条新规：第一，仲裁庭应仅审理那些对本案争端解决而言所必需的问题；第二，在不影响仲裁庭就其所管辖问题作出裁决义务的前提下，上诉仲裁庭应仅审理那些由争端方提出上诉的问题。MPIA 在裁决期限的遵守问题上也有新的贡献，前已述

[1] 石静霞. WTO《多方临时上诉仲裁安排》：基于仲裁的上诉替代［J］. 法学研究，2020，42（6）：167 – 185.

及，DSU 对仲裁裁决作出了合理期限后 60 日的期限规定，并要求无论如何不得超过 90 日，这一要求虽然符合仲裁快捷性的要求，但是由于国际贸易争端主体的特殊性和案件本身的复杂性，这一要求很难得以遵守，MPIA 规则对此作出变通，不同于 DSU 规定的 60 日，首先是明确要求上诉仲裁庭在 90 日内作出裁决，但又强调考虑到上诉案件的复杂性，在不影响各争端方权利义务的情况下，作出裁决的期限可以经适当程序延长。

（二）WTO 典型知识产权仲裁案例分析

前面较为详细地介绍了《关于争端解决规则与程序的谅解》对仲裁程序的相关规定和这些规则在实践中的一些具体做法，下面将引入案件作进一步详细分析，更为动态地展示 WTO 仲裁规则在实际中的应用。需要说明的是，由于普通争端解决方法即上诉程序在实践中的高度发达，面对复杂的 WTO 贸易纠纷，成员方更倾向于选择两审终审的上诉程序而非一审终审的仲裁程序解决纠纷，而实践中上诉程序积累的大量实践经验加剧了这一点，仲裁程序作为诉讼程序的替代程序时常处于被大部分 WTO 成员忽略的尴尬地位。[1] 案例检索存在一定困难，本书将就运用到仲裁程序的 WTO 知识产权纠纷案例进行分析，重点探讨争端方选择仲裁程序的考量以及实际运用的效果。

第一起提交 DSU 第 25 条下的知识产权仲裁案是《美国版权法》第 110 条第 5 款案，在这个案件中，起诉方欧盟与应诉方美国约定通过仲裁确定由于《美国版权法》第 110 条第 5 款的实施而造成的欧盟可期待利益的丧失或减损水平。[2] 涉案争议条款案来自

---

[1] 石静霞，白芳艳．应对 WTO 上诉机构危机：基于仲裁解决贸易争端的角度［J］．国际贸易问题，2019（4）：13－34.

[2] 戴维·帕尔米特，佩特罗斯·C. 马弗鲁第斯．WTO 中的争端解决：实践与程序［M］．罗培新，李春林，译．北京：北京大学出版社，2005.

美国20世纪音乐公司诉艾肯案。艾肯是美国一家小吃店的店主，为招徕顾客，在小吃店的房顶上用4个喇叭播放电视节目。20世纪音乐公司因此起诉艾肯的这种公共播放行为并未购买其许可，侵犯了20世纪音乐公司的权利，该案最终上诉至美国联邦最高法院，艾肯最终胜诉。其中，该案确定了一个重要的原则——这些小店用电视广播播放节目招徕顾客并不需要负法律责任，这个原则就是后来的1976年《美国版权法》的第110条第5款的规定。该案中，欧盟认为，《美国版权法》第110条第5款不符合TRIPS协定第9条第1款和《伯尔尼公约》第11条第1款第2项和第11条之2的第1款第3项的要求，据此于1999年1月向美国提出磋商的要求，因为双方磋商没有取得满意结果，欧盟因此要求成立专家组，以裁定《美国版权法》第110条第5款是否违反了TRIPS协定第9条第1款和《伯尔尼公约》第11条第1款第2项和第11条之2的第1款第3项约定的义务。对于这些实体法律审查上的问题，双方进行了多回合的激烈交锋，专家组也进行了详细的论证，但这属于WTO诉讼程序，并不在本书讨论范围之内。专家组给争端解决机构的建议是要求美国采取措施（修改法律）以使其符合在TRIPS协定中承担的义务。因为美国没有对专家组的报告提出异议或上诉，争端解决机构因此通过了专家组报告。

美国同意执行争端解决机构对此案的裁决，但执行需要一段合理的期限，对于合理期限的长短，欧盟、美国没有协商出统一意见，于是双方同意申请用仲裁来确定合理的期限。美国主张执行此案裁决的时间至少需要15个月，欧盟认为仅需10个月，最后仲裁员确定合理期限是12个月，但等到12个月后（2001年7月27日），美国并没有任何执行建议的进展，于是双方同意提起仲裁，确定由于《美国版权法》第110条第5款的实施而导致欧盟应得利益丧失或减损的水平，欧盟和美国都申请由原专家组成员担任仲裁员，其中总干事指定了两名仲裁员以代替原专家组无法出任的两名成员，成员确定后立刻举行了组织会议，此后仲裁员根据双方在仲裁请求中的意见制定了仲裁工作程序和日程表。组织会议于2001年8月13日召开，欧盟于次日提交了损失计算方式的报告，又和美国在8月21日同时提交书面陈述，双方又在7天后同时提交辩驳书，其中美国估算损失仅有几十万美元，而欧盟给出的数字是5000多万美元。双方在9月5日一起与仲裁员会面并在9月11日书面答复了仲裁员提出的问题，3天后就对方的答复发表了意见，10月12日仲裁裁决通知到争端双方，11月9日仲裁裁决通知到了争端解决机构和TRIPS理事会。从双方同意仲裁到仲裁裁决通知到争端解决机构总共耗时不足4个月。仲裁报告给出欧盟权利人因为美国商业例外所造成的损失为每年1 219 900欧元。美国并没有支付经济赔偿，而是代之以每月提交一份执行状态报告，并表示政府正在与美国国会合作，寻找使双方共同满意的解决方案。欧盟便请求争端解决机构授权进行报复，美国拒绝并指出如何报复也需经过仲裁决定。于是，欧盟要求成立仲裁组，仲裁组成立后，双方又申请中止仲裁程序，导致此案的执行陷入僵局。专家组的建议最终也没有得到美国的实施。[1]

WTO争端解决机制处理以国家为主体的国际贸易争端，同一案件往往牵涉法律问题众多，呈现争议复杂，解决也需要漫长的流程，WTO争端解决机制大量复杂而专业的条款和精致的程序安排一定程度上反映了所处理贸易争端的专业性和复杂性。一般来说，争端解决机制的选择与要解决的争议性质密切相关，越是复杂的核心问题，争议方更倾向于选择权威和成熟的机制，在该案

[1] 国家保护知识产权工作组．WTO知识产权争端解决机制及案例评析［M］．北京：人民出版社，2008.

中，所争议的“定性”问题即主导案件胜败的关键问题，如《美国版权法》第 110 条第 5 款的相关规定是否符合 TRIPS 协定和《伯尔尼公约》的要求，双方选择了包含上诉机制且程序更具强制性的专家组程序，对于仲裁程序的选择则是在争端解决机构已经通过专家组报告之后，定性问题已经解决的前提下，双方用以确定执行期限、赔偿数额等“定量”问题。

2000 年 11 月，欧盟与美国一并通过信件告知争端解决机构，双方同意以仲裁方式按照 DSU 第 21 条第 3 款的规定来决定已通过的争端解决机构裁决执行的合理期限，美国和欧盟都同意从专家组报告通过之日起 9 个月起算仲裁期限至 2001 年 1 月 26 日结束。美欧双方于 2000 年 12 月 1 日提交了书面证词，并于 6 日后组织了口头听证会，欧盟认为该案的执行方式为废止《美国版权法》第 110 条第 5 款 B 项，并修正 110 条第 5 款 A 项。欧盟还认为，这些“简单的”立法措施在美国那样高效率和高潜力的立法体系下并非难事，不需要 DSU 第 21 条第 3 款规定的 15 个月那么长的执行期，因而建议此案中争端解决机构建议和裁决的合理执行期为两个专家组报告通过之日起 10 个月。按照欧盟的观点，根据以往 DSU 第 21 条第 3 款❶仲裁的结果可知，合理的执行期限为成员在其司法体系内执行争端解决机构的建议与裁决可能所需的最短期限并且在该案中提供了若干根据美国立法程序的知识产权立法的例子，其中包括 3 个在两个月内成功立法的案例以指明该立法程序的正常实现所需的一般耗费时间。美国则指出，因为该案中的特殊情况至少需要 15 个月的合理期限，或到第 107 届国会第一次会议休会为止。美国表示，正常的法律制定程序下可能最

---

❶ DSU 第 21 条第 3 款规定，仲裁员的指导方针应为执行专家组或上诉机构建议的合理期限不超过自专家组或上诉机构报告通过之日起 15 个月。但是，此时间可视具体情况缩短或延长。

短期限也需要15个月，又阐述了复杂而漫长的美国国会立法程序；国会开始正常运作的日程表；下一任总统、行政助理和新国会尚未完全组建完毕的现实情况；此项立法可能会引发的各种社会争论还有每届国会新就任时要面临众多的立法提案，但其中仅有少数可以通过等因素证明在各种可能的“拖延”之下，“合理的执行期限”至少为15个月。

就双方争议的焦点，仲裁员认为最重要的是合理期限的确定，根据DSU第21条第3款，合理期限应为执行争端解决机构(DSB)建议和裁决的“成员法律体系内尽可能最短的时间”，而“成员法律体系内尽可能最短的时间”一般指“正常的立法程序条件下制定法律所需的时间”，并非意味着成员在任何案件中都会用到“特殊的立法程序”。根据这一理由，仲裁员指出美国在其提交的建议中建议的“合理的执行期限”长于实际所需的时间。仲裁员也采纳了美国国会制定立法的时间相对灵活的观点，这一点美国自身在仲裁中也承认过，美国应当为执行其在WTO中承担的国际义务而尽可能地利用其国会立法程序的灵活性，仲裁员认为美国声称的该项立法的争议不能影响美国尽快执行DSB的建议和裁决。综上所述，仲裁员建议该案中美国执行DSB的裁决的合理期限为12个月。❶

这份裁决书虽然仅包括双方对执行裁决合理期限的争议，但仍有很大的借鉴价值。首先是仲裁员的选择，双方选择原专家组成员继续担任仲裁程序的仲裁员，这样选择的好处是显而易见的，因为仲裁员已经对案件的基本情况和双方争议的裁决本身有了非常深入的了解，不必花费太多时间对案件背景资料进行调查，在此基础上进行裁决，执行问题的判断会节省大量时间，更能充分

❶ 冯军. WTO案例集（2001年）[M]. 上海：上海人民出版社，2002.

满足争议双方对仲裁时效性的要求。其次，欧盟准备充分，对于美国国会立法程序乃至宪法性规定的详细了解，加上举出美国在两个月内立法的例子作为论据，使美国试图通过用立法程序来拖延裁决执行的企图没有成功。最后是对 DSU 规定的熟练应用，此次仲裁中“合理期限”的确定依据的一个关键条款就是 DSU 第 21 条第 3 款 C 项，对规定含义的正确理解和运用，对于在争议中取得仲裁员的支持至关重要。

第二起知识产权仲裁案是加拿大专利期限案。该案争议条款是《加拿大专利法》第 45 条，该条规定加拿大只给 1989 年 10 月 1 日前提出申请的专利自授权之日起 17 年的保护期限。美国认为《加拿大专利法》不符合 TRIPS 议定第 33 条规定的至少 20 年的专利保护期，也采取欧盟的做法，于 1999 年 5 月 6 日请求与加拿大协商 1989 年 10 月 1 日前在加拿大申请登记的专利保护期问题。协商未果后，争端解决机构应美国的要求于 1999 年 9 月 22 日成立专家组。经过专家组程序裁定，依据 TRIPS 协定第 70 条第 2 款，要求加拿大将其与 TRIPS 协定有关的国际义务适用于自 TRIPS 协定对加拿大生效的日期，也即 1999 年 1 月 1 日仍受到有效保护的专利。加拿大主张因为申请中存在较长的审查期间、法定和其他的拖延事项等，《加拿大专利法》第 45 条所规定的 17 年的法定保护期限事实上等同于 TRIPS 协定的 20 年期限的辩驳，但该辩驳并未被专家组接受，专家组认为《加拿大专利法》第 45 条没有满足其在 TRIPS 协定第 33 条中应承担的义务，该条明文规定对专利的保护期限不少于 20 年，从登记之日起算。因此，专家组建议 DSB 要求加拿大采取措施以遵守其 WTO 协议中的义务。加拿大不服专家组的建议，提起上诉，上诉机构维持了被上诉的专家组报告的所有裁定和结论并于 2000 年 9 月 18 日将报告分发给各成员，加拿大在同年 10 月 23 日的 DSB 会议上告知 DSB，它将按照 DSU 第 21 条第 3 款执行 DSB 对此争端的建议与裁决，并根据 DSU 第 21 条第 3 款要求一个合理的时间期限。由于美国与加拿大没有达成关于执行这些建议与裁决所需的时间期限的合意，于是双方于 2001 年 1 月 10 日联合信函通知 DSB，表示美加均同意根据 DSU 第 21 条第 3 款 C 项通过仲裁裁决来确定执行建议与裁定的合理期限。

双方在主要观点上，加拿大方要求仲裁员确定一个 14 个月零 2 天的合理期限，这样合理期限将于 2001 年 12 月 14 日届满。这天正好是加拿大国会在 2001 年圣诞节休会前最后一天开会的日期。加拿大不仅效仿美国提出其复杂的国会立法程序，更进一步提出了许多过往的根据 DSU 第 21 条第 3 款 C 项作出的仲裁中规定的合理期限的先例，比如日本含酒精饮料案中仲裁员提出 15 个月的建议、韩国含酒精饮料案仲裁员 11 个月零 2 周的执行期和《美国版权法》第 110 条第 5 款案中仲裁员将执行的合理期限确定为 12 个月等，以使自己 14 个月零 2 天的主张显得合理。

美方观点认为，加拿大要求延长执行 DSB 对此争端的建议与裁定的期限一旦被同意，会导致数千个专利相继提早到期，而这将导致美国籍的专利权人受到难以弥补的损失。美国主张这是一个“应当每日记录”的高度紧急事项。根据美国的统计，2001 年平均每个月有 1149 个专利的保护期会提前到期。虽然美国认为执行 DSB 的建议与裁定的最佳方式是修改加拿大的立法，但美国不同意加拿大提出的执行时间表安排。因为美国认为，这一执行日期安排没有精确反映出加拿大迅速履行的目的和充分考虑到加拿大立法体制的灵活性。美国表示，根据以往的经验，加拿大议会可以迅速地走完大量法案的立法程序。法案只需短短一周时间就可以制定通过。美国还称，结合 DSU 第 21 条第 3 款 C 项的上下文，可以得知只有在难以立刻遵守 DSB 建议与裁定的情况下，允许经过一个合理期限来执行，而且 DSU 第 21 条第 1 款的目的是保障所有成员的利益，考虑到有效解决争端的需要，加拿大应当立即遵守 DSB 的建议与裁定。

该案争议核心是关于知识产权立法的合理期限问题，最后仲裁员仍根据对 DSU 第 21 条第 3 款的理解，通过上下文解释其含义，即合理期限为成员法律制度内，执行争端解决机构建议与裁定所需的最短时间，最终裁定执行裁决的合理期限为 10 个月。[1]

该案仲裁争议内容与《美国版权法》第 110 条第 5 款案高度相似，不难发现，双方的策略都受到了该案的影响，尤其美国在其中的角色可谓两极反转，对欧盟的借鉴之处在于先是充分了解对方的立法程序，然后利用对方的规则攻击对方，欧盟和美国都在反驳对方提出的漫长而复杂的立法程序，指出对方立法程序具有的“灵活性”并要求对方充分利用其“灵活性”。在反驳对方关于“立法会在国内引发巨大争议”的说辞，两者口径亦是如出一辙。任何立法都可能引发争议，但不影响争端解决机构裁决的执行。加拿大在该案中逻辑略显勉强，大量依靠先例而不是说理来论证己方立场，大有“因为美国是这么做的，所以我这么做也是合理的”的观感，自然没有得到仲裁员的认可。但双方对过往案例裁判理由的熟练掌握值得借鉴，在任何裁决中充分做到知己知彼才能时刻处于优势地位。

上述两个案例是 WTO 为数不多适用仲裁程序的知识产权案件，可以看出，在 WTO 这种争议方以政府为主体的争端解决机制下，由知识产权引发的争议往往不是普通民事主体间就个别合同问题引发的纠纷，其牵涉一国的立法与国际条约之间的关系，甚至是事关主权的大问题。因此在纠纷解决机制上，各方都倾向于选择具有上诉程序和程序具有强制性的专家组程序来解决其中的

---

[1] 朱榄叶．世界贸易组织经典案例选编［M］．北京：北京大学出版社，2018.

核心问题，或者说“是或否”的问题，对问题定性后的定量问题，则用仲裁程序快速解决。比如《美国版权法》第110条第5款是否违反TRIPS协定及需不需要修改这一根本问题由专家组得出结论后，再仲裁决定修改期限这样的后续问题。

一国立法层面的问题能否诉诸一裁终局以及程序具有高度任意性的仲裁程序，WTO成员显然仍心存疑虑，这也是由WTO本身是政府间组织的性质决定的。但是WTO多样性争端解决机制的灵活应用，对于定性问题用专家组程序得出详细权威的结论，再用快速高效的仲裁程序解决后续实施问题这样的策略，对我国对于仲裁程序的理解乃至应对今后可能会在WTO中遇到的挑战都有很大的借鉴意义。

三、RCEP框架下中国与东盟知识产权投资纠纷的仲裁

区域全面伙伴关系协定（Regional Comprehensive Economic Partnership，RCEP）自2012年由东盟发起，历时8年，于2020年11月15日正式签署，是目前我国签署的最高标准的自由贸易协定。由于签订的各主体发展水平差异较大，缔约过程又受到各方势力干扰，其成功签订可谓我国对外开放的一大成就。[1] 随着RCEP的逐步实施，我国与RCEP其他国家在经济上的联系日益紧密，相互之间的影响也不断加深，形成你中有我、我中有你的经济依互关系，有学者从经济角度研究，认为我国的经济发展能显著提升RCEP国家的发展，从而为整个亚太地区走出经济下行阴霾，实现繁荣发展提供新动能。[2]

---

[1] 苏庆义. RCEP给中国带来的影响及中国的未来选择［J］. 新金融评论，2020（4）：120-126.

[2] 李娜丽沙，黄宁. 中国经济正向冲击对RCEP其他成员国经济影响的动态实证分析——基于GVAR模型［J］. 当代经济管理，2022，44（4）：49-57.

RCEP一共有15个成员，其中包括作为RCEP成立基础的东盟十国，❶ 同时也有“一带一路”沿线国家。总体上，除新加坡、日本、韩国等少数成员是发达国家之外，其他成员大部分为发展中国家。在我国对外投资关系上，我国属于投资东道国，据统计，2021年前10个月，我国对主要贸易伙伴进出口均保持较快增长。保持着我国第一大贸易伙伴地位的东盟进出口额为4.6万亿元，增长20.4%，占进出口总额的14.4%，其中，出口额为2.5万亿元，增长19.1%，进口额为2.1万亿元，增长22.2%。同期对RCEP其他成员进出口总额为9.8万亿元，增长18.7%，占进出口总额的31%。❷ 数据显示，我国对外直接投资流向的主要产业是服务业，其中，知识密集型服务出口总额为9079.2亿元，增长16.5%，占服务出口总额的50.9%。出口增长较快的领域中，知识产权使用费增长26.1%。❸ 可以预见，正确妥当解决我国与东盟国家关于知识产权投资纠纷将会成为RCEP纠纷解决机制的重要内容。

（一）RCEP争端解决机制的特点

RCEP包含WTO协定没有覆盖的内容，如电子商务、竞争、中小企业、经济与技术合作，这些内容分别被规定在RCEP第十二章至第十五章。RCEP争端解决机制的建立，正是为了解决WTO争端解决机制无法处理的一些超出WTO覆盖范围的内容和义务的争端。❹ 总体来说有以下特征。

第一，与WTO争端解决机制的重合性。RCEP吸收了众多

---

❶ 王玉主. RCEP倡议与东盟“中心地位”[J]. 国际问题研究，2013（5）：46－59.

❷ 商务部. 中国对外贸易形势报告［EB/OL］.（2021－11－30）［2022－06－25］. http：//www. mofcom. gov. cn/article/gzyb/ybo.

❸ 商务部. 中国对外投资合作发展报告2020［EB/OL］.（2021－12－20）［2022－06－25］. http：//fec. mofcom. gov. cn/article/tzhzcj/tzhz.

❹ 孔庆江. RCEP争端解决机制：为亚洲打造的自贸区争端解决机制［J］. 当代法学，2021，35（2）：34－43.

WTO 的条款，如 GATT 的第 20 条，分别被应用于 RCEP 第二章至第六章、第十章和第十二章。也就是说，由于规定内容及解决方式的一致性，这些条款涉及的纠纷双方既有可能诉诸 RCEP 争端机制，也完全可以通过 WTO 的争端解决机制处理。并且，RCEP 也没有设置专门的处理缔约方投资者与投资国之间争端的机制。换言之，其只能处理国家与国家为主体的争端。

第二，RCEP 争端解决机制赋予缔约方高度自主性。RCEP 第十九章第 5 条的规定允许双方通过协议排除争端解决机制的适用，[1] 第十九章第 6 条与第 7 条还规定 RCEP 缔约方可采用磋商、斡旋、调解或调停等多种方式在专家组成立之前或替代专家组解决争议。RCEP 将磋商单列为第 6 条，要求缔约方“善意地进行磋商，并且尽一切努力通过磋商达成共同同意的解决办法”。提起磋商程序成为起诉方的权利，因为被诉方被要求在特定的期限内回应起诉方的磋商请求。争端各方亦可随时同意采取如斡旋、调解或调停等争端解决的替代方式。这种替代方式的程序“可以在任何时间开始，并且可以由任何争端方在任何时间终止”。无论是磋商还是斡旋、调解或调停，都应保密进行。缔约方的自主性还体现在：当争端涉及本协定项下和争端各方均为缔约方的另一国际贸易或投资协定项下实质相等的权利和义务时，选择解决争端的“场所”的权利归起诉方，并且“场所”一旦选定即可排除其他场所。这实质上相当于允许起诉方挑选法院。

这是由于 RCEP 国家中不仅有日本、新西兰、新加坡这样的发达国家，也有诸如老挝、柬埔寨、缅甸这样的不发达国家，虽是区域协定，但各成员发展状况差异极大，区域内各种合作项目交

---

[1] RCEP 第十九章第 5 条第 3 款规定，如果争端双方约定本条不适用于特定争端的解决，则本条不予适用。

错繁杂，包括各有特点的争端解决机制，赋予当事双方较高的争端解决自主性，有利于应对亚太地区合作环境复杂带来的挑战，为后续国家的加入预留空间，符合 RCEP 开放包容的特点。❶

专家组一审终审制的争端解决机制。RCEP 规定了争端的磋商、斡旋、调解或调停机制，并规定在上述调解机制无法解决争议或争端方未使用该机制的替代方式时，争端方还可请求设立专家组审查争议事项。专家组的审查可涉及多个争议事项及多个争端方。除非争端方有其他约定，否则专家组一般由三位专家组成，起诉方与被诉方各任命一位专家，首席专家由起诉方与被诉方共同指定，若无法指定，则由 WTO 总干事任命。争端方应在规定的期限内完成专家组的提名。还对专家组组成作出了条件限制，特别指出首席专家还应曾在 WTO 专家组或者 WTO 上诉机构任职并具有与争端中的事项相关的专业知识或经验。专家组的认定和决定具有终局性的特点，一经作出对争议双方产生约束力，各方不得上诉。这也体现 RCEP 争端解决机制对效率的追求。

第三，体现对不发达国家的照顾。在对不发达国家缔约方的特殊和差别待遇上，RCEP 第十九章第 18 条给予最不发达国家（柬埔寨、老挝、缅甸）特别待遇，要求专家组考虑这些国家的地位，并对这些国家在补偿或中止减让时保持“适当的克制”的起诉方针。这一点在序言中也有提及。❷ 然而上述规定只是原则性的，用语也比较概括，如何在实践中应用，专家组有比较大的自由。对经济上弱势的国家提供照顾，体现了东盟主导下争端解决机制对实质公平的看重。

---

❶ 袁星．RCEP 争端解决机制及对中国的意义［J］．对外经贸，2021（8）：51－54.

❷ RCEP 序言第 6 段：“考虑到缔约方的发展水平不同，特别对柬埔寨、老挝、缅甸，适当情况下对越南提供特殊和差别待遇。”

（二）RCEP协议中的知识产权保护规则及其特点

成员方覆盖全球30%的市场规模、人口和贸易数额的RCEP不仅是我国目前参与的市场规模最大、成员最多的自由贸易区协定（FTA），也是当今世界上最大的自由贸易区协定。保障如此大规模的经济合作有效运转，协议中的知识产权条款的重要地位不言自明。有学者通过实证研究，得出在我国与东盟的贸易中，东盟国家整体知识产权保护水平较低，而良好的知识产权保护水平对我国在东盟的出口贸易的扩大有正向效果，应当通过RCEP知识产权保护规则的落地提升东盟各国知识产权保护水平。[1] RCEP知识产权保护规则规定于协议第十一章，在各章中篇幅最长，规定最为细致。从内容来看，RCEP知识产权规则基于TRIPS协定，两者知识产权的概念和范围与条款目的都完全相同，该章共分14个小节和两个附件。[2] 自2012年RCEP由东盟发起倡议，历时8年才终于落地，其中由于各国发展水平差异巨大，对于如何制定符合各方利益的知识产权保护规则的谈判尤为艰难，有学者称，2018年各成员对于大部分章节都已经初步产生共识时，知识产权章节的谈判还迟迟不能达成一致。[3] 不过也正是由于RCEP成员间的巨大差异，使其知识产权规则与其他自贸区协定相比，出现了许多新的特点。

一方面，注重成员间知识产权保护的平衡。RCEP第十一章第

---

[1] 陈修谦，郑花，夏飞，唐红祥．东盟国家知识产权保护对中国出口的影响效应及其提升对策［J］．中国软科学，2021（8）：130－139.

[2] 分别为总则和基本原则、著作权和相关权利、商标、地理标志、专利、工业设计、遗传资源、传统知识和民间文学艺术、不正当竞争、国名、知识产权权利的实施、合作与磋商、透明度、过渡期和技术援助、程序事项，两个附件分别为特定缔约方过渡期和技术援助请求清单。

[3] 马忠法，王悦玥．论RCEP知识产权条款与中国企业的应对［J］．知识产权，2021（12）：88－113.

1 条就表示明确地认识到缔约方间经济发展水平和能力上的差异，以及各国法律制度的不同。第 1 条和第 2 条都分别提到要维持知识产权持有人、使用者和公共利益的适当平衡，以及知识产权的保护和实施不仅要有利于技术的传播、创新，还要有利于社会经济福利，符合使用者和所有人的共同利益，还应当平衡权利义务分配。利益平衡原则虽在 TRIPS 协定中也有规定，但是毕竟 TRIPS 协定主要是由西方发达国家主导，为了保持其科技的先发优势，TRIPS 协定更偏向于强调对权利人的利益保护，而 RCEP 通过对权利人、使用人和社会公共利益的全面而适当的平衡，改善了这一状况。[1]

另一方面，对 TRIPS 协定的超越与发展。TRIPS 协定签订于 1994 年，其作为国际知识产权保护的里程碑地位无可否认，但毕竟科技的发展日新月异，知识产权保护范围也应随着时代发展而不断调整以适应社会需要。诞生于 2021 年的 RCEP 的知识产权条款就应数字网络时代的要求，纳入了许多新内容，比如著作权及相关权利的规定有数字网络化相关内容，还要求缔约方应当批准和加入世界知识产权组织版权条约（WIPO Copyright Treaty，WCT）和《世界知识产权组织表演和录音制品条约》（WIPO Performances and Phonograms Treaty，WPPT），还规定了商标、专利及工业设计等的网上电子申请，域名相关的反不正当竞争规定在 RCEP 第八节第 55 条。[2] RCEP 第十一章第 40 条的规定允许基于实验目的对专利权一定程度的侵犯，[3] 这样的规定在 TRIPS 协定中是没有的，此

---

[1] 陆黎梅，吴东庆. RCEP 知识产权规则述评及对中国的启示 [J]. 湖北广播电视大学学报，2021，41（4）：48-54.

[2] 张乃根. 与时俱进的 RCEP 知识产权条款及其比较 [J]. 武大国际法评论，2021，5（2）：1-25.

[3] RCEP 第十一章第40条在不限制第十一章第38条（授予权利的例外）的情况下，每一缔约方应当规定，任何人可以出于与专利发明的客体有关的实验目的而作出在其他情况下可能侵犯一项专利的行为。

规定显然是有利于技术上相对落后的发展中国家尽快打破技术壁垒，从而实现科技的创新和发展。以往国际知识产权保护规则多由科技发达国家主导，注重发达国家利益的保护，RCEP 第十一章第 40 条这样偏向于发展中国家的规则体现了发展中国家在制定国际规则上的声音，这不仅是对 TRIPS 协定的超越和发展，也是多极化趋势发展和时代进步的表现。❶

（三）RCEP 框架下我国与东盟知识产权纠纷仲裁机制的构建

前已述及，RCEP 争端解决机制只能处理以国家为主体的纠纷，而根据 WIPO 的分类，由知识产权问题产生的争端，依纠纷主体不同可分为“知识产权国际争端”和“知识产权国际争议”。前者是缔约国之间因为条约的理解适用产生的争议，属于国际公法的范畴，后者是国际私法主体在跨国交往中产生的知识产权争议，二者争端的解决适用的程序和规则不同。目前对于国与国之间的知识产权国际争议，尚无统一可操作的纠纷解决机制。❷ 也就是说，虽然 RCEP 有自身的争端解决机制，也制定了非常详尽的知识产权条款，但我国与东盟之间私主体知识产权纠纷仍需诉诸 WIPO 仲裁与调解中心，并依照其规定的纠纷解决的程序与规则解决问题，而国家间的知识产权争端还存在条约化协调机制欠缺、争端解决机制不完善的问题。❸

关于我国与东盟国家间知识产权纠纷缺乏统一有效的争端解

---

❶ 马忠法，谢迪扬. RCEP 知识产权条款的定位、特点及中国应对［J］. 学海，2021（4）：181－191.

❷ 蒋慧. RCEP 背景下中国—东盟知识产权争议仲裁解决机制构建［J］. 江海学刊，2021（6）：139－148，255.

❸ 王帆乐，刘雪凤，赵杰，吴凡. 中国—东盟国家知识产权保护合作机制的构建［J］. 中国科技论坛，2016（7）：135－141.

决机制这一问题，学界对此已有共识，提出了各种不同的解决路径。有学者提出构建对话和协调机制或制定统一的知识产权法，但同时承认，由于国家间发展水平的巨大差异，无论是国家间的双边条约还是区域的统一立法都遥遥无期，在争端解决机制方面，提出了专门知识产权争端解决机制并下设知识产权委员会以及环境知识产权工作组，致力于通过协商解决知识产权争端。[1] 在此基础上，有学者提出了完善相关仲裁程序的解决路径，包括建立常设的仲裁机构和仲裁的程序、常任的仲裁人员及其相关组成的规定和程序，以此处理公权力之间的纠纷。[2]对于如何具体设计仲裁规则，有学者提出通过双方建立知识产权法律协调机制来解决我国与东盟的知识产权争端，不过统一的知识产权规则不可能很快建立。对此，笔者认为这种建议只能是权宜之计，不能适用于所有争端，也不能解决根本问题。为解决这一困境，有学者提出以机构仲裁为主，推动我国与东盟国家仲裁机构之间开展联合仲裁，以国际商事仲裁模式为研究路径，探索建立中国—东盟知识产权国际仲裁中心。[3]

通过对上述观点的梳理，笔者认为，RCEP 框架下解决我国与东盟的知识产权投资纠纷应当建立以仲裁为核心的争端解决机制。虽然有学者提出可以协商解决，协商固然是一种较为温和友善的解决办法，双方不至于像诉讼程序中那样剑拔弩张，但是如果协商不成，毕竟缺乏权威第三方最终敲定结果或者保证执行，纠纷又会回到最初的僵局，相比之下，仲裁作为协调和诉讼之间的折中方案，更能为当事双方所接受。此外，在 RCEP 背景下，各国已

[1][2] 廖柏明. 中国—东盟知识产权争端解决机制探析——兼论环境知识产权纠纷的解决［J］. 知识产权，2010，20（5）：92－96.

[3] 蒋慧. RCEP 背景下中国—东盟知识产权争议仲裁解决机制构建［J］. 江海学刊，2021（6）：139－148，255.

经有了较为统一的知识产权规则，RCEP 知识产权专章不仅充分反映了我国与东盟各国的共同利益诉求，也是我国同东盟以及其他缔约方经过长期谈判协商达成的为各方承认的成果，这为知识产权争议仲裁提供了更为权威的法律基础，基于此作出的裁决结果更能为双方接受。知识产权纠纷的特征（专利技术的依赖性等）也影响当事人对纠纷解决机制的选择，双方基于继续合作的需要也会倾向于选择非诉模式解决争议，仲裁的及时性与保密性能够更好契合知识产权纠纷的要求。综上，在 RCEP 国家的交流合作中，我国与东盟知识产权纠纷的解决是一个重要内容，在现阶段还没有更好的专门解决此类争议的纠纷解决机制的现状下，笔者认为可以通过仲裁来解决此类纠纷，对于仲裁的具体安排，需要借鉴当今最为成熟的仲裁模式——国际商事仲裁。对于国际商事仲裁的分析将有利于实现这一路径。

第二节　国际商事仲裁规则在知识产权投资纠纷中的应用

关于“国际商事仲裁”的定义，由于学界对“国际”和“商事”这两个概念的定义缺乏普遍认可的共识，尚无统一说法。[1] 但基本上指国际商事活动的当事人通过合同中订立的仲裁条款或纠纷发生后达成仲裁协议，自愿把他们之间的商事争议交付常设仲裁机构或临时仲裁庭进行裁决。仲裁庭或仲裁机构作出的裁决对各方当事人均具有拘束力的，当事人有义务积极履行终局裁决。[2]

---

[1] 刘晓红，袁发强．国际商事仲裁法案例教程［M］．北京：北京大学出版社，2017．

[2] 刘晓红，袁发强．国际商事仲裁［M］．北京：中国政法大学出版社，2020．

因为仲裁在解决国际商事争议中具有的公正性、仲裁员专业性、保密性、费用经济性、迅捷性和裁决的可执行性等优点，已成为解决商事争议的首选方式。

中国国际经济贸易仲裁委员会（China International Economic and Trade Arbitration Commission，CIETAC）是世界上主要的常设商事仲裁机构之一，经过 50 多年的发展，CIETAC 已成为国际上越来越重要的国际商事仲裁，案件当事人遍及 40 多个国家，2021 年受理涉外案总量达到 636 件，而且处理案件数量还在逐年增加。❶成立于 1985 年的香港国际仲裁中心是 CIETAC 最大的竞争对手和学习目标。在亚洲影响力仅次于香港国际仲裁中心的新加坡国际仲裁中心以其高品质的服务在世界上享有良好的声誉。国际商会国际仲裁院位于巴黎，负责管理世界范围的仲裁案件，在全世界范围内都有相当的知名度。国际商会作为仲裁机构有两个主要特点：一是每件仲裁都要经由国际仲裁院审查后才会被提供给当事人；二是国际商会在仲裁开始前会要求当事人签署“审理范围书”，当事人需要在其中填写仲裁的地点和规则、各方当事人、所寻求的救济以及相关审理的时间表。伦敦国际仲裁院是世界上最主要的解决商事纠纷的国际性仲裁机构之一，其最新的仲裁规则生效于 2020 年 10 月 1 日，一直以来为仲裁提供公正、高质量的管理，具有相当强的国际性。❷ 以上是世界上主要的国际商事仲裁机构，当然还有许多其他国际仲裁机构，如大韩商事仲裁院、德国仲裁院、荷兰商事仲裁院、斯德哥尔摩商会仲裁机构、瑞士商会仲裁院、维也纳国际仲裁中心等重要的国际仲裁机构。

---

❶ 贸仲委受案总量（涉外、国内）[EB/OL].［2022－06－25］. http：//cn. cietac. org/index. php？ m = Page&a = index&id = 24.

❷ 李光国. 国际商事仲裁［M］. 北京：中国政法大学出版社，2020.

一、一般国际商事仲裁规则对知识产权纠纷的解决

知识产权属于私权，这一点已经被写入TRIPS协定的引言中，所以国际知识产权投资争议属于国际民商事争议的范畴。以是否影响争议解决方式和争端解决制度为标准，有学者将国际知识产权争议分为国际知识产权权属纠纷、国际知识产权有效性纠纷、国际知识产权侵权纠纷和国际知识产权合同纠纷四种类型。[1] 知识产权投资争议依其性质即为将知识产权作为资本进行投资运营活动，[2] 应当属于第四种，即国际知识产权合同纠纷。

相较于其他国际民商事争议，国际知识产权投资纠纷所争议的内容具有专业性、紧迫性、秘密性和当事人之间的关联性等特点，要求纠纷解决方式相应地需要满足以下特点：一是纠纷解决人员要具有相应的专业知识以应对知识产权纠纷的复杂性；二是纠纷解决方式要及时有效；三是对纠纷解决过程和结果的保密要求，尤其是涉及专利和商业秘密的案件；四是当事人之间的商业关联性要求救济方式具有创造性，在解决纠纷的同时尽量保持双方的商业合作关系，而非彻底终止双方的合作。由于这些要求与仲裁的特征高度契合，于是国际商事仲裁成为解决国际知识产权投资纠纷的重要途径。

知识产权纠纷可仲裁性的理论问题，本书在第三章已专门讨论，这里仅就国际知识产权纠纷的可仲裁性作简要介绍性说明。知识产权虽然是私权，但所有知识产权都关乎一国公共利益，不同国家对知识产权仲裁范围的限制程度也有区别。韩国、南非和少数拉美国家几乎完全不承认知识产权事项的可仲裁性。德国、

---

[1] 钟丽．国际知识产权争议解决机制研究［M］．北京：中国政法大学出版社，2011.

[2] 冯晓青．我国企业知识产权资本运营策略探讨［J］．上海财经大学学报，2012，14（6）：45－52.

法国、爱尔兰、意大利、日本、西班牙、澳大利亚、荷兰等国依照公共政策对知识产权纠纷的可仲裁性有限制。美国、比利时、加拿大、英国、瑞士等国的知识产权纠纷的可仲裁性基本没有限制，换言之，在上述国家，所有因知识产权事项引发的纠纷都可以诉诸仲裁。❶ 比对上述国家对知识产权国际仲裁的立法可知：一方面，大部分知识产权纠纷可以通过仲裁解决，尤其涉及合同纠纷和侵权索赔问题更是如此；另一方面，各国对知识产权仲裁限制程度的差别主要体现在注册性知识产权有效性问题上，决定注册性知识产权的如商标和专利是否有效涉及公共政策，是完全属于一国专门机关的垄断权力，任何关于这种授权或无效的争议，都应该被排除在仲裁的范围之外。

最有影响力的国际商事仲裁规则是 1976 年《联合国国际贸易委员会仲裁规则》（United Nations Commission on International Trade Law Arbitration Rules，UNCITRAL），该仲裁规则于 1976 年 12 月在联合国大会上通过并被推荐给各国使用，UNCITRAL 不仅对多国仲裁立法产生深远影响，而且被世界上许多常设仲裁机构直接采用。❷ 一般国际商事仲裁程序始于国际仲裁协议，确保国际仲裁协议效力需要来自两个方面的保障：一是规定了部分仲裁协议执行性问题的国际条约，其中最重要的是《纽约公约》；二是决定仲裁协议是否存在和有效的国家法律。当仲裁协议的效力问题解决后，接下来是由当事人根据仲裁协议将争议提交至选定的仲裁机构，当仲裁机构受理后仲裁程序正式开始，仲裁机构会按照仲裁规则通知当事人进行下一程序，国际商事仲裁中被申请一方为了维护自身利益，需要针对申请人在申请书上所提出的仲裁请求作出答

---

❶ 钟丽．国际知识产权争议解决机制研究［M］．北京．中国政法大学出版社，2011.

❷ 如瑞士斯德哥尔摩商会仲裁院、中国香港国际仲裁中心、美国仲裁协会、美洲国家商事仲裁委员会等。

辩，提出自己的立场。仲裁程序中可以提起保全措施防止在仲裁结束前一方当事人隐匿、转移、变卖其财产，保全还包括对证据的保全。仲裁庭成立后通常在当事双方交换并回应仲裁请求之后会指定仲裁员，因为仲裁不可上诉，仲裁员的选任至关重要，人数通常为 1 人或 3 人，视案件复杂程度而定，极少出现仲裁员人数为偶数的情况。虽然没有专门规定，但仲裁员绝大多数情况下都是具有法律能力的自然人，虽然不一定需要具备法律资格，但对于高度复杂的知识产权纠纷来说，仲裁员应当具备相应的专业技能。国际仲裁的一大优势就是其中立性，为了保证至少在国籍问题上的中立，许多仲裁机构规定独任仲裁员或首席仲裁员的国籍不得与任意当事人相同。❶ 仲裁员必须公正、独立地完成对争议的裁决，当事人也可以通过合同对仲裁员提出一些义务上的要求，如保密义务、对可能引起对仲裁员公正性、独立性的合理怀疑情况的披露义务、限定期限内完成裁决等。

国际仲裁的一般程序，虽然各个机构略有差别，但总体上结构相似。在开始阶段，当事人介绍争议事实，然后指定仲裁庭，在一些仲裁机构中，如果当事人没有明确确定仲裁程序所在地，所在地则由机构确定；仲裁庭成立后会立刻召集会议，商议程序的组织问题，并对关于程序进行的规划作出一份指令；之后，当事人双方提交书面意见并陈述其理由，并提交证据支持。在证据证明力方面，因为国际仲裁机构并非一国司法机关，根据多数仲裁规则与相关法律，❷ 仲裁庭对证据的可信度有较大的自由裁量

---

❶ 参见 WIPO 仲裁规则第 20（b）条、ICC 仲裁规则第 9（5）条、LCIA 仲裁规则第 6（1）条、AAA/ICDR 仲裁规则第 6（4）条、SCC 第 13（5）条。

❷ 参见 WIPO 仲裁规则第 48（a）条，LCIA 规则第 20（2）条、第 22（1）（f）条和第 34（2）条、香港仲裁条例第 34C（1）条、UNCITRAL 规则第 25（6）条以及 IBA 证据规则第 9（1）条。

权，举证原则依旧是谁主张谁举证；一般按照惯例还会有证据披露阶段，证据披露指对文件的公开和披露，这一点对于涉技术细节的知识产权争议十分重要，也是英美法系中常见的环节，但在大陆法系国家几乎没有相关规则；在此之后举行听证会，听证会的主要目的是取得证人证据，如果双方均同意，仲裁庭解决双方争议可以仅基于书证，也可以不举行听证会，但现实中这种情况很罕见。听证会结束后，仲裁庭会就听证会的内容产生一份简报。程序结束后，仲裁庭应当在合理时间或当事人指定的时间内作出裁决，解决双方争议，裁决由仲裁庭直接提供给当事人或经由相关仲裁机构提供给当事人。在某些情况下，当事人可以要求对裁决进行修改或者澄清，也可以向仲裁程序进行地的法院就裁决提出异议。❶

相比一般国际商事仲裁规则与程序，WIPO 仲裁规则更为详细，并针对知识产权仲裁的特点规定了许多创新制度，比如针对知识产权纠纷的高度复杂和专业性，规定了强制的预备会议，预备会议可以使各仲裁参与方在仲裁庭审前就一些背景性问题提前交换意见甚至达成共识以提高庭审的效率。一般国际仲裁规则中预备会议并非必经程序，是否要举行预备会议由当事方协商决定。此外，WIPO 规则在第 46 条、第 47 条还引入了追加当事人和合并仲裁的制度，以应对国际知识产权争议中的多方交易、连环交易和系列交易产生的多方当事人情形，将相互独立又彼此关联的两个或两个以上仲裁程序进行合并仲裁，能够有效提升仲裁程序的效率，符合知识产权纠纷对解决时效的需求。此外，由于知识产权纠纷专业性对保密的高度要求，WIPO 仲裁规则不仅在第四章规

❶ 刘晓红，袁发强．国际商事仲裁［M］．北京：北京大学出版社，2017.

定了商业秘密和其他机密信息的披露，更在第七章专章规定了对仲裁各环节的保密要求，从仲裁的存在到裁决的内容都有严格的规定。[1]这些规定在涉及知识产权纠纷尤其是专利纠纷和商业秘密纠纷中能有效减少当事人有关保密事项的争议。考虑到知识产权纠纷中更为专业的领域，例如，以集成电路布图设计和计算机软件作品等为标的的投资纠纷，其中有关技术细节的争议可能引起高度专业的技术性争论。对此，WIPO 仲裁规则在证据一章专门规定了“实验、现场调查、约定基础读物、模型、商业秘密与机密信息披露”等程序的规则，以协助仲裁员对复杂证据的证明问题进行判断。

由于仲裁的高度任意性，对于知识产权纠纷的当事人来讲，如果约定得当，也可以不经 WIPO 而是通过以 UNCITRAL 仲裁为代表的一般国际商事仲裁规则来解决纠纷，但是相比专注解决知识产权纠纷的 WIPO 仲裁规则，一般国际商事仲裁规则更考虑各类不同性质纠纷的共性，是各类纠纷解决规则的“兜底条款”，而对于知识产权纠纷所特有的“个性”关注较少，因而在面对知识产权纠纷上，一般国际商事仲裁规则仍有缺憾。

二、国际商事仲裁规则的不足

因为仲裁相关的合同属性使其程序强制力低于诉讼，在规则上仍有短板，表现为仲裁员缺少执法权以及缺乏对第三方的权力，这一点是任何仲裁规则都不可避免的“先天缺陷”。此外，与 WIPO 仲裁规则相比，一般国际商事仲裁在解决知识产权纠纷时，缺乏就知识产权纠纷的特殊性而规定的配套措施，具体表现为仲

[1] 参见 WIPO 仲裁规则第七章第 75 ~ 78 条。

裁员选任上的局限性和对保密措施规定不足。

（一）仲裁员执法权不足

仲裁权源自当事人双方的仲裁协议，不具有强行要求当事人为或不为一定行为的强制执法权，[1] 换言之，当事人即使不遵照仲裁庭的指令行事，仲裁庭也无法对违反要求的当事方施加强制性制裁措施。然而，即使如此，国际仲裁也有一定程度的保障措施，例如，当事人还是可以在仲裁程序的帮助下提出司法协助请求，执行或保障仲裁指令，包括与证据提供、禁令和中期救济相关的措施。此外，WIPO 仲裁规则第 58（d）条也规定了当事人不遵守仲裁规则的后果。[2] 国际律师协会国际仲裁取证规则规定，如果一方当事人不遵守提供一般性证据和文件的规定，仲裁庭可据此推断这些证据不利于违反规定方的利益。[3] 该规定对于知识产权纠纷尤其是一方当事人需要强制执行措施和对其主张的侵权或破坏行动进行充分证明时极有帮助，但如果其需要紧急执行强制措施或者远程获取该案所需披露的内容，诉诸国际仲裁规则仍会显得力不从心。另外，根据国际商事仲裁的合同属性，仲裁庭缺乏在程序中应对第三方的权力，仲裁员无法约束第三方的行为，如果程序中出现了对案件结果有重大影响的第三方，那么仲裁庭只能希望其自愿遵守仲裁庭的程序规则，否则当事人最好诉诸有管辖权的法院通过诉讼解决争端。[4]

---

[1] 胡荻．国际商事仲裁权研究［M］．北京：法律出版社，2015.

[2] WIPO 第 58（d）条规定，当事人无正当理由不遵守本规则的规定和要求或者仲裁庭发出的指令的，仲裁庭可以据此作出其认为适当的推断。

[3] 参见 IBA 取证规则第 9（5）条和第 9（6）条。

[4] 特雷弗·库克，亚历山德罗·加西亚．国际知识产权仲裁［M］．王傲寒，许晓昕，译．北京：知识产权出版社，2020.

(二) 仲裁员选择受限

前已述及，裁判者的偏好可能会对仲裁结果产生重要影响，仲裁一裁终局的特性决定了对仲裁员选任的重要性，甚至仲裁员的选择本身就是双方博弈的一部分，不同于诉讼中各争议方对于裁判者的选择没有干涉的机会，仲裁员的任命由当事双方通过仲裁协议共同选任，如果双方选择3人仲裁庭来解决纠纷，指定仲裁员时通常为双方分别指定一名仲裁员，这两名被指定的仲裁员共同指定出第三名仲裁员作为首席仲裁员。对于知识产权争议而言，理想的仲裁员应当是同时具备法律经验与技术专长的专业人士，尤其对于涉及专利无效的案件，由具有专业技术背景的仲裁员组成的3人仲裁庭能够有效避免对涉案知识产权作出夸大或者无正当理由的裁决。

在知识产权领域，当事人也许会通过仲裁条款约定仲裁员应当具备某些特别的技术或学科专长，但是仲裁员只能在相关机构提供的仲裁员名单中选择，这些要求如果过于苛刻，可能会导致仲裁协议无法实施。因此，机构所能提供的仲裁员名单将很大程度影响知识产权仲裁的质量，以UNCITRAL为例，一般国际商事仲裁范围涉及包括货物销售、商事仲裁、运输在内的15个领域的纠纷，[1] 如果当事人对于名单上的所有仲裁员进行学科背景调查，无疑是不现实的，这将耗费极大的精力和成本，如果只看其中专注知识产权领域的仲裁员，可供选择的范围又太窄，双方不易达成一致。相比之下，WIPO仲裁与调解中心拥有来自90多个

---

[1] UNCITRAL的受理范围包括国际货物销售；国际商事仲裁；运输；保险；国际支付；知识产权；消除影响国际贸易的法律歧视；代理；书证的公证证明、贸易融资合同、运输、电子商务、采购、国际商事调解、破产、担保权益、网上争议解决和小额金融。

司法管辖区的2000多名独立产权组织仲裁员、调解员和专家组成的不断增加的数据库。产权组织中立人名单的成员包括在专利、商标、版权、设计、商业秘密、数据或争议对象的其他形式知识产权领域具有专业知识的高度专业化的从业人员和专家，以及经验丰富的商业纠纷解决通才[1]明显更有利于双方对于仲裁员的选择需求。

（三）保密条款不够完善

知识产权纠纷对于保密性的要求极高，这也是仲裁成为解决国际知识产权纠纷重要渠道的原因之一，虽然当事人可以就保密问题在仲裁协议中提前进行约定，但是如果所选机构对于保密事项已有更为公正的规定，自然更能减少当事人因为保密条款的签订和执行的潜在分歧，UNCITRAL没有设专章规定具体的保密准则，这要求当事人如果想要通过国际商事仲裁解决知识产权纠纷，必须提前在仲裁协议上对需要保密的事由和可能产生的泄密情况作出提前判断，如果当事人双方对于何种程度的细节披露是可容忍的，存在不同意见，那么仲裁协议的结果就很难保证各方都满意，特别是当涉及专利有效性的纠纷产生时，持有专利的一方为了保护自身利益甚至会要求对仲裁进行保密，而主张专利无效的一方则没有如此大的顾虑，这是双方潜在的矛盾之一。相比之下，WIPO在第七章专章规定了从仲裁存在到仲裁程序再到仲裁裁决全过程的保密要求，还包括对仲裁中心和仲裁员的保密义务的规定。提前由机构规定好的高标准的保密义务能够减少当事人对知识产权纠纷仲裁保密规则的不确定性，这也是UNCITRAL在解决国际知识产权纠纷时需要完善的内容。

[1] WIPO. WIPO Neutrals［EB/OL］.［2022－06－25］. https：//www. wipo. int/amc/en/neutrals/index. html.

第三节　我国涉外知识产权投资纠纷仲裁存在的问题与完善

我国在国际经济格局中，既是资本输入大国，也是资本输出大国，尤其是对“一带一路”沿线国家和东盟国家的投资力度不断加强。[1] 根据 WIPO 的统计，我国专利和实用新型专利申请量 2021 年已增长至 69 540 件，位居世界第一，[2] 知识产权相关投资纠纷的解决是我国对外投资活动中需要考虑的重要问题。关于国际投资纠纷中可提交仲裁的争议类型，通常源于东道国在双边或多边投资保护协定中承诺的各项义务，包括但不限于为投资者提供公平公正待遇、国民待遇、最惠国待遇、征收补偿问题等义务，我国海外投资者与东道国之间的知识产权国际投资纠纷往往也产生于上述的权利义务问题上，但并非所有上述争议都能通过仲裁解决，学者研究发现，我国与其他国家签订的早期双边协议中绝大多数情况下规定仅有涉及征收与补偿的争议可以诉诸仲裁程序，此外，部分协议规定其他争议可以协商后提交仲裁，也有部分协议对此没有限制，因此在确定东道国违反投资中的知识产权保护行为是否可以诉诸仲裁时，应当充分考虑双方投资协定中的法律规定。[3]

除了双边条约（BIT）提供的保护之外，国际上解决投资者与

---

[1] 刘文勇．改革开放以来中国对外投资政策演进［J］．上海经济研究，2022（4）：23－32.

[2] WIPO. Facts and Figures［EB/OL］．［2022－06－25］．https：//www. wipo. int/edocs/infogdocs/en/ipfactsandfigures.

[3] 孙佳佳，李静．“一带一路”投资争端解决机制及案例研究［M］．北京：中国法制出版社，2020.

东道国的知识产权投资纠纷的手段还包括投资者—国家争端解决（ISDS），其保护方式是投资者与东道国通过国际投资协定将知识产权作为投资的标的或形式，进而知识产权也享有投资待遇而受到保护，如果东道国因未按要求履行条约规定的义务而损害投资者的知识产权利益，投资者可以直接向东道国提起仲裁，双方地位平等但东道国政府一方只能被动参与仲裁，提起仲裁的权利归投资者独占，这也是一种主要的国际知识产权投资纠纷仲裁模式。❶ 但国际投资仲裁程序毕竟以国际商事仲裁程序为模板，在长期实践中，国际商事仲裁自身的问题也逐渐引起各界注意，如透明度问题、对裁判者的信任问题等。此外，东道国自身立法或政策对知识产权保护程度也是影响我国涉外知识产权投资仲裁结果的重要因素。

一、涉外知识产权投资纠纷仲裁的立法与机构的困境

国际投资法制以双边协定或者区域协定为主导，体系较为碎片化，缺乏统一的整合型规则。ISDS 作为国际投资主要争端解决方式也因此出现法律适用多元的问题，各种双边规则、多边规则和区域协定相混合，此外还有涉及人权、环境等规则，各种规则之间难免出现价值取向不一致，甚至互相冲突的现象，❷ 以何种标准评价和审查各国政府对投资的管控行为成为我国涉外知识产权投资纠纷仲裁应解决的问题。国际投资仲裁继承了大量国际商事仲裁的规则，将秘密性作为其特征之一，未获得争议各方的同意，其仲裁内容不对外公开。然而，随着实践中投资者利用双边协定不断冲击东道国经济主权，各国开始质疑 ISDS 的合法性，首当其

---

❶ 韩书立．论 ISDS 机制对知识产权的保护［J］．学术研究，2018（9）：72－77．

❷ 张建．国际投资争端全球治理体系的变革与中国因应［J］．理论视野，2021（11）：68－73．

冲就是 ISDS 的透明度不足及其引发的裁决不一致问题。不仅如此，投资者也由于无法从其他投资者的仲裁中吸取经验教训，在面临尤其是知识产权法制保护力度不足国家政府的侵害知识产权行为时缺少应对的策略。[1] 从 2013 年各国签订的《联合国贸易法委员会投资者与国家基于条约仲裁透明度规则》（UNCITRAL Rules on Transparency in Treaty - based Investor - State Arbitration）到 2016 年的《ICSID 仲裁规则》对于程序透明度的改进可以看出，提升投资仲裁程序的透明度成为 ISDS 规则改革的大势所趋。然而，知识产权投资不同于普通商事仲裁，对于保密性的要求相较而言更为迫切，尤其是当政府对知识产权投资的征收行为涉及被征收企业的商业秘密时，过高的程序透明度不利于投资者自身权益的充分实现，尤其是当我国同时具有投资大国和被投资大国的双重身份时，这一立法层面的困境更为明显。

作为仲裁结果的作出者，仲裁员在任何仲裁程序中都发挥着至关重要的作用，但在 ISDS 框架下的仲裁程序中，对仲裁员的公正性与独立性的信任危机却尤其引发业界的担忧。对于选择仲裁解决知识产权投资纠纷的外国投资者而言，无论是 ICSID 仲裁还是 UNCITRAL 仲裁，其仲裁员选择机制都是由当事人自行指定，投资者自然倾向于选择与己方所持观点相近的仲裁员。实践中，重复指定仲裁员的现象较为常见，而仲裁员为了能被重复指定也有动力向合议庭施加有利于指定自己当事人方的影响，引发人们对其独立性的质疑。虽然在一般国际商事仲裁程序中也是当事人自行选择仲裁员模式，但是国际投资仲裁双方并非一般的私主体，而是一国投资者与东道国政府，其争议内容往往既有公法属性，又

---

[1] 靳也. 国际投资争端解决中透明度机制的新发展——强制性与任意性的规则模式选择 [J]. 国际法学刊，2021 (2)：69 - 89，155 - 156.

有私法属性，[1] 一方面是投资者关于损害赔偿请求的私法内容，另一方面是涉及一国公共政策的公法内容。这一特点在知识产权投资纠纷中更为典型，东道国对知识产权的强制许可、限制和撤销等公共政策可能就对投资者的知识产权投资构成直接或间接征收，进而引发损害赔偿问题。[2] 此间涉及利益关系更加复杂敏感，由此引发的对仲裁员的独立性要求更高，这种情况下对于仲裁员的信任危机更成为各方关切的问题。

二、健全我国涉外知识产权投资纠纷仲裁法律规则

国际投资纠纷仲裁发展 20 余年，我国目前对于国际投资仲裁参与度仍然比较低，经验积累不足，在以仲裁为核心的 ISDS 机制改革中的态度比较保守，这一点体现为无论是 RCEP 协定还是中欧的双边投资协定（BIT）中都没有关于对 ISDS 的规定，对于这个问题采取留待后续补充协定解决的策略。考虑到我国不仅是投资大国，也是资本输入大国，在后续对 ISDS 机制改进时应当充分平衡对我国海外投资者利益的保护与作为东道国对本国公共利益的维护。在共建"一带一路"背景下，我国的海外投资流入地以非洲、亚洲的发展中国家为主，其中部分国家国内法制不健全或者政治环境不稳定，针对海外投资者的违法征收现象频繁发生，[3] 特别是不发达国家为了促进国内公共福利，有针对海外投资者知识产权强制许可的行为。在投资者保护方面，应当积极完善补充早期的双边投资协定，具体包括对程序的改进，尤其是对可

---

[1] 曹兴国．裁判者信任困境与国际投资争端解决机制的信任塑造［J］．政法论丛，2021（3）：137－148．

[2] 韩书立．论 ISDS 机制对知识产权的保护［J］．学术研究，2018（9）：72－77．

[3] 靳也．投资者—国家争端解决机制改革的路径分化与中国应对策略研究［J］．河北法学，2021，39（7）：142－158．

仲裁事项范围的调整，包括考虑到知识产权作为投资时对仲裁庭管辖权的影响，积极保障我国海外投资者的仲裁权利，减少我国投资者提起仲裁的不当限制。作为东道国，我国在 ISDS 机制的设计中应当从限制仲裁庭的自由裁量权，为东道国预留政策空间的角度出发，顺应国际投资法律发展的主流趋势，强化仲裁程序中东道国在条约解释方面的地位和作用，维护本国公共政策利益。

此外，还应当在 BIT 中规定东道国的反请求权，以改变以往投资者独享提起仲裁的权利而国家只能被动抗辩的消极局面，反请求权的设立既可以通过直接规定的方式赋予，也可以通过对特定范围反请求权的排除来间接予以肯定。[1] 国内方面，我国 2019 年通过的《外商投资法》是我国涉外立法的重要成就，作为受中美贸易摩擦影响通过的涉外投资立法，《外商投资法》中对投资的定义至关重要，虽然通过该法第 2 条第 4 项兜底条款可以将知识产权解释为投资的一种，但没有明文将知识产权纳入投资的范围中显然给可能的知识产权投资纠纷留下争议的空间，可以予以改进以达至国内与国际上对知识产权投资的共识。健全我国涉外知识产权投资纠纷仲裁应当在平衡好我国海外投资者利益与本国公共利益的基础上，贯彻统筹国内法治和涉外法治为原则，更好地服务于我国“走出去”战略和知识产权强国战略目标。

三、促进涉外知识产权投资纠纷机构权威化

前已述及，目前对现有以 ISDS 为主的国际投资争端解决机制的权威性质疑主要来源于两个方面：一方面是对国际投资仲裁员的公正与独立性的质疑；另一方面是对 ISDS 程序透明度改革的需求。

---

[1] 邓婷婷，屈丹．论国家在投资者—国家争端解决机制中的角色转变［J］．中南大学学报（社会科学版），2021，27（2）：65－80.

目前对仲裁员信任问题的解决路径主要有三种方式。第一种是保持国际投资仲裁的大框架，在程序规则内部对仲裁员问题进行完善。具体地讲，就是通过制度规范仲裁员行为、偏好及利益冲突等，以及对仲裁员的筛选、指定机制作出改善。第二种是通过推动设立国际投资法庭以代替国际投资仲裁机制，支持此种观点的国家和地区以欧盟、加拿大、毛里求斯等为代表。投资法庭式的改革借鉴 WTO 专家组任命的方式以代替双方自主指定仲裁员的模式，希望以此彻底保证裁判者的独立性。第三种方式较为极端，以巴西、南非等国家为代表，主张放弃 ISDS 投资纠纷仲裁机制，转而退回到东道国法庭模式，投资者在解决投资纠纷时无法选择第三方投资仲裁，而只能向东道国本土法院寻求救济。该模式完全站在东道国利益角度，与我国双重投资身份不符，且在国际上有逆势而为的保守主义倾向，响应国家不多，影响范围也较小。综合比较而言，笔者支持第一种方式，我国应积极参与对现有 ISDS 仲裁机制的完善。仲裁在解决国际投资纠纷中具有其他方式不可比拟的独特优势，尤其在解决知识产权投资纠纷时，其经济性与时效性优于一般的诉讼机制，且现有 ISDS 机制在解决投资者与东道国纠纷中能够较好地避开政治因素的影响，其纠纷解决“去政治化”效果来之不易，[1] 不宜因噎废食。在操作上可通过在仲裁前要求仲裁员签署公正承诺宣言和完善对仲裁员资格考核机制，禁止指定与争议案件有利害关系的仲裁员等。[2]

在程序透明度问题上，国际投资纠纷中东道国的义务来源于东道国与投资者母国之间的国际条约，具有强烈的公法性质，国际投资仲裁应用调整私法关系的国际商事仲裁程序引发了许多问

[1] 韩书立．论 ISDS 机制对知识产权的保护［J］．学术研究，2018（9）：72－77．

[2] 曹兴国．裁判者信任困境与国际投资争端解决机制的信任塑造［J］．政法论丛，2021（3）：137－148．

题，强调当事人在程序中的意思自治不具有天然正当性。一般来说，国际投资仲裁的结果深刻影响东道国的公共政策，在知识产权投资中甚至会影响一国知识产权相关立法，提高程序透明度有利于保护东道国在仲裁中的知情权和参与权，从而有利于维护东道国利益，不仅如此，提高国际投资仲裁的透明度也有利于保障裁决的公正性和一致性。投资者也可以从以往裁决的经验中受益。目前国际上对提高仲裁程序透明度所作的努力主要有《UNCITRAL透明度公约》，ICSID 仲裁规则也在 2016 年修订中强调了程序的透明度，普遍强调公开、听证会程序和第三方的参与等。[1] 我国目前还没有签署《UNCITRAL 透明度公约》，然而，我国有大量企业在"一带一路"沿线国家投资设厂，其中难免会与沿线国家政府产生经济摩擦，提高程序透明度有利于我国的海外投资者掌握仲裁信息，正确评估投资风险，以及积累国际投资的争端解决经验。因此，建议我国应当积极加入《UNCITRAL 透明度公约》，以协助我国政府及海外投资者更好地利用仲裁这一争端解决机制。[2] 打造更加透明的仲裁程序有利于裁决的统一与公正，也是提高仲裁机构权威性的重要途径。

---

[1] 邓婷婷，屈丹．论国家在投资者—国家争端解决机制中的角色转变［J］．中南大学学报（社会科学版），2021，27（2）：65－80．

[2] 靳也．投资者—国家争端解决机制改革的路径分化与中国应对策略研究［J］．河北法学，2021，39（7）：142－158．

参考文献

专著

[1] 刘晓红，袁发强．国际商事仲裁［M］．北京：北京大学出版社，2017.

[2] 李光国．国际商事仲裁［M］．北京：中国政法大学出版社，2020.

[3] 胡荻．国际商事仲裁权研究［M］．北京：法律出版社，2015.

[4] 倪静．知识产权争议多元化解决机制研究［M］．北京：法律出版社，2015.

[5] 倪静．知识产权仲裁研究［M］．厦门：厦门大学出版社，2013.

[6] 丁丽瑛，汪兴裕．知识产权纠纷仲裁解决机制研究［M］．厦门：厦门大学出版社，2013.

[7] 黄良友．互联网环境下的仲裁制度研究［M］．北京：法律出版社，2011.

[8] 钟丽．国际知识产权争议解决机制研究［M］．北京：中国政法大学出版社，2011.

[9] 江伟．仲裁法［M］．北京：中国人民大学出版

社，2009.

[10] 蔡虹，刘加良，邓晓静．仲裁法学［M］．北京：北京大学出版社，2009.

[11] 杜新丽．国际商事仲裁理论与实践专题研究［M］．北京：中国政法大学出版社，2009.

[12] 朱榄叶，刘晓红．知识产权法律冲突与解决问题研究［M］．北京：法律出版社，2005.

[13] 林一飞．国际商事仲裁法律与实务［M］．北京：中信出版社，2005.

[14] 张建华．仲裁新论［M］．北京：中国法制出版社，2002.

[15] 苏国良．统一域名争议解决政策案例与评析［M］．北京：法律出版社，2000.

[16] 宋连斌，林一飞．国际商事仲裁新资料选编［M］．武汉：武汉出版社，2001.

[17] 特雷弗·库克，亚历山德罗·加西亚．国际知识产权仲裁［M］．王傲寒，许晓昕，译．北京：知识产权出版社，2020.

[18] 艾伦·雷德芬，马丁·亨特．国际商事仲裁法律与实践［M］．林一飞，宋连斌，译．北京：北京大学出版社，2005.

[19] 戴维·帕尔米特，佩特罗斯·C. 马弗鲁第斯．WTO 中的争端解决：实践与程序［M］．罗培新，李春林，译．北京：北京大学出版社，2005.

[20] 施米托夫．国际贸易法文选［M］．赵秀文，选译．北京：中国大百科全书出版社，1993.

期刊

[1] 薛虹．知识产权仲裁的特殊法律问题研究［J］．商事仲裁与调解，2021（1）：3－17.

[2] 杜焕芳课题组，杜焕芳. 知识产权仲裁机构建设：理论证成、域外借鉴和制度设计 [J]. 商事仲裁与调解，2021 (1)：96 - 115.

[3] 蒋慧. RCEP 背景下中国—东盟知识产权争议仲裁解决机制构建 [J]. 江海学刊，2021 (6)：139 - 148，255.

[4] 崔秀花. 知识产权纠纷仲裁解决的现实困境及出路 [J]. 中国油脂，2021，46 (6)：158 - 159.

[5] 马忠法，王悦玥. 论 RCEP 知识产权条款与中国企业的应对 [J]. 知识产权，2021 (12)：88 - 113.

[6] 张乃根. 国际投资相关知识产权及其争端解决 [J]. 法治研究，2020 (1)：91 - 97.

[7] 凌冰尧. 我国仲裁员任职制度的合理性分析与完善建议 [J]. 国际商务研究，2020，41 (6)：89.

[8] 石静霞. WTO《多方临时上诉仲裁安排》：基于仲裁的上诉替代 [J]. 法学研究，2020，42 (6)：167 - 185.

[9] 魏沁怡. 互联网背景下在线仲裁的适用机制研究 [J]. 河南社会科学，2020，28 (7)：79 - 86.

[10] 姜丽丽. 论我国仲裁机构的法律属性及其改革方向 [J]. 比较法研究，2019 (3)：142 - 156.

[11] 石静霞，白芳艳. 应对 WTO 上诉机构危机：基于仲裁解决贸易争端的角度 [J]. 国际贸易问题，2019 (4)：13 - 34.

[12] 徐树. 国际投资条约下知识产权保护的困境及其应对 [J]. 法学，2019 (5)：88 - 102.

[13] 詹映，邱亦寒. 我国知识产权替代性纠纷解决机制的发展与完善 [J]. 西北大学学报（哲学社会科学版），2018，48 (5)：75 - 83.

[14] 韩书立. 论 ISDS 机制对知识产权的保护 [J]. 学术研

究，2018（9）：72－77.

［15］廖丽.“一带一路”争端解决机制创新研究：国际法与比较法的视角［J］．法学评论，2018，36（2）：166－173.

［16］都亳．国际投资协定中知识产权保护机制对 WTO 法律体系的挑战［J］．国际商务（对外经济贸易大学学报），2017（5）：128－138.

［17］刘敬东．构建公正合理的“一带一路”争端解决机制［J］．太平洋学报，2017，25（5）：13－22.

［18］王帆乐，刘雪凤，赵杰，等．中国—东盟国家知识产权保护合作机制的构建［J］．中国科技论坛，2016（7）：135－141.

［19］刘瑾．论知识产权有效性仲裁的认识误区及相关救济制度重塑［J］．知识产权，2016（11）：36－40.

［20］王佳宜．“一带一路”战略下国际商事仲裁制度的构建［J］．人民论坛，2016（14）：239－241.

［21］李宗辉．论知识产权案件的替代性纠纷解决机制［J］．暨南学报（哲学社会科学版），2015，37（2）：84－91.

［22］沈伟．我国知识产权纠纷多元化解决机制研究［J］．电子知识产权，2015（8）：50－57.

［23］高薇．论在线仲裁的机制［J］．上海交通大学学报（哲学社会科学版），2014，22（6）：18－25.

［24］梁平，陈焘．论我国知识产权纠纷解决机制的多元构建［J］．知识产权，2013（2）：54.

［25］张建邦．国际投资条约知识产权保护制度的现代转型研究［J］．中国法学，2013（4）：63－73.

［26］徐惠敏．我国知识产权纠纷 ADR 机制的构建［J］．江西社会科学，2012，32（2）：170－175.

［27］刘晓红，李超，范铭超．国际商事与贸易仲裁员（公断

人）责任制度比较：兼评中国商事贸易仲裁员责任制度［J］. 世界贸易组织动态与研究，2012，19（3）：14－21.

［28］高兰英，宋志国. 试论国际商事仲裁制度与中国—东盟知识产权争议解决的契合［J］. 法学杂志，2012，33（4）：110－114.

［29］冯军，黄洁. WTO和WIPO知识产权国际争端仲裁比较研究［J］. 国际经济合作，2012（11）：71－75.

［30］周亦鸣. 知识产权纠纷的多元化解决机制建构［J］. 人民论坛，2012（14）：72－74.

［31］黄良友. 网上仲裁程序与正当程序［J］. 河北法学，2011，29（10）：156－161.

［32］李凤琴. 我国仲裁机构民事责任制度探析［J］. 法治研究，2011（11）：62－67.

［33］杨涛，杨斌. 知识产权仲裁制度的困境与出路［J］. 电子知识产权，2011（12）：80－83.

［34］石现明. 国际商事仲裁一裁终局的相对性［J］. 长安大学学报（社会科学版），2009，11（4）：61－67.

［35］刘友华. 我国知识产权纠纷诉讼解决的现状及评析［J］. 知识产权，2010，20（1）：52－59.

［36］廖柏明. 中国—东盟知识产权争端解决机制探析：兼论环境知识产权纠纷的解决［J］. 知识产权，2010，20（5）：92－96.

［37］颜璠. 论重构我国多元、高效的知识产权纠纷解决机制［J］. 科技与法律，2009（2）：87－91.

［38］李继霞. 关于仲裁员法律责任制度的若干问题［J］. 山东社会科学，2009（6）：145－147.

［39］高兰英. 网上仲裁的若干法律问题［J］. 学术论坛，

2008（1）：143－148.

[40] 邓杰．论在线仲裁裁决的执行机制［J］．武汉大学学报（哲学社会科学版），2008（6）：841－845.

[41] 王莹．试论知识产权有效性争议的可仲裁性［J］．电子知识产权，2003（3）：56－59.

[42] 钟丽．在线仲裁的界定及其仲裁地问题探讨［J］．社会科学，2002（3）：42－46.

[43] 刘满达．论争议的在线解决［J］．法学，2002（8）：44－51.

[44] 朱国华，张春燕．网上仲裁法律问题研究［J］．上海大学学报（社会科学版），2001（4）：88－94.

[45] 张乃根．论 WTO 争端解决机制的几个主要国际法问题［J］．法学评论，2001（5）：51－58.

[46] 吴友明．论知识产权仲裁［J］．法学评论，1999（4）：54－62.